本书为甘肃省 2019 年度省社科规划项目
"甘肃精神的新时代价值研究——以古浪县八步沙'六老汉'三代人治沙造林精神为例"
（项目批准号 :19WT004）成果

困难面前不低头

敢把沙漠变绿洲

范景鹏 等 著

八步沙精神

人民出版社

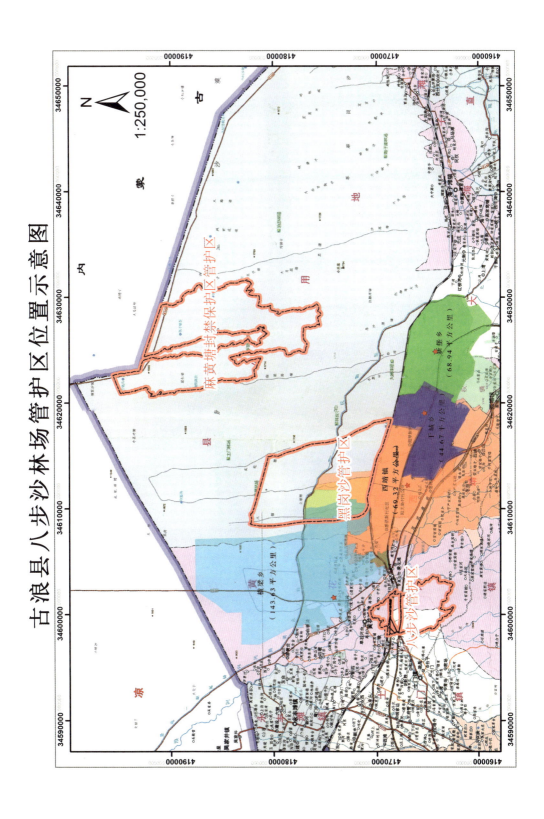

古浪县八步沙林场管护区位置示意图

目　录

序　一

弘扬八步沙精神　建设美丽中国

今天，八步沙，已经家喻户晓。

作为习近平生态文明思想的践行之地，八步沙"六老汉"三代人"困难面前不低头，敢把沙漠变绿洲"的当代愚公精神值得每个人学习。众所周知，我国是受荒漠化危害最严重的国家之一，荒漠化面积达到261.16万平方公里，占国土面积四分之一有余，全国上下非常重视荒漠化预防、治理工作。从早些年实施三北防护林体系建设、京津风沙源治理、退耕还林还草等重大生态工程建设，我国荒漠化防治取得了举世瞩目的成就，得到了全世界的一致认可。

然而，防治风沙不是随即见效的事情，它是一种投入大、投资大、见效慢的持久性行为。对于出生在沙漠边缘，并且长期从事林草工作的我，几乎能体会到八步沙"六老汉"三代人近40年如一日坚持治沙造林、还原绿色过程中的艰辛与不易。八步沙"六老汉"三代人，他们以身示范，创造了绿色奇迹，展示了新时代"最美奋斗者"的精神面貌，他们今天所取得的成就，造福了一方人民，造福了子孙后代。"八步沙精神"需要广泛宣传、弘扬、学习和传承。

本书就是宣传与传承"八步沙精神"的文化载体。无论是从研究的立足点上还是整本书的内容上来说，均体现出了政治站位高远、思想理论深厚、理论联系实际紧密、数据和图片资料翔实等特点。首先，整个研究放眼于从整个河西走廊生态变迁、社会文明的发展"大"背景，对生态与文明的辩证历史定律做了深刻研究。其次，回归到八步沙的"小"背景，从第一代治沙人、第二代治沙人再到第三代治沙人，立足于三北防护林、甘肃省各级对沙漠的治理等将"八步沙精神"的形成背景、过程以及丰富内涵等娓娓道来。第三，突出宗旨，将"红船精神"与"八步沙精神"中的一脉相承性进行了富含哲理的分析，为新时代"愚公移山"做了创新性诠释，并且联系当下社会主义核心价值观进行了深入结合，体现出了很强的时代价值；循序渐进，立足于中外文化，探析了"八步沙精神"的传统文化内蕴与马克思主义哲学基础；立足新时代，探析了"八步沙精神"对陇人品格的发展、甘肃精神的诠释以及当下如何讲好、宣传好"八步沙精神"，重点是站位于习近平总书记提出的人与自然生命共同体理念，对"八步沙精神"与习近平生态文明思想进行了深入、透彻结合，既有理论深度、又有实践价值；联系当下，以全党上下正在开展的"不忘初心、牢记使命"主题教育为契机，分析了"八步沙精神"对干部守初心、担使命、找差距、抓落实方面的精神引领作用；紧跟步伐，以 2019 年 8 月习近平总书记亲临甘肃视察为着力点，以"八步沙精神"为动力支撑，从甘肃省脱贫攻坚、民生保障、生态建设、不忘初心、党的建设五个方面为着陆点，全面分析了甘肃省目前发展的实际情况以及如何落实习近平总书记讲话精神，实现甘肃高质量发展，开创富民兴陇新局面。第四，再次放眼于"大"背景，展望未来，对如何用好"八步沙"品牌进行了思考并提出了相关建议，分析了"八六三"模式所衍生出的当代价值，联系实际对八步沙今后的发展路子做了全面设想。

　　"八步沙精神"是一笔宝贵的精神财富，在社会发展的道路上，鼓励着千千万万的人。"八步沙精神"对广大林草系统干部来说，更加是一笔宝贵的精神财富，勇挑重任、不畏艰难、勇于探索、矢志坚守，这是推进林草治理体系现代化，建设生态文明体制、建设美丽中国、绿色中国的迫切需要的品质。这本著作具有很强的学术价值，同时具有很强的教育价值。新时代，我们要紧密团结在以习近平同志为核心的党中央周围，以习近平新时代中国特色社会主义思想为指导，坚守初心，勇于使命，与时俱进，开拓创新，鼓励更多的人投身沙漠治理、投身林草事业，科学恢复沙区林草植被，提升荒漠生态系统功能，促进自然植被休养生息，走防沙治沙与经济收益"双赢"发展路子，为建设生态文明和美丽中国作出杰出贡献，为推进全球环境保护、建设美丽清洁世界作出贡献。

国家林业和草原局（国家公园管理局）原局长

2020 年 6 月

序　二
让愚公精神代代相传

　　《困难面前不低头　敢把沙漠变绿洲——八步沙精神》一书的问世，是一件有意义的事。

　　2019 年 8 月 21 日，习近平总书记来到甘肃省古浪县八步沙林场，实地察看当地治沙造林、生态保护情况，习近平举目远眺，察看林场整体风貌，听取武威市防沙治沙整体情况汇报和八步沙林场"六老汉"三代人治沙造林的感人事迹。几位林场职工正在进行"草方格压沙"作业，习近平走过去，向他们询问作业方法，并拿起一把开沟犁，同他们一起干起来。习近平对他们说，八步沙林场"六老汉"的英雄事迹早已家喻户晓，新时代需要更多像"六老汉"这样的当代愚公、时代楷模。要弘扬"六老汉"困难面前不低头、敢把沙漠变绿洲的奋斗精神，激励人们投身生态文明建设，持续用力，久久为功，为建设美丽中国而奋斗。任何事业都离不开共产党员的先锋模范作用。只要共产党员首先站出来、敢于冲上去，就能把群众带动起来、凝聚起来、组织起来，打开一片天地，干出一番事业。

　　古浪县八步沙"六老汉"三代人治沙造林先进群体，是甘肃人民在生态文明建设战线上涌现出的先进典型，2019 年 3 月被中共中央宣传部评为"时代楷模"，2019 年 10 月中华人民共和国成立 70 周年大庆又入选"最美奋斗者"行列。这是甘肃精神陇人品格的生动典型，也是讲好甘肃故事展示甘肃形象的重要题材，更是学习践行习近平新时代生态文明思想的形象教材。

习近平总书记在全国党校工作会议上强调："党性教育要注重发挥先进典型作用，多讲讲革命烈士和英雄人物的崇高风范"。为落实习近平总书记视察甘肃的重要讲话和指示精神，2019年9月21日在甘肃武威市委党校举办习近平生态文明思想实践与八步沙"六老汉"三代人治沙造林精神学术研讨会，作为同行的上级的单位，中共甘肃省委党校（甘肃行政学院）给予大力支持，我参加会议，到八步沙林场实地考察，与三代人治沙人交谈。在全党上下开展"不忘初心、牢记使命"主题教育活动之际，能莅临现场、会场参观学习，是一次难得的"不忘初心、牢记使命"的生动教育。

这次研讨会，大家形成了一个共识："八步沙"的故事已广泛流传，新闻报道和文学作品屡见不鲜，但"八步沙精神"的理论研究却是刚刚起步，目前还没有一部关于"八步沙精神"研究的学术专著。中共甘肃省委党校（甘肃行政学院）充分发挥全省思想领域快速反应部队和理论精锐部队作用，在短短几个月的时间里，组织省、市、县三级党校（行政学院）的教学、研究、宣传人员通力合作，发挥整体优势，把"八步沙精神"作为一个专门的科学问题，全面、立体、深入、规范地开展研究，成果已经显现。《困难面前不低头 敢把沙漠变绿洲——八步沙精神》一书，从甘肃河西走廊的生态变迁和生态意义入题，分析"八步沙精神"的形成和发展、"八步沙精神"的丰富内涵、"八步沙精神"的文化底蕴、"八步沙精神"中的红色基因，以及用好"八步沙"品牌的思考及建议等方面，多角度进行探讨。可以说，这部书是从理性的高度研究"八步沙精神"的良好开端，既有教育引导的时代价值，又有传承探索的历史意义。

关于"八步沙精神"研究是一个新兴的课题，八步沙"六老汉"三代人治沙造林先进事迹是"不忘初心、牢记使命"主题教育的现实典型，"八步沙精神"是甘肃人民对习近平生态文明思想的实践升华，弘扬"八步沙精神"是全面落实习近平总书记视察甘肃重要讲话精神的重要内容，以"八步沙精神"讲好甘肃故事、展现甘肃形象，是我们的责任。

　　本书的出版体现了甘肃省委党校（行政学院）系统坚持对党忠诚，把握正确政治方向，增强"四个意识"、坚定"四个自信"、做到"两个维护"，自觉锻造过硬党性，在思想上政治上行动上同以习近平同志为核心的党中央保持高度一致。本书充分发挥党校（行政学院）马克思主义基本理论学科优势，坚持论从史出、理论联系实际，突出问题导向，找准学术接口，把马克思主义基本立场、观点和方法贯穿其中，能够帮助广大党员干部学懂弄通习近平新时代中国特色社会主义思想，引导广大党员干部树立正确的世界观、人生观、价值观，对广大党员坚定理想信念、增强宗旨观念和改进思想作风起到很好作用。能够激发全省上下贯彻落实习近平讲话精神的热情，引导广大干部群众由衷感党恩、始终听党话、坚定跟党走，齐心协力加快建设经济发展，为建设山川秀美、民族团结、社会和谐的幸福美好新甘肃，不断开创富民兴陇新局面。能够激励人们投身生态文明建设，持续用力，久久为功，为建设美丽中国而奋斗。

中共甘肃省委党校（甘肃行政学院）常务副校（院）长

2020 年 6 月

第一章
河西走廊的生态变迁和生态意义

甘肃省简称"甘"或"陇"，位于中国西北内陆，地理位置坐中联六，东与陕西省相接，南同四川省毗邻，西南靠青海省，西临新疆维吾尔自治区，西北一角和蒙古国交界，北连内蒙古自治区和宁夏回族自治区。是中国西部地区天然的"心脏"，也是中国西部战略安全的枢纽。甘肃与黄土高原、蒙古高原、青藏高原三大高原省域交接，东西长 1659 千米，南北宽 530 千米，国土面积 45.37 万平方公里。地势自西南向东北倾斜，甘肃地势起伏较大、地貌形态多样，大致可分为：陇东、陇中黄土高原，陇南山地，甘南高原，祁连山地，河西走廊，北山山地六类地区。各地气候类型多样，从南向北包括了亚热带季风气候、温带季风气候、温带大陆性（干旱）气候和高原高寒气候等四大气候类型。2019 年两会期间，习近平总书记曾指出，甘肃地域辽阔，山川秀美，自然风光丰富多彩，绵延的黄土高原，广袤的草原，茫茫的戈壁，洁白的冰川，构成了一幅雄浑壮丽的画面，整个地理形势宛如一柄玉如意。针对甘肃地貌多样、生态脆弱的现实情况，习近平总书记多次作出重要指示批示，明确要卸下 GDP 的紧箍咒，套上生态环保的紧箍咒。[①]

河西走廊（Hexi Corridor），简称"河西"，位于祁连山以北，合黎山以

---

① 张晓松、朱基钗、杜尚泽、岳小乔：《开创富民兴陇新局面——习近平总书记甘肃考察纪实》，《甘肃日报》2019 年 8 月 24 日。

南，乌鞘岭以西，甘肃新疆边界以东，长约 1000 公里，宽数公里至近二百公里，为西北东南走向的长条堆积平原，因位于黄河以西，为两山夹峙，故名。本书所指的八步沙分为狭义和广义之说，狭义的八步沙指位于河西走廊东端、腾格里沙漠南缘面积 7.5 万亩的一片沙漠；广义的八步沙还包括八步沙"六老汉"三代人接续奋斗、治理过的黑岗沙、大槽沙、漠迷沙、麻黄塘等沙区，以及与之联系密切的黄花滩移民区，还有八步沙林场承包的封山育林的祁连山段。"六老汉"三代人狭义指 1981 年承包八步沙的郭朝明、贺发林、石满、罗元奎、程海、张润元①六位老汉及其后人，广义的还指八步沙林场职工以及近 40 年来成百上千参加八步沙治沙造林事业的周围群众，也包括从各方面给予支持和指导过八步沙林场治沙造林事业的各级干部和部门。

第一节　从"水草宜畜牧"到"沙骑墙，驴上房"

远古时期的河西走廊水资源丰富，森林灌木茂盛，草地上生活着多种野生动物，为原始人类生存提供了适宜的环境。据民乐东灰山遗址考察报告②显示，在 5000 年以前，张掖一带物种极为丰富，有很多在亚热带才能生长的乔木、灌木以及草本植物。

秦汉初期及以前相当长的时间里，乌孙、月氏、匈奴与羌等游牧民族或者先后或者共同长期生活繁衍于此。据有关史料记载，甘肃河西地区"以畜牧为主，尽河西水草之美，竭力繁殖牲畜"。公元前 121 年，汉武帝击败匈奴后，打通河西走廊，匈奴人哭泣"失我祁连山，使我六畜不蕃息；失我焉支山，使我嫁妇无颜色"。③因为这一带水草茂盛，是游牧民族重要的繁衍

---

① 早期报道中写为张润元，引用时尊重原样，现统一写为张润元。

② 甘肃省文物考古研究所、吉林大学北方考古研究室编著：《民乐东灰山考古——四坝文化墓地的揭示与研究》，科学出版社 1998 年版。

③ 《汉乐府诗集》，《匈奴歌》。

生息之地，也是古代游牧民族妇女搽抹胭脂原料红蓝花的重要产地。据传，那时匈奴诸藩王的妻妾多从这一带的美女中挑选，匈奴语称各藩王之妻叫"阏氏"，"焉支"或"胭脂"是其汉译的谐音，焉支山因此而得名。元狩二年（前 121 年）春，骠骑将军霍去病受汉武帝之命，率骑兵万余"出陇西"，从侧翼打击匈奴，并趁势占领河西地区。汉王朝先后在河西设置了武威、张掖、酒泉、敦煌四郡。西汉元封五年（前 106 年），天下为十三州各置一刺史，史称十三刺史部。在凉州范围内置凉州刺史部，凉州刺史部政府驻地武威郡、姑臧、张掖、武威、休屠、揟次、鸾鸟、媪围、苍松、宣威十县，以姑臧为治所。凉州刺史是西汉最重要的几个刺史之一，权力很大，凉州辖安定、武都、汉阳、陇西、金城、武威、张掖、酒泉、敦煌、北地等十郡及张掖属国、居延属国。

历史上以武威为中心的河西地区，"水草宜畜牧，故凉州之畜当为天下饶"，[①] 丰茂水草饲养的"凉州大马，横行天下"，出土于武威后成为中国旅游标志的"马踏飞燕"就是历史的见证。河西地区南有祁连山（南山），北合黎山、马鬃山、龙首山（三山统称为北山）。汉代，这些山都被茂密的森林和草甸所覆盖。《西河旧事》记载：祁连山"在张掖、酒泉二界上，东西二百余里，南北百里，有松柏五木，美水草，冬温夏凉，宜畜牧养"。"焉支山，也就是今天的大黄山，东西百余里，南北二十里，亦有松柏五木，其水草美茂，宜畜牧，与祁连山同"。[②] 据《太平寰宇记》记载，武威、姑臧以南的"第五山（今天梯山），夏函霜雪，有清泉、茂林、悬崖、修竹"。[③] 李并成认为"（古浪）县南祁连山昔日林木茂密，尤多松树，清代曾有'云海苍茫迷路客'的诗句，今天仍保留有黑松驿等地名，'苍松县'和'松陕水'当因此而得名"。[④] 西汉时的河西走廊北山"生奇材木，箭竿就羽，如得之，

① 《汉书》卷 28《地理志》。

② （清）张澍编辑：《西河旧事》，载《中国西部开发文献》卷 17，全国图书馆文献缩微复制 2004 年，第 3 页。

③ 《太平寰宇记》卷 152。

④ 李并成：《河西走廊历史地理》，甘肃人民出版社 1995 年版，第 180 页。

于边甚饶……匈奴西边诸侯作穹庐及车，皆仰此山材木"。① 西汉时的甘肃河西为绿洲沃野，草木茂盛，宜耕宜牧。当时修筑边塞长城及亭障时，用蒿草、芦苇、胡杨、红柳等夯筑城墙，修建亭障所用的屋椽、柱、梁等都是就地取材。最迟到清乾隆时期，八步沙毗邻的土门一带还是"此地水草丰饶，粮食充裕，以之用兵，当以本堡为必争之地"。②

从西汉起，历朝历代政权都采取不同形式在河西进行屯田垦地，落后的生产生活方式，加上人口不断增长，对土地的不断开垦，一定程度上破坏了天然植被，造成水土流失、土地沙化和盐碱化。同时，出台的一系列激励措施，通过推动以少数民族畜牧业、编户畜牧业、官营畜牧业为主的多种形式的畜牧业发展，使畜牧业在发展的规模上也迅速壮大了起来。粗放的畜牧业生产中的过度放牧，使成群结队的牲畜走过之后的山川、丘陵和草场一片狼藉，植被被大面积破坏。被畜群多次踩踏和啃食的植被，得不到及时恢复，久而久之便裸露出土地，经水土流失，造成生态环境不断恶化。加上当时政局动荡，社会各界环保意识低，政府监管不力，致使生态负荷过载，水源涵养能力不断降低。农牧业生产的迅速扩大，使生态环境比较脆弱的河西，资源消耗量也随之加大。如：民居修建、御寒取暖、灶内柴火、农具制作、印写纸张等，居民在日常生活中要消耗大量木材。民

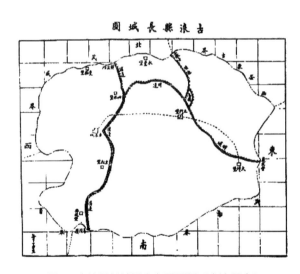

图 1　古浪县长城图出自民国版《古浪县志》

---

① 《汉书》卷 94《匈奴传下》。

② （清）《古浪县志》卷 7，载《中国地方志集成·甘肃府县志辑 38》，凤凰出版社、上海书店、巴蜀书社 2008 年版，第 241 页。

国时期古浪县："林木分天然人造两种"，"近年已采伐殆尽，几成濯濯。所未人造林者"，"皆稀疏，现已枯死无多"，"不善保护，现存在者亦不过十之一二。"[①] 随着长期恶性循环，生态环境日渐恶化，沙漠化严重，生态失衡加剧，宜耕农田缩减。汉明两朝长城都经过八步沙毗邻的土门一带，汉长城在明长城北3—12公里，两者大体呈平行走向，虽然今天多数墙段穿行于沙漠之中，但整段整段被流沙壅压已不连贯，"试想汉代筑塞时当必不在沙漠之中，一则塞墙筑于流沙中无任何意义，且风压沙埋，旋筑旋毁，也无法筑得起来；二则流沙之内其交通、水源补给等皆成大问题，自身生存尚且不保，何谈守边御敌！因而筑塞之初沿线必无流沙，今流沙侵入塞垣之内2—4公里，古今环境变化由是可窥一斑"。[②]

武威成为河西走廊上因水土流失而土壤侵蚀最为严重的地区之一。南部的祁连山区是主要的水源涵养区，也是石羊河流域源头。武威属西北内陆地区，离海洋远，加上昆仑山、天山以及秦岭等这些高山的阻隔，青藏高原的屏障效应，使海洋季风难以逾越，湿润的气流不能到达该地区。相比全球同纬度的其他地区，降水量相对较少，水汽蒸发又强烈，成为生态环境非常脆弱的地带。汉唐至明清，山上的原始森林面积就达到700万亩。[③] 中华人民共和国成立前后锐减至385万亩。20世纪90年代，天然林减少到311.5万亩。[④] 随着植被覆盖率下降，水源涵养能力弱化，流域水分成恶性循环。据《尚书·禹贡》记载，远古时期武威北部的潴野泽，属11个大湖之一。潴野泽最深处在60米以上，占地面积超过1.6万平方公里，称"碧波万顷，水天一色"[⑤]。有传说称，大禹治水时到潴野泽才取得了成功。西汉时这一带在匈奴故休屠王地，是匈奴游牧的地方故名，又名休屠泽。"休屠泽在东北，

---

① （民国）《古浪县志》卷6，载《中国西北文献丛书》第1辑《西北稀见方志文献》第48卷，兰州古籍书店1990年版，第233页。

② 李并成：《河西走廊历史地理》，甘肃人民出版社1995年版，第44页。

③ 数据由武威市林业和草原局提供。

④ 数据由武威市林业和草原局提供。

⑤ 《尚书·禹贡》。

古文以为猪壄泽。"①"俗谓之为西海，一水又东径百五十里入猪野，世谓之东海，通谓之都野矣"。② 后来的潴野泽分为东半部和西半部，西半部称为"西海"。唐于其地置白亭军。"白亭海在县东北二百八十里，以水色洁白故名，一名小澜端海子，又东北境外曰东海，为西南一带诸水所潴，又西北为小海子，与狼跑泉山相近"，③"今三岔河自镇番东北出边，又三百余里潴为泽，方广数十里，俗名鱼海子，即白亭海，古休屠泽也。"④ 中华民国时易名后的青土湖，也就是古休屠泽。曾经是面积仅次于青海湖，拥有 4000 多平方公里碧波荡漾的水域。据有关资料记载：中华人民共和国成立初期的青土湖，水域面积达 100 多平方公里。那时的青土湖一带水草丛生、波光粼粼、水鸟竞翔。后因生态环境剧变、恶化，致使地表水资源锐减、地下水位下降。至 1957 年前后，青土湖滴水无存，有名无实，成为一片完全干涸的沙化地带。腾格里、巴丹吉林两大沙漠在这里交汇。青土湖一带形成了长达 13 公里风沙线，沙层厚 3—6 米。风起沙走，流沙以每年近 10 米的速度向绿洲逼近，周围乡镇人居环境和工农业生产受到严重威胁。因风沙侵蚀，当地群众经济损失巨大。时人云："今飞沙流走，沃壤忽成邱墟，未经淤压者遮蔽耕之，陆续现地者节次耕之。一经沙过土脉生冷，培粪数年方热。又卤得宜或有升，斗之赏，不宜亦无寻丈之失。盖西北多流沙，东南多卤湿。俯念民瘼者，听民相地移垲，迨至移者成熟，民力已疲，何以计顷亩哉。"⑤

　　荒漠化是指包括气候变异和人类活动在内的种种因素造成的干旱、半干旱与亚湿润干旱地区的土地退化。造成荒漠化的主要原因有两种，即自然因素和人为因素。人口增长迅速，垦荒、毁林，扩大耕地面积，过度采取地下水，人水矛盾加剧，是导致荒漠化的重要因素。

---

①　《汉书》卷 28《地理志》。

②　《水经注》卷 40。

③　(清)《镇番县志》卷 1，第 16 页，载《中国西北文献丛书》第 1 辑《西北稀见方志文献》第 48 卷。今武威市民勤县，明洪武二十九年（1396 年）置镇番卫，清雍正二年（1724年）改为镇番县。中华民国十七年（1928 年），以"俗朴风醇，人民勤劳"易名民勤。

④　(清) 穆彰阿、潘锡恩等纂修：《清一统志·凉州府一》。

⑤　(清)《镇番县志》卷 3，第 7 页。

武威地区西北地势开阔，冬春两季，来自西伯利亚寒流长驱直入，吹蚀着武威乃至整个河西地区的土地。半个世纪以来，全球气候变暖，西北地区降水量减少，使沙漠化进程不断加剧。因生态环境恶化，历史上古浪县大风（大风通常是指平均风速 ≥ 12 米／秒，瞬间风速 ≥ 17 米／秒，相当于 8 级以上）成灾事件记载如下：

明正德十六年（1521 年）十二月，古浪守御千户所狂风成重灾。

清康熙四十七年（1708 年）春三月二十五日，凉州昼晦如夜，禽鸟死者无数。

清康熙四十八年（1709 年）春三月，古浪千户所霾起西北，昼晦如夜。

清乾隆二十二年（1757 年）六月初六日，古浪县黄气自西北起，大风昼晦，室中点灯，其风触人皆郁热。

民国九年（1920 年）八月，古浪县大风黑暗，对面不见人，愈时乃亮。

民国十六年（1927 年）四月二十一日，古浪县大风山鸣。

民国十七年（1928 年）三月初九日，古浪县大风，旋即天黑暗，白昼烛无光，又转为红色，约 2 时许，渐黄又渐亮。

民国二十四年（1935 年）十月初八日，古浪县狂风大作，地忽震动，风沙走石，经时约 5 分，始止。

民国二十七年（1938 年）四月初一日午时，古浪县大红风，黄雾下尘，咫尺人莫相见，大损禾苗，灾重。①

从人为因素分析，主要是人口迅速增长和人口对环境资源的过度开发利用。20 世纪 50 年代到 70 年代的这 20 年时间里，为提高粮食产量而进行的掠夺性开发，推动了荒漠化的扩展，加速了沙漠化进程。"到 2000 年底，武

---

① 武威市地方史志编纂委员会编纂：《武威地区志》，方志出版社 2016 年版，第 591 页。

威地区的总人口达到 191.1 万人,是 1949 年 87 万的 2.2 倍,平均每平方公里 57.5 人,高于全国平均水平,也远高于联合国曾在 1977 年建议干旱地区每平方公里不应超过 7 人,半干旱地区不应超过 20 人的人口密度"。①

1949 年至 2000 年,武威地区荒漠化土地变化情况是:

1949 年前,荒漠化土地面积为 157.89 万公顷,占全区总面积的 47.3%,其中固定、半固定沙丘(地)53.01 万公顷,占荒漠化土地面积的 33.6%。

1949—1960 年,荒漠化土地面积为 157.09 万公顷,占全区总面积的 47.1%,其中固定、半固定沙丘(地)52.29 万公顷,占荒漠化土地面积的 33.3%。

1961—1970 年,荒漠化土地面积为 156.42 万公顷,占全区总面积的 46.9%,其中固定、半固定沙丘(地)56.09 万公顷,占荒漠化土地面积的 35.9%。

1971—1990 年,荒漠化土地面积为 154.14 万公顷,占全区总面积的 46.2%,其中固定、半固定沙丘(地)56.54 万公顷,占荒漠化土地面积的 36.7%。

1991—1995 年,荒漠化土地面积为 153.58 万公顷,占全区总面积的 46%,其中固定、半固定沙丘(地)56.41 万公顷,占荒漠化土地面积的 36.7%。

1996—2000 年,荒漠化土地面积为 158.01 万公顷,占全区总面积的 47.39%,其中固定、半固定沙丘(地)60.7 万公顷,占荒漠化土地面积的 38.4%。

2000 年与 1949 年前相比,荒漠化面积增加了 0.12 万公顷,固定、半固定沙丘(地)增加了 7.69 万公顷。②

根据第五次全国荒漠化和沙化土地监测结果显示,③ 截至 2014 年,武威

---

① 武威市地方史志编纂委员会编纂:《武威地区志》,方志出版社 2016 年版,第 657 页。
② 武威市地方史志编纂委员会编纂:《武威地区志》,方志出版社 2016 年版,第 660 页。
③ 甘肃省林业厅于 2014 年 3 月—2015 年 10 月组织全面开展了甘肃省第五次荒漠化和沙漠化监测工作。

风沙线长达 654 公里，荒漠区域主要分布在东部地区、古浪县北部、民勤县全境。因风沙大、降水少、蒸发快、水资源匮乏等恶劣的自然条件，植被面积逐年减少。加上地下水位不断下降，土地因干旱而严重沙化、盐碱化，植被退减、草原退化，湿地和湖泊干涸，地处石羊河流域下游的民勤县陷入存续困境。历史形成的防风固沙林由原有的 200 万亩退化严重，存活较好的仅剩 20 万亩左右。位于腾格里沙漠与巴丹吉林沙漠之间，原有绿洲隔离带宽达 10 多公里，许多地方已荡然无存。沙丘迅速南移，居民生产生活空间缩小。人们常说："民勤城，没北门。"不是没有北门，而是北门被埋在沙漠之中了，此说法虽有些夸张，但也反映出民勤北线风沙危害的严重性。

民国三十五年，甘肃省参议员崔清川在一提案中写道："然近 20 年来任意砍伐，随便摧残，现生存者不及原有五分之一，致影响古浪水量减少三分之二。"[1] 到 2014 年，古浪县境内沙漠化土地面积达到 239.8 万亩，风沙线长达 132 公里，是全国荒漠化重点监测县之一。直滩、裴家营、海子滩、大靖、西靖、民权、土门、永丰滩、黄花滩等乡镇地处北部风沙线上。这 9 个乡镇所在地域的生态比较脆弱，农田土层薄、土质差，气候干旱、蒸发量大。农民生产生活中过度开发和利用环境资源，使自然环境自身修复功能降低，甚至于来不及自身修复。久而久之，经长期积累的生态欠账成为古浪沙漠化进程加速和生态不断恶化的主要因素之一。

八步沙是腾格里沙漠南缘凸出的一片沙漠。据说，100 多年前，这里只有八步宽的沙口子，所以叫作"八步沙"。八步沙位于古浪北部五滩（即黄花滩、白板滩、马路滩、四墩滩、永丰滩）与主风方向垂直，受风沙危害特别严重。笔者在乾隆版和民国版《古浪县志》中都没有发现八步沙的记载。对比乾隆十四年（1749 年）的古浪县地图、宣统元年（1909 年）的古浪县地图[2]、民国二十八年（1939 年）的古浪县地图中，我们可以发现今八步沙

---

① 武威市地方史志编纂委员会编纂：《武威地区志》，方志出版社 2016 年版，第 591 页。
② 出自《古浪地理调查表》，成书于清宣统元年（1909 年），现藏于甘肃省图书馆。

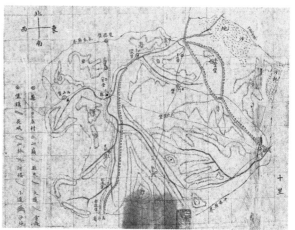

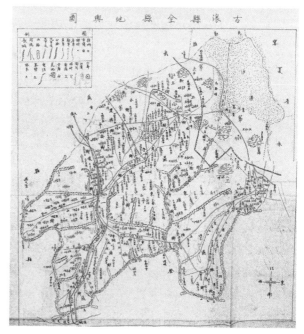

图2　从乾隆十四年（1749
年）（左）到宣统元年（1909
年）（右上）再到民国二十八年
（1939年）（右下）八步沙区
域图

位置在乾隆年间、宣统元年并无沙地标志，到了民国二十八年北部是沙地标
志，南部是荒地标志，也就是荒漠化。到20世纪七八十年代完全沙漠化，
从无到有、从荒漠化到沙漠化；从小到大、再到现在闻名遐迩的生态演变，
也就是当地土地沙漠化的演变。到20世纪七八十年代，八步沙已经成为甘

肃古浪县最大的风沙口，这里"秋风吹秕田，春风吹死牛"。大风挟着沙子吹过，往往连地带庄稼都不见踪影。严重侵蚀着数万亩农田，阻碍着交通干线畅通，影响着当地群众生活，当地村民有个形象的说法，"一夜北风沙骑墙，早上起来驴上房"。

第二节 印证"生态兴则文明兴，生态衰则文明衰"的历史定律

历史经验告诉我们，人类文明的发展史就是一部人与自然关系的发展史。从全世界和中华民族的文明发展史中，有这样一个"法则"：生态与自然环境的变化，很大程度上影响着人类文明的历史进程。古埃及、古巴比伦、古印度、古中国这四大文明古国，都发源于水资源丰富、森林覆盖率高，宜于农耕、生态良好的地区。在《自然辩证法》中恩格斯有这样的描述："我们不要过分陶醉于我们人类对自然界的胜利，对于每一次这样的胜利，自然界都对我们进行报复"[1]。每一次胜利，起初确实取得了我们预期的结果，但是往后和再往后却发生了完全不同的、出乎预料的影响，常常把最初的结果又消除了。"美索不达米亚、希腊、小亚细亚以及其他各地的居民，为了得到耕地，毁灭了森林，但是他们做梦也想不到，这些地方今天竟因此而成为不毛之地，因为他们使这些地方失去了森林，也就失去了水分的积聚中心和贮藏库"。[2] 这些盛极一时的文明由繁荣走向衰败直至相继消亡，原因之一就是生存的生态环境恶化，如过度砍伐森林、过度垦荒、过度放牧或者盲目灌溉等不合理行为，让植被锐减、洪水泛滥、河渠淤塞、气候失调、土地沙化……造成土地生产力衰竭、水土流失、土地荒漠化等，生态惨遭破坏，它所支持的生活和生产也难以为继，并最终导致了文明的衰落或中心的转移。

---

[1] 《习近平谈治国理政》第二卷，外文出版社 2017 年版，第 208 页。

[2] 《习近平谈治国理政》第二卷，外文出版社 2017 年版，第 207 页。

习近平总书记曾多次提出："生态兴则文明兴，生态衰则文明衰。"[①]河西大地的生态一直与文明的兴衰相伴随。通往西域的丝绸之路开辟以后，凉州一度成为繁荣兴盛汉唐所治下的商贸重镇。凉州地区因草丰、水足和凉爽的气候条件，农耕种植业和集散畜牧业在漫长的发展过程中，奠定了坚实的物质经济基础，加上位于丝绸之路上特别的区位优势和便利的商贸条件。汉唐盛世的凉州成为内地和西域诸国通商贸易的商品集散地。商贸的兴盛，有效刺激了凉州一带农牧业和手工业的快速发展。当地农牧民精耕细作于田间地头，步履匆匆忙碌于水草牧场，积极生产大量农畜产品，借助发达的贸易市场进行商品交易。东汉后期，"天下扰乱，惟河西独安，而姑臧称为富邑，通货羌胡，市日四合"。[②]当时的长安和洛阳属繁华的大城市，每天开大市、朝市、夕市这"三市"。而凉州一带日开四市，商贸繁荣景象可见一斑。魏晋南北朝时期各个政权力争陇右，一方面陇右地区成为当时的战略要地；另一方面陇右地区宜耕宜牧的自然资源，成为各个政权开发利用，保障军需、民生，发展经济社会的有力支撑。主要的陇右之争有公元228年（魏太和二年、蜀建兴六年、吴黄武七年）起至公元234年（魏青龙二年、蜀建兴十二年、吴嘉禾三年）的前期陇右之争；公元238年（魏景初二年、蜀延熙元年、吴嘉禾七年）至公元262年（魏景元三年、蜀景耀五年）的后期陇右之争，蜀魏陇右之争旷日持久，长达30年。到了西晋末年，天下大乱，只有河西成了安居之地。张轨于公元311年求任凉州刺史，来到武威后，张轨扫除匪患，发展经济。等到中原彻底崩溃时，凉州成了人人向往的世外桃源。前凉张氏家族执政时期，河西相对安宁的稳定环境还吸引了不少中原儒士大族西迁，使十六国时期的北方文化中心一度逐渐迁移到西北边陲的河西。凉州在隋唐时期，逐渐成为通商西域的商贸门户，是内地与西域主要的商品集散地。"凉州七里十万家，胡人半解弹琵琶"，一曲唱尽凉州的繁荣，这里曾经是排在长安和洛阳之后的中国第三大城市。唐高僧玄奘西行时，对凉州商

---

① 《干在实处走在前列——推进浙江新发展的思考与实践》，中共中央党校出版社2016年版，第186页。

② 《后汉书》卷31《孔奋传》。

贸盛况有这样的描述："凉州为河西都会，襟带西蕃，葱右诸国，商侣往来，无有停绝。"[①]"是时中国盛强，自安远门西尽唐境凡万二千里，间阎相望，桑麻翳野，天下称，富庶者无如陇右。翰每遣使入奏，常乘白橐驼，日驰五百里。"[②]"陇"指的是陇山，即今天的六盘山，陇右地区指的就是陇山（六盘山）以西、黄河以东的地方，大概就是现在的甘肃、宁夏一带。陇右一词最早出现在东汉末年，唐朝时在全国设置了十个道，相当于十个省，其中就有陇右道。对于历代中原王朝来说，陇右地区的战略地位极其重要。它下辖凉州、渭州、武威等主要城市，地处黄土高原、青藏高原、蒙古高原等三大高原的结合部，往东是关中平原的天然屏障，往北可以抵御蒙古部落的侵扰，往南则可以控制吐蕃势力的扩张。陇右往西则是著名的河西走廊和广大的西域地区，是陆上丝绸之路的必经之地。从汉朝时，历代中原王朝都非常重视陇右地区的经营和开发，陇右地区作为长安的屏障，当时也是丝绸之路的桥头堡和对外贸易的前沿阵地。西域的商人到长安做生意，肯定要先到陇右，这也造就了陇右地区富商云集、富甲天下的景象。陇右节度使哥舒翰每派遣使者入朝，经常乘坐白骆驼，一日能行五百里。可见以骆驼为坐骑者，可谓是河西的了。由以上理由，司马先生《资治通鉴》中所说"天下称，富庶者无如陇右"句，其意指今天的河西地区，而非定西市。

古浪位于河西走廊东端，腾格里沙漠南缘。东南与天祝、景泰两县相邻，西北接壤武威市凉州区，全县国土面积5046平方公里，辖4乡（新堡、干城、横梁、十八里堡）15镇（古浪、大靖、土门、定宁、泗水、海子滩、西靖、民权、裴家营、永丰滩、黄花滩、古丰、直滩、黑松驿、黄羊川）。"金关银锁"古浪峡"扼甘之咽喉，控走廊之要塞"，自古以来就有"驿路通三辅，峡门控五凉（东晋十六国时期的前凉、后凉、南凉、北凉，隋末的大凉）"的区位优势，为历代兵家必争之地。八步沙毗邻的土门镇和大靖镇一

---

① （唐）慧立彦悰：《大慈恩寺三藏法师传》，中华书局1983年版，第11页。
② 《资治通鉴》卷216。

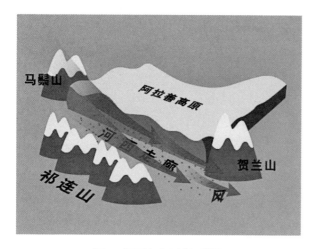

图3　河西走廊风沙通道图

带，是河西走廊之东大门，占据丝绸之路之利，历史上文风兴盛，商贸活动最为活跃。文人墨客称大靖为"峻极天市"，在人间高大繁荣到了顶点。白天商贾云集，人来车往，万头攒动；晚间万家灯火，星星点点，闪闪烁烁，好像天上的街市一样。据说北京故宫的前门上曾悬有"峻极天市"一匾。因此，大靖又有"小北京"之称，缘故如此。而一度骄傲的大靖人口中流传着一个段子："中国有三个大城市，北京、天津、大靖"。虽是笑谈，但其骄傲之情跃然纸上。土门"土沃民庶，商务盛于县城"，[①]"大靖土门两堡较殷繁于县城。"[②] 所以河西民间一直有"要想挣银子，走一趟大靖土门子"的谚语。

历史上古浪县是一个以农业生产为主的农业大县，受气候、生态、自然资源所限，经济发展的面比较窄，农业经济路子不宽。民国时期，古浪"新成之土类皆瘠薄，所生植物亦恶劣柔弱。"[③] 生态的不断恶化，使得古浪县也逐渐失去往日的繁荣，变得日益贫困。据《武威地区沙漠化土地普查报告》[④] 记载，古浪县北部沙区，1950 年至 1970 年的 20 年间，受风沙危害和侵袭的村庄有 86 个，农田 2.667 万公顷。其中 1.667 万公顷农田直接与流沙交错分布，有 0.233 万公顷被流沙埋压。新开发的黄灌区和"五

---

① （民国）《古浪县志》卷 2，第 174 页。
② （民国）《古浪县志》卷 6，第 232 页。
③ （民国）《古浪县志》卷 1，第 70 页。
④ 转载自武威市地方史志编纂委员会编纂：《武威地区志》，方志出版社 2016 年版，第 667 页。

滩"井灌区的农田、居民点道路、渠道等80%以上处在风沙沿线，大风刮时，黄沙蔽日，沙尘飞扬，空气污染严重，给城乡人民的生产、生活带来严重影响。耕地面积随沙漠化而逐年减少，从20世纪五六十年代到21世纪初的三四十年时间里，地处古浪北部风沙线上的裴家营、直滩、海子滩、大靖、民权、西靖、土门、黄花滩、永丰滩等九个乡镇的大部分村组因沙漠化而宜耕面积锐减。从古浪县与景泰县交界的东部地区到西部与凉州区吴家井连接处风沙沿线，包括内陆沙丘大沟沙、明沙嘴、黄沙坡、西沙窝、大靖东、苏家沙窝、黄家沙窝、黑圪垯梁、教场沙、八步沙等沙丘地段受风沙侵蚀较为严重，农田沙化后土层变薄、土质疏松，盐碱化严重，粮食产量低，逐渐失去耕种价值，最终被农民撂荒弃耕，形成沙进人退的局面。劳动人民背井离乡、逃荒出走的不计其数。曾在群众中广泛流传着"举目远望一片沙，大风一起不见家，朝为庄园夕为沙，流离失所奔天涯"的民谣，就是当时对沙区自然面貌和人民悲惨生活的写照。曾经有一首流传于当地逃荒时的《五更调》唱道：

　　　　往回走，回大靖，死路一条；往前挨，到中卫，生机一线；中卫的，水浇田，它是丰年。在破旧的古庙中，
　　　　三更里来月正中，想起从前我大靖。东西两滩米粮川，城周南川庄稼盛。我的天呀，人称大靖小帝京。
　　　　梦见大靖大有年，粮米不值几个钱。我的天呀，丰衣足食喜心间。
　　　　不幸大靖遭年荒，逼我一家逃他乡。我的天呀，哪年哪月回家乡？
　　　　卖儿卖女他乡走，为逃活命抛娘亲。我的天呀，父子骨肉难团圆。
　　　　肚中饥饿实难忍，浑身无力难呻吟。我的天呀，浑身无力难呻吟。
　　　　妻背行李父背儿，小女扯住哥衣襟。眼流疼泪往前行，何日才能到中卫？我的天呀，今日的磨难谁造成？①

---

①　武威市地方史志编纂委员会编纂：《武威地区志》，方志出版社2016年版，第1600页。

通过对比，昔日是"东西两滩米粮川，城周南川庄稼盛"，到如今是"卖儿卖女他乡走，为逃活命抛娘亲"，最后一句"今日的磨难谁造成"令人深思反省，除了天灾外是否还有人祸？人类对大自然生态的破坏最终引来大自然的报复。

南部山区7个乡镇（新堡、干城、横梁、黑松驿、黄羊川、古丰、十八里堡）的大部分地区属二阴旱作农业区，主要种植小麦、青稞、豌豆、洋芋等作物；南部山区7个乡镇的部分地区及黄花滩镇山区、西靖镇山坡区属浅山旱作区，以种植小麦、大麦、豆类、洋芋、油菜、胡麻等作物为主；县境中部和北部的河灌区、黄灌区（景泰川电力提灌二期工程古浪灌区）、井灌区，农作物种植种类相对来说比较多一些。但作为一个农业大县，从农业经济发展的长远来看，农作物的种植种类还是显得比较单一。"1982年，全国农村人口人均产粮840斤，甘肃人均产粮553斤，中部18个县人均343斤；全国农村1982年人均收入270元，甘肃人均收入174.16元，中部18个县人均收入不到50元。总之，中部地区①已成为全国、全省最苦难的地区之一"②。古浪南部山区因气候、地势等自然条件所限，农业发展的路径不宽，重点要依托中部川区和北部沙区丰富的光热资源来拓宽农业经济发展渠道，但是逐渐沙化和荒漠化的耕地面积不断扩大，客观上限制了具有高附加值、高经济效益农作物的种植和发展。农业成本大导致农产品利润空间小。沙质土地本身所含有的植物生长所需微量元素少，蒸发量大致使农田水资源用量也大。为补充沙质土地微量元素不足，有效促进农作物良好生长，耕作者必须加大各类化学肥料用量。古浪井（机井）、河（河流）、黄（黄河电力提灌）灌区灌溉用水本来成本就高，随着用量的加大，农田灌溉用水的所需资金量更大。同时，沙质土地经降雨和灌溉以后容易板结、皲裂。这种情况下，农田种植中的机耕、肥料、灌溉等费用增加，农产品利润空间随之缩小，农民

---

①　甘肃中部地区包括定西、会宁、通渭、陇西、临洮、靖远、景泰、古浪、永登、皋兰、榆中、永靖、东乡、秦安、庄浪、华池、环县17个县。

②　李子奇：《在中部地区"三年停止破坏"调查研究动员会上的讲话》，载《甘肃中部地区三年停止植被破坏资料汇编》，甘肃人民出版社1984年版，第18页。

群众发展农田种植业的积极性不够。因沙漠化和荒漠化问题，使古浪县域内农业产业的优势不是很明显，农产品不丰富，不具备一定的产出规模，难以形成集生产、加工、销售一体的完整农业产业链条，农产品投入市场的附加值比较低，农业经济的发展动力减弱。如今的古浪县属国家级深度贫困县之一。人口基数大，生态负荷重；自然资源缺，发展后劲小，加之恶劣的生态环境，古浪发展的瓶颈问题未得到有效破解。

第三节 在国家西部生态安全屏障建设中的重要作用

甘肃是我国生态系统最脆弱最复杂的地区之一，生态系统承载能力弱，生态的脆弱性、战略性、复杂性在全国都属典型。在全国生态安全中占有极其重要的地位，作为西北乃至全国的重要生态安全屏障，在水源涵养补给和遏制沙尘等方面，对保障国家生态安全具有重要作用，被列为国家生态安全屏障综合试验区。截至 2014 年，"甘肃省荒漠化土地面积 1950.20 万公顷，与 2009 年第四期监测结果相比，荒漠化土地总面积减少 19.14 万公顷。甘肃省荒漠化、沙化土地（包括沙漠、戈壁）面积分别占全省国土面积的 45.8% 和 28.6%，沙化土地绝大部分分布在河西走廊北部地区（占 98%），其中中度以上沙化土地面积比例超过 95%，河西地区有 4370 公里灌渠受到风沙威胁、256 公里经常被流沙淤积或掩埋。"[①] 土地沙漠化对甘肃区域经济社会的可持续发展和国家生态安全构成了重大威胁，向人们的生存权和发展权提出了严峻挑战。甘肃全境有 1600 多公里的风沙线，全省已查明的地质灾害隐患点多达 10629 处，主要风沙口 846 处。腾格里、巴丹吉林、库姆塔格三大沙漠在甘肃省境内均有分布，甘肃成为全国沙尘暴主要策源区之一，也是防沙治沙的重点省份。贫困问题与生态问题相互交织，甘肃面临跨越发

---

① 甘肃省林业厅：《甘肃省第五次荒漠化和沙漠化监测工作统计》，《甘肃日报》2016 年 6 月 16 日，甘肃省林业厅于 2014 年 3 月—2015 年 10 月组织全面开展了甘肃省第五次荒漠化和沙漠化监测工作。

展、发挥生态安全屏障功能的双重巨大压力。作为西北乃至全国重要的生态安全屏障，甘肃省加快生态文明建设步伐，推进国家生态安全屏障综合试验区建设，对于促进产业结构调整和发展方式转变，进一步缓解资源环境约束压力，推进全省经济社会可持续发展，实现与全国一道全面建成小康社会目标具有重要意义。

1983 年召开的甘肃省第六次党代会确定了"种树种草，发展畜牧，改造山河，治穷致富，经过二三十年或再长一些时间的努力，把甘肃建设成为我国第一流的林、牧业基地"的战略方向，进一步确定了"三年停止破坏，五年解决温饱"的近期奋斗目标，要求"各级党委都应当把实现这一伟大艰巨的任务当作自己的头等大事，积极发动和组织干部群众，抓紧行动，做出成效"。① 并制定了停止破坏的标准："停止铲草皮；停止烧山灰；停止乱砍树；停止滥垦荒；停止扩大放牧"。② 2003 年 10 月，党的十六届三中全会强调，要按照统筹城乡发展、统筹区域发展、统筹经济社会发展、统筹人与自然和谐发展、统筹国内发展和对外开放的"五个统筹"发展要求，更大程度地发挥市场在资源配置中的基础性作用，为全面建设小康社会提供强有力的体制保障。并提出"全面、协调、可持续的科学发展观"。甘肃省认真贯彻落实党的十六大和十六届三中全会精神，积极调整产业结构，推动甘肃经济社会高质量发展。2010 年国务院制定《国务院办公厅关于进一步支持甘肃经济社会发展的若干意见》，第一句话就是"甘肃是我国西北地区重要的生态屏障和战略通道，在全国发展稳定大局中具有重要地位"。战略定位之一就是"西北乃至全国的重要生态安全屏障"，要求"实施以节水和治沙为重点的生态安全战略。建立健全水资源管理体制，全面推进节水型社会建设。加强重点地区生态建设与环境保护，加快实施生态补偿，加大对生态功能区转移支付力度，建设生态文明示范区"。"大力推

---

① 中共甘肃省委关于批转《中部地区"三年停止破坏"问题调查研究计划》的通知（省委发〔1984〕10 号）（1984 年 1 月 18 日）。

② 《中部地区"三年停止破坏"问题调查研究计划》，载《甘肃中部地区三年停止植被破坏资料汇编》，甘肃人民出版社 1984 年版，第 8 页。

进石羊河流域重点治理工程，启动实施石羊河流域防沙治沙及生态恢复项目，确保民勤不成为第二个罗布泊"，"积极实施三大内陆河流域盐碱化及沙化治理工程，加快推进河西走廊北部风沙区防沙治沙工作，建设防风固沙大型综合防护林体系"。①2014 年 1 月，国务院常务会议审议通过了《甘肃省加快转型发展建设国家生态安全屏障综合试验区总体方案》，这是全国唯一的国家级生态屏障试验区。正在此间召开的甘肃省第十二届人民代表大会第二次会议，将"以国家生态安全屏障综合试验区为平台，加大生态保护治理力度"写入《政府工作报告》，力争建设国家生态安全屏障综合试验区。将推进天然林保护、三北工程、退耕还林、退牧还草、自然保护区建设及野生动植物管理等重点生态工程建设。甘肃依托重点生态工程，实施生态项目，推动生态安全屏障综合试验区建设。试验区建设以来，甘肃省重点生态工程建设任务稳步推进，重点区域和重点流域生态综合治理进展良好。

2014 年，甘肃省共争取国家安排林业重点工程建设任务 141 万亩，落实中央和省级林业建设资金 27.87 亿元。②2016 年 1 月初，甘肃省制定下发《甘肃省加快推进生态文明建设实施方案》（以下简称《实施方案》），提出把生态文明建设放在更加突出的位置，融入经济、政治、文化、社会建设各方面和全过程，着力推进国家生态安全屏障综合试验区建设，建设经济发展、山川秀美、民族团结、社会和谐的幸福美好新甘肃。《实施方案》提出，到2020 年，国家生态安全屏障综合试验区基本建成，循环经济发展水平进一步提高，资源利用更加集约高效，生态文明体制机制较为健全。《实施方案》明确了甘肃省加快生态文明建设的八项重点任务。为确保《实施方案》落地实施，达到预期目标，省委省政府要求，各地各部门要准确把握新理念、新制度、新举措，以高度的政治敏锐性、行动自觉性、措施有效性、工作持续性，加强组织领导，创新体制机制，综合施策，分类指导，毫不动摇、持之

---

① 中华人民共和国国务院办公厅政府信息公开专栏，http://www.gov.cn/xxgk/pub/govpublic/mrlm/201005/t20100506_56507.html。

② 数据来自甘肃省林业和草原局。

以恒地加快推进生态文明建设。2017 年制定实施的《甘肃省生态保护与建设规划（2014—2020 年）》把甘肃生态的战略定位为："是西部生态建设的枢纽区域和丝绸之路经济带上的生态敏感区，是国家生态战略的重要组成部分，是西部乃至全国重要的战略稳定器，是丝绸之路经济带建设和实现中华民族伟大复兴的中国梦的坚实生态后盾"。[1] 八步沙位于三北风沙综合防治区（河西内陆河地区）范围内，该区是我国"两屏三带"生态安全战略格局中"青藏高原生态屏障"和"北方防沙带"的关键区域，也是西北草原荒漠化防治区的核心区。以荒漠化防治为重点，加强北部防风固沙林体系建设，构建河西祁连山内陆河生态安全屏障。在防沙治沙工程、全国防沙治沙综合示范区建设工程、沙化土地封禁保护工程、石羊河流域防沙治沙及生态恢复工程、武威北部沙区生态屏障建设与保护工程等建设中有重要作用。

　　党的十八大提出全面推进经济建设、政治建设、文化建设、社会建设和生态文明建设"五位一体"的战略布局，把生态文明建设摆在更加突出的位置。甘肃同全国一样面临水资源的开发和利用承载能力低、耕地面积不断减少；环境污染严重、城市灰霾频显；生态系统退化、水土流失严重；等等。这些生态环境问题，制约了省域内经济发展，一定程度上影响着社会的稳定。甘肃采取积极措施，转变经济发展方式。全省各界通过学习宣传党的十八大精神，全省人民环保意识不断增强。党的十八届五中全会提出"创新、协调、绿色、开放、共享"的新发展理念，把生态文明建设又提到一个新的高度。甘肃省严格按照习近平总书记 2013 年视察甘肃时提出的，着力转变经济发展方式，推进经济结构战略性调整；着力推进科技进步和创新，增强经济整体素质和竞争力；着力发展现代农业，增强农产品供给保障能力；着力推进扶贫开发，尽快改变贫困地区面貌；着力加强生态环境保护，提高生态文明水平；着力保障和改善民生，努力让人民过上更好的生活；着力加强社会管理，维护社会和谐稳定；着力改进干部作风，提高党和政府公信力等

---

　　① 甘肃省人民政府政务与信息公开，http://www.gansu.gov.cn/art/2015/4/14/art_4786_233786.html。

"八个着力"的要求，① 多举措转变经济发展方式，促进经济健康有序发展的同时，下大力气把祁连山自然保护区的生态环境保护作为全省生态文明建设的重中之重。

"十三五"时期是甘肃省全面建成小康社会的决胜阶段，随着工业化、城镇化、农业现代化进程的加快，资源环境的瓶颈制约进一步加剧，加快发展与环境保护的矛盾日益突出，生态治理难度非常大。同时，生态问题和贫困问题相互交织，环境保护与群众生存之间的矛盾日益凸显，面临着经济发展、脱贫攻坚和生态建设的多重压力。经济社会发展形势和发展环境深刻调整，生态环境建设面临着难得的机遇，同时保护和治理生态环境的任务非常繁重和艰巨。一是面临宝贵的发展机遇。党的十八大将生态文明建设纳入"五位一体"的总体布局，特别是党的十八届五中全会提出"创新、协调、绿色、开放、共享"的发展理念，把绿色发展摆在更加突出的位置，坚持绿色富国、绿色惠民，为推进生态文明建设提供了行动指南。党中央、国务院高度重视甘肃的生态建设，赋予甘肃全国重要生态屏障地位，批复甘肃省建设国家生态安全屏障综合试验区。二是面临难得的政策机遇。"十三五"时期，国家进一步加快实施"一带一路"建设和主体功能区战略，加大对西部生态脆弱地区生态建设的倾斜支持力度，加大对农产品主产区和重点生态功能区的转移支付力度，强化激励性补偿，支持建立横向和流域生态补偿机制。国家提出筑牢生态安全屏障，大力实施山水林田湖等生态保护和修复工程，开展大规模国土绿化行动，鼓励发展风能、太阳能、生物质能等新能源，有利于我们争取更多的政策、项目、资金，加快建设国家生态安全屏障综合试验区。三是面临经济发展进入新常态的机遇。经过"十二五"时期的不懈努力，甘肃省综合经济实力显著增强。经济发展对提升生态环境质量、增大生态产品有效供给、增强环境承载能力、优化空间布局、加大生态建设投入提出了新要求，为推进我省绿色发展和生态建设带来了新契机。四是制度保障

---

① 林铎：《紧密团结在以习近平同志为核心的党中央周围　为加快建设幸福美好新甘肃而努力奋斗——在中国共产党甘肃省第十三次代表大会上的报告》，《甘肃日报》2017年6月3日。

日益完善。甘肃省强化顶层设计，积极推进经济体制改革和生态文明体制改革，不断健全完善生态法规体系和考核评价体系，相继出台了水污染防治、水土保持、生态保护、节约能源、节约用水等方面的一系列政策法规，生态保护和治理能力不断提升，为生态建设提供了法律基础和制度保障。总之，"十三五"期间甘肃省生态环境建设机遇与挑战并存，机遇大于挑战。要充分利用新机遇、新条件，牢固树立生态文明理念，像保护眼睛一样保护生态环境，像对待生命一样对待生态环境，坚持节约优先、保护优先、自然恢复的基本方针，突出绿色发展、循环发展、低碳发展，全力打造生态安全大屏障，加快生态文明建设，推进绿色富省、绿色惠民。全面贯彻中央和省委、省政府推进精准扶贫精准脱贫的战略部署，坚持扶贫开发与生态保护并重，按照"五个一批"的要求，深入落实"1+17"①精准扶贫精准脱贫方案，坚决打赢精准脱贫攻坚战。加大易地扶贫（生态移民）搬迁力度，积极探索精准脱贫多种模式，创建生态建设与保护岗位，有序引导当地贫困农牧民加入森林、草原保护队伍。推动扶贫开发与区域发展相结合，实施精准扶贫与生态建设、服务业发展相结合的新举措，发展文化旅游、生态农业、林下经济、农产品加工等绿色富民产业，不断拓宽农民增收渠道，确保如期实现脱贫目标。

武威地毗邻我国第三、第四大沙漠巴丹吉林沙漠和腾格里沙漠，处于全国生态格局青藏高原生态屏障和北方防沙带的中心地带。呈现出三个明显地貌特征，南部是祁连山水源涵养林区重要生态屏障，中部是工农业生产精化地带的绿洲区，北部是防沙治沙区。武威林业发展的历史，就是一部同风沙抗衡的斗争史。20 世纪 50 年代至 70 年代末，武威发动民众开展造林大会战；20 世纪 70 年代末至 90 年代中期，确定"南护水源、中建绿洲、北治风沙"建设方针；20 世纪 90 年代末，国家实施西部大开发战略，形成"国家、集体、个人"一起绿化局面，优化"南护水源、中保绿洲、北治风沙"布局，大规模开展治沙造林和国土绿化行动。1980 年 3 月 4 日，在武威市

---

①　2015 年 6 月，为加快转变扶贫方式，精准谋划和推进扶贫攻坚，中共甘肃省委、省政府着眼扶贫开发的重点、难点，出台了《关于扎实推进精准扶贫工作的意见》和 17 个专项配套实施方案，打出扶贫"组合拳"，形成了"1+17"的精准扶贫工作方案。

西郊成立甘肃省治沙研究所，县级建制，隶属省林业厅。甘肃省农业委员会提出了《甘肃河西走廊 1996—2000 年沙产业综合开发规划》，武威地区林业处提出了"武威地区沙产业综合开发研究"项目可行性报告。武威地区行署于 1995 年 11 月作出《武威地区 1996—2000 年沙产业发展规划》，其指导思想和原则是以钱学森创立的沙产业理论为指导，从武威地区的实际出发，以开发利用沙漠、戈壁为方向，以加快富民、富县、富区，实现脱贫、奔小康为目标，以增强农业发展后劲为重点，利用自然科学、社会科学与工程技术紧密结合，农、林、水、牧综合技术配套，运用生物工程固定、转化太阳能，发展阳光农业。通过长期艰苦奋斗，最终让科学家期盼和追求的"发展沙产业，建设新绿洲"、"让不毛之地变成沃土"的美好愿望变为现实。1995 年 11 月 21 日至 28 日，由甘肃省政府、林业部、中国科学技术协会，在武威地区召开了第一次沙产业开发工作会议，宋平同志到会指导。钱学森因为身体欠佳未能参加。他的《沙产业开发工作会议上的书面发言》由其秘书涂元季到会代为宣读。钱学森在甘肃省第一届沙产业开发工作会议上的书面发言中指出："近年来甘肃人民在省领导和地区领导的带领下，不是创造了'多采光、少用水、新技术、高效益'的中国沙产业吗？这一成就不仅启示我们发展尖端技术的沙产业，也就是用现代生物科学的成就，再加水利工程、材料技术、计算机自动控制等前沿高新技术，一定能够在沙漠、戈壁开发出新的、历史上从未有过的大农业，即农工贸一体化的生产基地"。[①]26 日，由宋平同志为全国唯一以钱学森名字命名的"钱学森沙产业中心实验室"主持揭牌仪式，隶属地区林业处。从此，钱学森创立的沙产业在武威正式落户，为沙产业实验、示范和开发奠定了良好的基础，进入生态文明建设新时代。中华人民共和国成立前，除祁连山区保存一部分天然林外，川区和北部沙区林木极少。武威市委市政府高度重视防沙治沙，动员和组织广大干部群众，相继实施三北防护林、退耕还林、天然林保护、野生动植物及自然保护区建设、森林生态效益补偿、石羊河流域防沙治沙及生态恢复等重点林业生

---

① 武威市地方史志编纂委员会编纂：《武威地区志》，方志出版社 2016 年版，第 663 页。

态建设工程，促进林业快速发展。2001年7月，时任国务院副总理的温家宝在一份关于河西走廊石羊河流域生态环境恶化的调查上作出批示："决不让民勤成为第二个'罗布泊'。"2007年10月1日，时任国务院总理的温家宝到民勤考察，并就石羊河流域综合治理作出重要指示。古浪县同武威全市一道，调整产业结构、转变发展方式，拉开了一场轰轰烈烈的生态保卫战。武威市被确定为全国防沙治沙综合示范区，民勤县被确定为全国防沙治沙综合示范县，古浪县被确定为三北防护林工程示范县，天祝县被确定为国家林业局退耕还林试点县，石羊河林业总场被评定为全国防沙治沙先进集体。武威市委市政府摒弃单纯求规模、重速度、拼资源的路径依赖和损害甚至破坏生态环境的发展模式，走出了集生态、经济、文化、旅游于一体的多元化发展道路。2019年6月5日，甘肃省委副书记、省长唐仁健在国务院新闻办公室省（区、市）系列新闻发布会上说，甘肃是北方重要的生态安全屏障，生态地位极其重要，但又极为脆弱。这个屏障很重要，就是"三阻一涵养"。"三阻"是"阻止、阻挡、阻隔"：一是阻止巴丹吉林和腾格里两大沙漠的会合，民勤像一个半岛和叶片，深入两大沙漠中间，我们每年要到那个地方去植树种草，确保不成为第二个"罗布泊"。二是阻挡沙漠隔断河西走廊，河西走廊一共18片绿洲，占国土面积只有7.1%，如果河西走廊这18片绿洲没有了，河西文明不保，丝绸之路经济带自然就断了。三是阻隔整个沙漠向青藏高原南侵。"一涵养"就是涵养长江、黄河和河西走廊三条内陆河的水源。据甘肃省第五次荒漠化和沙化检测结果显示，甘肃省2014年荒漠化和沙化土地状况较2009年有明显好转，呈现出"整体遏制，持续缩减"的良好态势。武威市荒漠化程度由极重度向重度、中度和轻度减缓，呈现出面积减少、程度降低的"双减双降"态势。八步沙"六老汉"三代人治沙造林接力奋斗38年，完成治沙造林22万余亩，管护封沙育林草面积38万余亩，风沙线后退了15公里，[①]阻止了腾格里沙漠南侵，阻挡了沙漠隔断河西走廊，阻隔了沙漠向青藏高原南侵，在"三阻一涵养"上发挥了重要作用。

_____

① 数据由八步沙林场提供。

第二章
"八步沙精神"的形成和发展

马克思、恩格斯指出："一切划时代的体系的真正的内容都是由于产生这些体系的那个时期的需要而形成起来的。所有这些体系都是以本国过去的整个发展为基础的，是以阶级关系的历史形式及其政治的、道德的、哲学的以及其他的后果为基础的。"[①] 因此，任何一种精神的形成都有其特殊的历史渊源和条件，总是在一定的时间和空间内孕育和展开，"八步沙精神"也不例外。"八步沙精神"的形成和发展离不开当地特殊的地理环境、地域文化、国家相关政策的支持，以及八步沙"六老汉"三代人近40年的治沙实践。研究"八步沙精神"生成的自然社会条件、思想文化条件、生成的过程是我们解读"八步沙精神"的前提。

第一节 "八步沙精神"形成的历史条件

一、"八步沙精神"形成的地域环境

不同的地理环境会造就不同的风土人情，因此自然条件不同形成的精神形态也就各异。"中华民族的陆地型的地理特征孕育了华夏悠久的农耕文明，

---

① 《马克思恩格斯全集》第3卷，人民出版社1960年版，第544页。

培育了特有的中华民族精神，而拥有海洋气候的古希腊形成的是海洋文明，培育的是开放、冒险、进取的希腊精神，这就充分说明地域差异对于精神培育具有某种正关联。"[①] 马克思也曾指出："没有自然界，没有感性的外部世界，工人就什么也不能创造。"[②] 可以说，武威特殊的地域环境是塑造"八步沙精神"的客观基础。

八步沙地处腾格里沙漠南缘，是武威市古浪县北部一大风沙口。武威属于全国荒漠化、沙漠化最为严重、水资源极度短缺的地区之一，地处全国生态格局中青藏高原生态安全屏障的核心区域和北方防沙带的中心地带。截至2014 年，武威全市荒漠化面积3262.8 万亩，其中沙漠化土地2289 万亩，分别占全市国土总面积的65.5%、45.9%，有明显沙化趋势的土地271 万亩，危害严重的风沙口286 个，风沙线长达654 公里。腾格里沙漠在武威有82.6万公顷，占全市国土面积的19.3%，巴丹吉林沙漠有70 万公顷，占14.9%。年均降水量212.2 毫米，蒸发量2163.6 毫米，全市人均水资源不足全省的1/2、全国的1/4。[③] 武威恶劣的生态环境，锻造了生活在这片土地上的人民群众坚韧不拔的意志和精神，甚至达到了其他地区可能难以理解的程度。

古浪县隶属于武威市，是国家集中连片特困地区甘肃58 个贫困县和甘肃中部18 个干旱县之一，是甘肃省"贫中之贫、困中之困"地区。古浪县境内区域类别多，自然条件差异大，海拔1550—3469 米，年降水量300 毫米左右，蒸发量2300 毫米以上。全县国土面积5046 平方公里，山、川、沙各占三分之一，南部山区7 个乡镇位于祁连山国家级自然保护区外围，水土流失面积达470 多万亩，北部风沙线长达132 公里，有重点风沙口20 多个，沙化面积238.9 万亩，是全国荒漠化重点监测县。因此，长期以来当地人民群众经历了更多的艰辛与苦难，同时也造就了当地人民群众更顽强的意志和斗志。

---

① 熊标：《苏区精神论》，博士学位论文，南昌大学马克思主义学院，2014 年。

② 《马克思恩格斯全集》第 42 卷，人民出版社 1979 年版，第 92 页。

③ 甘肃省林业厅：《甘肃省第五次荒漠化和沙漠化监测情况公报》，《甘肃日报》2016 年6 月 16 日。

20 世纪六七十年代，八步沙一片荒芜，一年四季 8 级以上的大风要刮10 多次，沙漠每年以 7.5 米多的速度向南推移，"一夜北风沙骑墙，早晨起来驴上房"，风沙肆虐，吞噬农田，摧毁禾苗，压垮铁轨，一年吞掉一村人的口粮。如此恶劣的生态环境，更加锻造了八步沙"六老汉"不怕困难、坚韧不拔、艰苦奋斗的精神品质，反而更加激发了他们与黄沙作斗争的信心和决心；甚至也可以说，"八步沙精神"是一种被"逼出来"的精神。

"八步沙精神"还形成于土门镇一带，历史上土门乃汉魏揖次县故地，是丝绸之路之重镇。数千年来，历经西戎、月氏、匈奴、党项等部族之争夺与割据，干戈频繁，烽烟不息，乃兵家必争之地。汉武帝元狩二年（公元前121 年），派骠骑将军霍去病平息匈奴，河西走廊始归汉朝版图，于是置敦煌、酒泉、张掖、武威四郡，并在武威郡置苍松（今古浪），揖次（今土门）、朴环（今大靖）等 10 县，所谓"以断匈奴右臂"者也。传说中有很多"铁脚僧"曾在土门一带习武修炼，因此直至今天，土门一带群众比较崇尚武风，骨子里有一种遇事不服输的拼劲、韧劲和闯劲。因此，在八步沙"六老汉"三代人的身上也体现得淋漓尽致。

二、"八步沙精神"形成的时代条件

1. 改革开放。习近平总书记指出："改革开放是我们党的一次伟大觉醒，正是这个伟大觉醒孕育了我们党从理论到实践的伟大创造。改革开放是中国人民和中华民族发展史上一次伟大革命，正是这个伟大革命推动了中国特色社会主义事业的伟大飞跃！"[①] 中国的对内改革首先从农村开始，家庭联产承包责任制是改革开放伟大进程的起点。中国的改革开放是从地里长出来的——这样一句民间俗语生动诠释了实行家庭联产承包责任制对中国改革开放的开创性意义。家庭联产承包责任制是指农户以家庭为单位向集体组织承包土地等生产资料和生产任务的农业生产责任制形式。家庭联产承包责任制的实质是打破了人民公社体制下土地集体所有、集体经营的旧的农业耕作模

---

① 习近平：《在庆祝改革开放 40 周年大会上的讲话》，人民出版社 2018 年版，第 4 页。

式，实现了土地集体所有权与经营权的分离，确立了土地集体所有制基础上以户为单位的家庭承包经营的新型农业耕作模式，充分调动了农业生产者的积极性，推动了农业生产的快速发展，家庭联产承包责任制是特定条件下的历史选择。

1978 年 11 月 24 日，安徽省凤阳县小岗村的 18 位村民冒着坐牢的风险，在土地承包责任书上按下手印，决定实施"大包干"。由此发生的变革，彻底改变了中国大地上的农民、农村和农业。"1979 年 10 月，小岗村打谷场上一片金黄，经计量，当年粮食总产量 66 吨，相当于全队 1966 年到 1970 年 5 年粮食产量的总和。"① 实践证明，作为改革的突破口，家庭联产承包责任制大大提升了中国农业生产力，也为中国改革全面铺开作出了重要示范。1980 年 5 月 31 日，邓小平在一次就农村问题发展的重要谈话中肯定了小岗村"大包干"的做法："农村政策放宽以后，一些适宜搞包产到户的地方搞了包产到户，效果很好，变化很快。安徽肥西县绝大多数生产队搞了包产到户，增产幅度很大。'凤阳花鼓'中唱的那个凤阳县，绝大多数生产队搞了大包干，也是一年翻身，改变面貌。"②

古浪县推行和建立农业生产责任制开始于 1979 年，曾经历了包产到组、大包干到组、包产到户、包干到户的发展过程。1979 年不少社队根据中央文件精神和县革命委员会有关会议精神，以生产队为基础，划分作业组，积极试验推广包工到组，联系产量计酬的生产责任制。经过实践，总结经验，不断完善，这种包产到组的生产责任制，取得了可喜成效，由于责、权、利的结合，调动了群众的生产积极性。"到 1980 年 7 月，全县已有 453 个生产队建立了各种不同类型的生产责任制，占生产队总数的 26.08%。"③

1981 年，古浪县借鉴农村联产承包责任制的经验，在全县探索推行"政府补贴、个人承包，谁治理、谁受益"的荒漠化、沙漠化土地治理机制，并把八步沙作为试点，鼓励社会力量承包治沙。八步沙"六老汉"积极响应，

---

①　范传贵：《人民利益：土地政策之根本》，《法制日报》2011 年 6 月 20 日。

②　《邓小平文选》第二卷，人民出版社 1994 年版，第 315 页。

③　古浪县志编纂委员会：《古浪县志》，甘肃文化出版社 1996 年版，第 197 页。

在试着承包四年后,于1985年4月17日,与土门乡政府(今土门镇)正式签订了承包治理八步沙的合同。

> 为了提高固沙造林质量,加速沙漠的治理,更好地发挥其生态效益和经济效益,明确责任,实行大户承包责任制。以土门乡人民政府为甲方,以贺发林、张润元、石满、程海、罗元奎、郭万刚、常开国为乙方,签订一九八五年固沙造林合同书,作为造林任务的执行和林木所有权的依据,双方共同遵守执行。……

1991年,古浪县全面推行林权制度改革,实行"谁造谁有、允许继承、允许转让"的政策,给包括"六老汉"在内的治沙群众吃了定心丸。1998年,古浪县出台支持治沙造林的配套政策,协调金融机构给予"六老汉"贷款扶持。1999年底,古浪县顺应沙区群众的意愿,出台了《古浪县林木、林地经营权属改革方案》,建立资源有偿流转机制,采取拍卖林地使用权、划段承包、合资投入和分户承包等办法,建立以农户投资、经营、受益为主体的林业发展新机制,并在资

图4 六老汉承包治理八步沙合同书

金等方面重点扶持治沙专业户和联户治沙组织,在全县迅速掀起了承包治沙热潮。

2.三北防护林工程。三北防护林工程是指在中国三北地区(西北、华北和东北)建设的大型人工林业生态工程。三北地区分布着中国的八大沙漠、四大沙地和广袤的戈壁,总面积达149万平方公里,约占全国风沙化土地面

积的 85%，长期以来三北地区风蚀沙埋严重，沙尘暴频繁，形成了东起黑龙江西至新疆的万里风沙线。三北地区大部分地方年降水量不足 400 毫米，干旱等自然灾害十分严重。干旱、风沙危害和水土流失导致的生态灾难，严重制约着三北地区经济和社会的发展，使当地各族人民长期处于贫穷落后的境地，对生存和发展构成严峻挑战。

为了从根本上改变三北地区风沙危害和水土流失的状况，1978 年，国务院批准启动了三北防护林防护工程。1978 年 11 月 3 日，国家计划委员会批准国家林业总局《西北、华北、东北防护林体系建设计划任务书》。1978 年 11 月 25 日，国务院批准国家林业总局《关于在三北风沙危害和水土流失重点地区建设大型防护林的规划》（以下简称《规划》），《规划》明确指出："我国西北、华北及东北西部，风沙危害和水土流失十分严重，木料、燃料、肥料、饲料俱缺，农业生产低而不稳。大力造林种草，特别是有计划地营造带、片、网相结合的防护林体系，是改变这一地区农牧业生产条件的一项重大战略措施"。至此，三北防护林工程正式启动实施。可以说，建设三北工程不仅对改善三北地区生态环境起着决定性的作用，而且对改善全国生态环境也有举足轻重的作用。

三北防护林体系东起黑龙江宾县，西至新疆的乌孜别里山口，北抵北部边境，南沿海河、永定河、汾河、渭河、洮河下游、喀喇昆仑山，包括新疆、青海、甘肃、宁夏、内蒙古、陕西、山西、河北、辽宁、吉林、黑龙江、北京、天津等 13 个省、自治区、直辖市的 559 个县，总面积达到 406.9 万平方公里，占到中国陆地总面积的 42.4%。2003 年被吉尼斯世界纪录总部认定为"世界上最大的植树造林工程"。习近平总书记指出，三北工程建设是同我国改革开放一起实施的重大生态工程，是生态文明建设的一个重要标志性工程。[①] 三北防护林工程是新中国成立以来我国第一个重点林业生态工程，从 1978 年开始到 2050 年结束，历时 73 年，分 3 个阶段 8 期工程进行，

---

① 《坚持久久为功　创新体制机制　完善政策措施　巩固和发展祖国北疆绿色生态屏障》，《人民日报·海外版》2018 年 12 月 1 日。

规划造林 3508.3 万公顷。

古浪县是三北防护林工程的前沿阵地。自 1978 年三北工程启动以来，国家累计在古浪县投资 6538.4 万元。1978—1985 年，在古浪县一期工程中，国家投资 428 万元，省级投资 2 万元，市级配套资金 2 万元。①1981 年，随着国家三北防护林体系建立工程的启动和施行，古浪县八步沙"六老汉"郭朝明、贺发林、石满、罗元奎、程海、张润元积极响应政府号召，依托国家三北防护林相关政策，最终组建成立了八步沙林场。

38 年来，八步沙林场累计完成国家三北防护林建设任务 13.7 万亩，工程治沙 4 万亩，封沙育林草面积达 21.7 万亩，管护面积达 37.6 万亩。完成通道绿化近 200 公里，农田林网 300 多亩，栽植各类沙生苗木 4000 多万株，花卉、风景苗木 1000 多万株。②2018 年，国家林业和草原局授予八步沙林场"三北防护林体系建设工程先进集体"称号。据 2018 年中国科学院完成的《三北防护林体系建设 40 年综合评价报告》显示，"三北工程按计划完成了建设任务，区域生态环境质量得到明显改善。三北工程 40 年累计完成造林面积 4614 万公顷，占同期规划造林任务的 118%。同时，三北工程区森林面积净增加 2156 万公顷，森林覆盖率由 5.05% 提高到 13.57%。"③ 八步沙"六老汉"三代人治沙造林先进群体是在与风沙艰苦卓绝的斗争中涌现出来的英模人物，"八步沙精神"与"艰苦奋斗、顽强拼搏、团结协作、锲而不舍、求真务实、开拓创新、以人为本、造福人类"的三北精神一脉相承。

3. 社会主义市场经济。建立社会主义市场经济体制是一个前无古人的伟大创举，习近平总书记指出："前进道路上，我们必须毫不动摇巩固和发展公有制经济，毫不动摇鼓励、支持、引导非公有制经济发展，充分发挥市场在资源配置中的决定性作用，更好发挥政府作用，激发各类市场主体活力。"④ 社会主义市场经济是同社会主义基本制度结合在一起的市场经济，体

---

① 《古浪县三北防护林工程建设 40 周年总结》，古浪县林业和草原局提供。
② 王钰：《八步沙，不止是八步沙》，《中国绿色时报》2019 年 5 月 30 日。
③ 喻思南：《三北防护林体系建设 40 年综合评价报告》，《人民日报》2018 年 12 月 25 日。
④ 习近平：《在庆祝改革开放 40 周年大会上的讲话》，人民出版社 2018 年版，第 29 页。

现社会主义的根本性质，是使市场在社会主义国家宏观调控下对资源配置起决定性作用的经济体制。1979年邓小平指出："说市场经济只存在于资本主义社会，只有资本主义的市场经济，这肯定是不正确的。社会主义为什么不可以搞市场经济，这个不能说是资本主义。我们是计划经济为主，也结合市场经济，但这是社会主义的市场经济。"①1992年春，邓小平在南方谈话中进一步指出："计划多一点还是市场多一点，不是社会主义与资本主义的本质区别。计划经济不等于社会主义，资本主义也有计划；市场经济不等于资本主义，社会主义也有市场。计划和市场都是经济手段。"②1992年10月党的十四大，明确提出发展社会主义市场经济。

20世纪90年代中期，八步沙林场为了适应市场经济发展形式，决定承包荒地，发展沙产业，探索发展多种经营方式，同时积极向上级政府部门争取。1997年9月9日，古浪县计划委员会批复了相关申请报告。批复文件写道："为了有效保护生态环境，防止沙漠侵蚀农田，全面发展高效沙产业，经我委研究，同意你镇八步沙林场发展高效沙产业，现批复如下：土门镇八步沙林场利用现有土地发展高效沙产业，计划新打机井一眼，平整土地500亩，新建苗圃100亩，以后在营造防风固沙林的基础上，全面开发沙产业，人工种植麻黄草1000亩，逐步形成以林固沙、以沙养林、全面开发、综合发展的路子。项目概算投资60万元，资金采取农发行贷款、自筹等多渠道筹措解决。"同年，八步沙林场又申请征用土门镇台子村荒滩146亩用于发展沙产业。1997年10月28日，古浪县政府批复了相关申请报告。批复文件写道："根据《中华人民共和国土地管理法》、《甘肃省农业用地开发管理暂行办法》的规定，经县政府研究，同意八步沙林场征地146亩，用于高效沙产业的开发。由土管局具体办理开发用地手续。"

2009年，八步沙林场探索引进市场机制，完善经营管理，成立了八步沙绿化有限责任公司，进行企业化转型。转型后，通过企业形式竞标国家

---

① 《邓小平文选》第二卷，人民出版社1994年版，第236页。

② 《邓小平文选》第三卷，人民出版社1993年版，第373页。

重大生态建设工程，为林场的发展奠定了可持续发展的基础。2017年，八步沙林场积极投身脱贫攻坚，探索将防沙治沙与培育富民增收产业相结合，按照"公司＋基地＋农户"的模式，在古浪县6万多人的黄花滩移民区流转1.25万亩土地，种植梭梭嫁接肉苁蓉、枸杞、红枣，帮助带动2500多户移民群众发展特色产业，实现增收致富、稳定脱贫。八步沙林场的固定资产也由原来的200多万元增加到现在的2000多万元，职工年收入由原来的年均不足3000元增加到现在的5万多元，初步实现了生态、经济、社会效益共赢。①

4. 西部大开发。西部大开发是党中央面向新世纪作出的重大战略决策，是全面推进社会主义事业现代化建设的一个重大战略部署。1997年8月，江泽民在一份关于西北地区治理水土流失、改善生态环境的调查报告上作出批示："历史遗留下来的这种恶劣的生态环境，要靠我们发挥社会主义制度的优越性，发扬艰苦创业的精神，齐心协力地大抓植树造林，绿化荒漠，建设生态农业去加以根本的改观。经过一代一代人长期地、持续地奋斗，再造一个山川秀美的西北地区，应该是可以实现的。"②1999年3月3日，江泽民同志在九届全国人大二次会议和全国政协九届二次会议的党员负责人会上的讲话中，正式提出了"西部大开发"的战略思想。1999年6月17日，江泽民同志在西北五省区国有企业改革和发展座谈会上指出，"加快开发西部地区是一个巨大的系统工程，也是空前艰难的历史任务。西部各省区的广大干部群众，要抓住这个历史机遇，坚持发扬自力更生、艰苦奋斗的光荣传统，利用自己的比较优势，创造新的业绩。我们要下决心通过几十年乃至整个下世纪的艰苦努力，建设一个经济繁荣、社会进步、生活安定、民族团结、山河秀美的西部地区。"③1999年9月22日，党的十五届四中全会通过的决定明确提出，"国家要实施西部大开发战略。"2000年1月，国务院成立了西部地区开发领导小组。

---

① 数据由八步沙林场提供。
② 《江泽民文选》第一卷，人民出版社2006年版，第659—660页。
③ 《江泽民文选》第二卷，人民出版社2006年版，第345—346页。

中国西部的生态环境极为脆弱，特别是在西北地区，这种情况就更加严重。我国沙化土地 90% 以上分布在西部，是制约区域协调发展的重要因素。因此加强生态环境保护和建设是实施西部大开发战略的根本，防沙治沙是生态环境保护和建设的重中之重。土地沙化问题不解决，西部地区特别是西部农村就难以从根本上改善生产生活条件，实现经济社会又好又快发展。正是基于这样的认识，党中央、国务院在西部大开发的战略部署中，把生态环境建设作为基础和根本摆在十分突出的位置。在西部的生态环境建设中，国家采取了用工程形式推进的办法，主要是天然林保护工程、退耕还林工程、防沙治沙工程和草原的封育工程。因此，中央作出西部大开发的战略决策后，国务院于 2000 年 10 月 26 日下发的《国务院关于实施西部大开发若干政策措施的通知》明确提出："加大财政转移支付力度。对国家批准实施的退耕还林还草、天然林保护、防沙治沙工程所需的粮食、种苗补助资金及现金补助，主要由中央财政支付。对因实施退耕还林还草、天然林保护等工程而受影响的地方财政收入，由中央财政适当给予补助。"

2001 年，中央财政专门设立了"森林生态补偿基金"，国家补偿标准为5 元 / 亩。"据统计，2000—2010 年十年间，国家累计安排西部地区生态保护与建设中央投资 2172.2 亿元，占同期全国投资的 57.1%。其中，天然林资源保护工程中央累计安排资金 447 亿元；退耕还林工程中央累计安排资金补助 1492 亿元，三北防护林体系建设工程中央累计投入 35 亿元，野生动植物保护及自然保护区建设工程中央累计投入 10 亿元，湿地保护与恢复工程中央累计投入 3.85 亿元，支持西部地区森林防火和有害生物防治等中央累计投入 19.6 亿元。"[1]

2000 年 2 月，国务院第一次会议批准启动"西气东输"工程，这是仅次于长江三峡工程的又一重大投资项目，是拉开"西部大开发"序幕的标志性建设工程。"西气东输"工程是我国距离最长、口径最大的输气管道，

---

[1] 《西部地区实施大开发战略　10 年来生态状况明显改善》，中国政府网 2009 年 11 月27 日，http://www.gov.cn/gzdt/2009-11/27/content_1474779.htm。

西起塔里木盆地的轮南，东至上海。2002 年，八步沙林场通过承包辽河油田公司实施的西气东输一线工程中的八步沙过境及周边的生态植被还原工程，从中积累了市场化治沙的经验；2003 年，承包实施了国家重点生态功能区转移支付项目、沙化土地封禁保护区建设项目等国家重点生态建设工程；2004 年，承包了中原油田公司实施的西气东输二线工程中过境及周边的生态植被还原工程；2006 年，承包了西油东送古浪沙漠段水土保持工程；2008 年，承包了长庆油田公司开工建设的西气东输三线工程中的过境及周边生态植被还原工程。通过承接国家项目，为八步沙林场今后的发展奠定了经济基础。

5. 生态文明建设。我国对生态文明建设经历了一个从萌芽认识到视之为社会价值目标的认知过程。"早在上个世纪 50 年代，毛泽东同志发出了'绿化祖国'的号召；以邓小平同志为核心的党的第二代中央领导集体将环境保护提到了我国基本国策的高度，在转变经济增长方式的同时开展环境保护立法工作，环境保护法律法规建设初具规模；以江泽民同志为核心的党的第三代中央领导集体确立了中国可持续发展的国家战略并积极付诸实践，其核心思想便是经济发展、保护资源和保护生态环境协调一致；以胡锦涛同志为总书记的党中央提出科学发展观，将'建设生态文明'写进党的十七大报告。"①并将之作为全面建设小康社会奋斗目标的新要求。

党的十八大以来，以习近平同志为核心的党中央对生态文明建设的重视程度前所未有，将之作为统筹推进"五位一体"总体布局和协调推进"四个全面"战略布局的重要内容，分别在党的十八届三中、四中、五中全会进行了相关布局，并提出了一系列新理念新思想新战略，强调"坚持生态兴则文明兴，坚持人与自然和谐共生，坚持绿水青山就是金山银山，坚持良好生态环境是最普惠的民生福祉，坚持山水林田湖草是生命共同体，坚持用最严格制度最严密法治保护生态环境，坚持建设美丽中国全民行动，坚持共谋全球

---

① 刘融、曹昆：《中国为什么提"绿水青山就是金山银山"？》，人民网 2019 年 9 月 9 日，http://m.people.cn/n4/2019/0909/c205245-13174087.html。

生态文明建设"。① 习近平总书记指出，当前我国生态文明建设正处于压力叠加、负重前行的关键期，已进入提供更多优质生态产品以满足人民日益增长的优美生态环境需要的攻坚期，也到了有条件有能力解决生态环境突出问题的窗口期。②

习近平总书记指出："生态文明是人类社会进步的重大成果。人类经历了原始文明、农业文明、工业文明，生态文明是工业文明发展到一定阶段的产物，是实现人与自然和谐发展的新要求。"③ 因此，当前生态文明建设亟需进一步与经济、政治、文化和社会等内容进行深度融合，形成相互支撑、相互促进的良好局面，特别是要与文化建设融合，形成全社会崇尚生态文明建设的"最大公约数"。党的十八大以来，党中央也通过各种形式的宣传教育以及组织中国生态文明奖、绿色年度人物评选与表彰等方式，引导和激励了更多单位和个人参与生态文明建设之中。因此，八步沙林场"六老汉"三代人被授予"时代楷模"、"最美奋斗者"等荣誉称号，这不仅是对他们成绩和精神的肯定，更是当前我们这个时代发展的需要。伟大的时代需要伟大的精神去指引，榜样的力量是无穷的。

三、"八步沙精神"形成的实践基础

马克思主义认为，实践是社会主体认识世界和改造世界的基本活动，也是人的意识、认识和思想生成的源头。意识、认识和思想的产生、发展和检验都离不开社会实践。马克思指出："全部社会生活在本质上是实践的。凡是把理论引向神秘主义的神秘东西，都能在人的实践中以及对这个实践的理解中得到合理的解决。"④ 因此，人们的社会实践不仅是精神产生和存在的根

---

① 《中共中央国务院关于全面加强生态环境保护坚决打好污染防治攻坚战的意见》，中国政府网 2018 年 6 月 24 日，http://www.gov.cn/zhengce/2018-06/24/content_5300953.htm。

② 习近平：《推动我国生态文明建设》，《求是》2019 年第 3 期。

③ 《在中共中央政治局第六次集体学习时的讲话》，载《习近平关于社会主义生态文明建设论述摘编》，中央文献出版社 2017 年版，第 6 页。

④ 《马克思恩格斯选集》第 1 卷，人民出版社 1995 年版，第 56 页。

本依据，也是其精神得以弘扬和培育的动力源泉。武威恶劣的生态环境，早已决定了武威的发展史其实就是一部人民群众矢志不渝同风沙抗衡的斗争史。对于武威而言，防沙治沙已经成为全市人民群众的一种态度和信念，防沙治沙是武威人民群众的一项"必答题"，而不是"选答题"。对于八步沙"六老汉"三代人而言，他们是武威全市人民群众在与干旱和风沙长期斗争中，涌现出的先进典范代表之一。

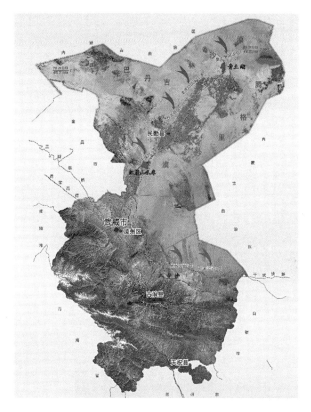

图 5　武威市风沙治理图（武威市林业和草原局提供）

　　武威三县一区中，沙漠主要分布在民勤县、凉州区和古浪县，其中民勤县荒漠化程度最严重，据 2014 年全国第五次荒漠化和沙漠化监测工作统计显示，全县总面积 1.59 万平方公里，沙漠和荒漠化面积占 90.34%，年均降水量为 127.7 毫米，年均蒸发量 2623 毫米，属全国防沙治沙重点县。根据记载，早在明嘉靖二十五年（1546 年），风沙危及民勤县城，埋压田庄甚多，群众奋力抗风治沙。在清乾隆十四年（1749 年）成书的《镇番县志》中就有"今飞沙流走沃壤，忽成丘墟，未经淤压者，遮蔽耕之；陆续现地者，节次耕之"的记载。所谓"遮蔽耕之"，就是构筑风墙，挡住风沙淤积，以利耕种。"最早的柴草风墙见于清康熙三十年（1691 年），风沙拥墙，高于雉堞，参将杨均率军士 500 人搬沙，以插风墙 150 丈。当时的插风墙就是将柴薪之类简单排插于沙丘上。农民在地边插，官府也组织民力在柴湾风口处插，对阻止风沙侵袭起了一定作用。"① 民国时期，沙区人民继续种植梭梭、茇茇草等沙生植物，封沙育林草，设置柴草风障，在风口、地畔夯打土墙，阻风挡沙，并拦引洪水漫灌沙窝，促进沙区天然植被生长，利用沉淀的泥壤覆盖地面沙，控制流沙随风移动。

古浪县的沙漠是由腾格里沙漠的延伸部分所组成，风沙线东起与白银市景泰县交界的小山子，西至与武威接壤的吴家井。千百年来腾格里沙漠不断向南侵入，埋田压房，阻路断道，沙进人退，对沙区人民的农牧业生产和生活造成了极大灾害。从 1965 年起，古浪县开始把治沙造林列入议事日程，1976 年 10 月，县革命委员会发布了《关于保护上林和北部防沙造林的布告》，严禁在北部防风固沙林带、封沙育草区、人工幼林区内刨柴、拔草、放牧。党的十一届三中全会后，全县在搞好固沙造林的同时，积极开展封沙育草，本着利用自然、改造自然的原则，对尚无条件造林的风口地段，植被稀疏的宜林地和经过封育可望恢复草、灌植被的地段，有计划地开展封沙育草工作。

中华人民共和国成立 70 年来，武威广大干部群众在与沙漠化的斗争中付出了巨大而艰辛的努力，实现了从"沙进人退"到"沙退人进"的重大转变，在风沙线上筑起了一座绿色的生态丰碑。同时也涌现出了像八步沙"六老汉"三代人一样的治沙英雄和集体。比如：

全国治沙英雄石述柱。石述柱所在的村子是民勤县薛百乡宋和村，地处巴丹吉林沙漠前缘，三面环沙。在 20 世纪 50 年代初，村里只有一棵榆树和十几棵沙枣树。土地贫瘠干涸，一亩地打 60 公斤粮食，全村 200 来户人家中，有 30 多户北走内蒙古，西去新疆。1955 年，19 岁的石述柱担任了村团支部书记，他带领村上近百名青年进入村东的沙河，插白茨，栽红柳。结果因干旱少雨，缺乏管护，栽下的树成活者寥寥无几。第二次到村南的张家湾沙滩上种树，又一次被风沙无情吞噬。1963 年冬天，担任村党支部书记的

---

① 武威市地方史志编纂委员会编纂：《武威地区志》，方志出版社 2016 年版，第 668 页。

石述柱和支委们实地考察,掌握了风起沙落的规律,决定在村西杨红庄沙滩上办林场。1964年春种后,宋和村人来到杨红庄沙滩,他们从1公里外背来黏土,盖住流沙,用铁镐、钢钎,撬开坚硬的砂浆层和胶泥板,挖出一个个树坑栽树,在沙滩上掏井浇灌新栽的树苗。80多人经过一个春天的奋战,换来了20多亩树木夏日的葱郁。此后,宋和村人每年春种结束后都要组织上百名劳力,压沙造林二三百亩。"经过半个多世纪的治沙造林,一道长9公里、宽2.5公里的绿色屏障崛起在风沙线上,风沙肆虐的杨红庄滩栽植白杨、沙枣、梭梭、毛条、花棒等防风固沙林7500亩,压设各类沙障80多万米,固定流沙8000亩,新增耕地2400多亩,昔日的荒沙地成为林茂粮丰的绿洲。"[①]

全国防沙治沙先进集体石羊河林业总场。石羊河林业总场成立于1964年10月,主要承担三北防护林体系工程建设和武威市北部沙漠的治理任务,下设有10个分场。成立以来,全场职工坚持造林固沙,"封沙育草至2000年,累计造林54万亩,保存34万亩,在民勤绿洲长达408公里的风沙线上营造105公里的防风固沙林带,控制流沙48万亩,有效地保护着民勤县15个乡、65个村的20万亩农田、117条渠道和交通、农田等设施。封沙育草27万亩",[②]比较明显地遏制了流沙对绿洲的吞噬,使昔日风狂沙暴的荒漠变成了林茂粮丰的绿洲。曾多次被国家林业部、甘肃省委、省政府树为"全国国营林场先进单位""全国国营林场十佳单位""全省绿化先进单位"。先后有25名职工受到中央、省、地表彰奖励。

全国治沙标兵张生成。张生成是武威市凉州区长城乡新庄村村民。凉州区长城乡新庄村地处腾格里沙漠边缘,世代居住在这里的人们深受沙漠的危害。由于缺乏管理,沙区植被破坏严重,风沙活动频繁,严重危害农业生产和群众的生活。"登高远望一片沙,大风一起不见家"是这里昔日的真实写照。1998年,身为村主任的张生成看到每年被风沙埋压的农田和毁坏的庄

---

① 马爱彬:《绿色丰碑——记全国治沙英雄石述柱》,《武威日报》2016年12月29日。

② 武威市地方史志编纂委员会编纂:《武威地区志》,方志出版社2016年版,第676页。

稼，决心要与黄沙做斗争，"从2000年开始，他坚持在位于腾格里沙漠南缘、红水河东岸的风沙口造林，十几年如一日，累计投资68万多元，压沙造林1万多亩，栽植梭梭、花棒、毛条480多万株，沿红水河岸营造出一条宽1公里、长17公里的绿色屏障，当地11个村近2000户群众的3万多亩农田得到有效保护。"①2013年10月，全国绿化委员会、人力资源和社会保障部、国家林业局联合授予张生成"全国防沙治沙标兵"荣誉称号。

全省防沙治沙标兵王银吉。王银吉是武威市凉州区长城乡红水村农民。"大风一起不见天，沙骑墙头驴上房，一茬庄稼种三遍，大风绝收小风歉。"这首民谣描述了当地自然环境。1999年春天，王银吉决定"挑战"沙漠，通过在沙漠植树，改善当地的生态环境，保护农田和村庄。在父亲王天昌的坚决支持下，父子俩背着苗子就钻了沙窝。"在沙地种树，不光要为缺水担心，群众放养的牲畜，会时不时啃咬刚种下的树苗。于是，王银吉和父亲就在沙窝里挖了休息用的地窖子，整日看护刚种下的树苗。'洋芋就着沙子咽，月光当作油灯用。'几年下来，树没活多少棵，王银吉和父亲却在沙窝里熬出一身的病。即便这样，王银吉和父亲也没有想过放弃。"②截止到2018年，王银吉带领全家人在腾格里沙漠中已"战斗"了20个年头，义务压沙植树8300多亩，栽植苗木近700万株，累计投入近100万元，实现了区域生态的明显改善。王银吉先后获得"全国劳动模范""甘肃省优秀共产党员""甘肃省绿化先进个人"等荣誉称号。

第二节　八步沙林场的发展历程

马克思指出："人们自己创造自己的历史，但是他们并不是随心所欲地创造，并不是在他们自己选定的条件下创造，而是在直接碰到的、既定的、

---

① 何立忠：《17年的执着坚守——记全国防沙治沙标兵、武威凉州区长城乡新庄村农民张生成》，《武威日报》2017年2月22日。

② 洪文泉：《王银吉：在8000亩沙地写下治沙故事》，《中国绿色时报》2018年7月3日。

从过去承继下来的条件下创造。"① 显而易见，一种精神文化的创造和生成，有其特殊的历史渊源和依据，不是无源之水或者无根之木。八步沙"六老汉"三代人 38 年扎根荒漠，矢志不渝，在治沙实践中不断探索和总结前人治沙的经验，逐步形成了科学有效的治沙模式，创造了荒漠变绿洲的奇迹，最终也形成了"八步沙精神"。

一、八步沙林场的基本情况

八步沙林场地处河西走廊东端，位于甘肃省武威市古浪县境内腾格里沙漠南缘，紧靠 G2012、S308、S316 以及干武铁路，交通条件便利，地理位置优越。八步沙林场是郭朝明、贺发林、石满、罗元奎、程海、张润元 6 位村民于 1981 年以联户承包的方式发起和组建的集体林场。2000 年八步沙林场正式成立党支部。截至 2019 年底，八步沙林场有护林站 5 处，职工 28 名，50 岁及以上职工 18 人，大专以上学历职工 3 人，中共党员 9 名。八步沙林场具有独立法人资格，自主经营，自负盈亏，职工工资通过公益林管护补助资金及项目实施劳务报酬解决，职工均未纳入企业职工社会养老保险缴纳范畴。古浪县八步沙绿化有限责任公司成立于 2009 年，注册资本 200 万元，董事长由八步沙林场场长郭万刚兼任，经营范围以绿化种苗培育、造林绿化、防沙治沙及农牧产品生产、养殖及销售等为主。

（一）第一代治沙人简介

郭朝明（1921—2005），古浪县土门镇台子村人，中共党员，1948 年至 1952 年在青海、新疆服役，曾任土门公社台子大队四队队长。1969 年至 1982 年在新墩岭和八步沙治沙造林。1982 秋，长子郭万刚接替治沙。

石满（1930—1992），古浪县土门镇漪泉村人，中共党员，1951 年至 1955 年在甘南服役，曾任漪泉大队主任、支部书记。1981 年至 1991 年任八步沙林场场长，1992 年，次子石银山接替治沙。

贺发林（1925—1991），古浪县土门镇漪泉村人，中共党员，曾任土门

① 《马克思恩格斯选集》第 1 卷，人民出版社 1995 年版，第 585 页。

公社漪泉大队主任、党支部书记。1978 年至 1991 年在八步沙治沙造林。1991 年，三子贺中强接替治沙。

罗元奎（1935—2017），古浪县土门镇土门村人，曾任土门公社土门大队上河队队长。1981 年至 2002 年在八步沙治沙造林，1991 年至 2000 年任八步沙林场场长，2002 年，四子罗兴全接替治沙。

程海（1936—2020），古浪县土门镇和乐村人，曾任土门公社和乐大队水利主任。1974 年至 2004 年在八步沙治沙。2004 年，四子程生学接替治沙。

张润元（1942—　），古浪县土门镇台子村长城队七组人，中共党员，曾任土门公社台子大队团支部书记、党支部书记。1981 年至 2016 年在八步沙治沙造林。2016 年，女婿王志鹏接替治沙。

图6　八步沙"六老汉"三代人谱系

（二）第二代治沙人简介

郭万刚，1952 年生，古浪县土门镇台子村人，中共党员，1972 年至 1982 年曾在古浪县土门供销社工作，1982 年秋接替父亲郭朝明到八步沙林场治沙至今，2000 年起担任八步沙林场场长。

贺中强，1969 年生，古浪县土门镇漪泉村人，中共党员，1991 年接替父亲贺发林到八步沙林场治沙至今。

石银山，1970年生，古浪县土门镇漪泉村人，中共党员，1992年接替父亲石满到八步沙林场治沙至今。

罗兴全，1972年生，古浪县土门镇土门村人，中共党员，2002年接替父亲罗元奎到八步沙林场治沙至今。

程生学，1969年生，古浪县土门镇和乐村人，2004年接替父亲程海到八步沙林场治沙至今。

王志鹏，1969年生，古浪县土门镇台子村人，2016年接替岳父张润元到八步沙林场治沙至今。

（三）第三代治沙人简介

郭玺，1985年生，古浪县土门镇台子村人，2016年进入八步沙林场，为郭朝明孙子，郭万刚侄子。

（四）林场其他职工简介

随着八步沙林场的影响力和号召力逐渐增强，越来越多的当地群众加入林场，成为其中一员。特别是从2016年开始，陆续有大学生加入，成为八步沙林场未来发展的重要力量。其中，陈树君、董涛树、王讷三人为大学生。陈树君为古浪县十八里堡乡人，毕业于兰州理工大学。董涛树为古浪县民权镇沙河沿村人，毕业于武威职业学院，负责办公室工作。王讷为古浪县泗水镇双塔村人，毕业于武威职业学院，在场部八步沙"六老汉"治沙纪念馆担任讲解员。

表2-1 八步沙林场其他职工表

序号	姓名	性别	年龄	政治面貌	职责	进场时间
1	刘万成	男	50	中共党员	护林员	1992年
2	张兴祥	男	73	群众	护林员	1998年
3	贺中山	男	59	群众	护林员	2010年
4	陈海云	男	50	群众	护林员	2012年

续表

序号	姓名	性别	年龄	政治面貌	职责	进场时间
5	韩百玉	男	29	群众	护林员	2013 年
6	高建设	男	45	群众	护林员	2015 年
7	杨发彬	男	51	中共党员	护林员	2015 年
8	张延龙	男	55	中共党员	护林员	2015 年
9	贾兴才	男	54	群众	护林员	2015 年
10	张怀表	男	56	群众	护林员	2015 年
11	马生荣	男	56	群众	护林员	2015 年
12	代续春	男	53	群众	护林员	2015 年
13	陈树君	男	30	中共党员	护林员	2015 年
14	王玉山	男	60	群众	护林员	2017 年
15	李万升	男	54	群众	护林员	2018 年
16	马成维	男	32	群众	护林员	2018 年
17	董涛树	男	26	群众	护林员	2018 年
18	王根弟	女	42	群众	炊事员	2018 年
19	王讷	女	26	群众	讲解员	2019 年

注：八步沙林场提供。

截至 2019 年底，除去已退休的程海、张润元两位老人外，八步沙林场现有职工平均年龄为 48 岁，60 岁（含）以上 3 人，50（含）—60 岁 13 人，40（含）—50 岁 4 人，40 岁以下 5 人，场长郭万刚工龄最长，从 1982 年进入林场至 2020 年已经 38 年，贺中强 29 年，刘万成和石银山都是 28 年，张兴祥 22 年。党员含张润元平均年龄 52.9 岁，不含张润元平均年龄是 49.9 岁。

二、八步沙林场发展的四个阶段

1. 第一阶段 1969 年至 1981 年。八步沙林场虽然成立于 1981 年，但是第一代治沙人郭朝明、贺发林、程海早在八步沙林场成立之前，就已经在八步沙附近开始了治沙造林。郭朝明最早在 1969 年，就在新墩岭开始了治沙造林。"新墩岭是明长城在古浪段土门镇东隅与八步沙一河之隔的一个烽火台，它的北侧是台子村的一块旱地，有 300 多亩。"① 因此，笔者认为，1969 年至 1981 年应该是八步沙林场成立的孵化阶段，有必要予以说明。八步沙林场现任场长郭万刚本人也讲道："八步沙林场最初诞生于新墩岭。因为人为对植被的破坏，加上天旱少雨，当地曾沙尘肆虐，粮田大面积失守。一天，在与八步沙一河之隔的新墩岭一块旱地里，郭朝明意外发现一个'奇迹'：没有草的地方麦苗一株无存，而有草的地方麦苗却还绿旺旺地活着。生命的这个细节，让郭朝明得到启发，喜出望外：要夺回粮地，先把草种上把树栽上，然后再种上庄稼。"② 1969 年春，郭朝明带领生产队的社员开始在新墩岭治沙造林，当年栽植沙生苗木 8 万多株，成活率达到了六成以上。1970 年，郭朝明辞去生产队长，承包了新墩林，建起一个林场。"1973 年，时任土门人民公社党委书记的李能儒到新墩岭调研。看到在如此干旱的沙地里能长出树来很吃惊，便问郭朝明，临近的八步沙是否也能栽树。郭朝明的肯定回答，让当地企事业单位和群众共几百人投入到播绿行动中，掀起了当年秋季八步沙义务压沙造林的热潮。"③ 为了加强管护，1976 年，土门大队的罗文奎④、和乐大队的程海、二墩大队的常开国⑤，加入八步沙护林队伍，连同台子大队的郭朝明、晏佩云⑥、李发春⑦，漪泉大队的贺发林，一起管护八

---

① 张尚梅：《古浪县八步沙林场"六老汉"治沙系列故事之六新墩岭的春天》，《武威日报》2019 年 3 月 25 日。

② 高凯：《沙漠赤子》，《人民日报》2019 年 5 月 17 日。

③ 张尚梅：《古浪县八步沙林场"六老汉"治沙系列故事之六新墩岭的春天》，《武威日报》2019 年 3 月 25 日。

④ 罗文奎：土门镇土门村人，在 1976 年至 1981 年在八步沙管护林木。

⑤ 常开国：土门镇二墩村人，在 1976 年至 1987 年在八步沙治沙造林，1987 年由于在林场煤烟中毒，留下严重后遗症，无法治沙后离开林场，现已去世。

⑥ 晏佩云：土门镇台子村人，在 1973 年至 1976 年在八步沙管护林木。

⑦ 李发春：土门镇台子村人，在 1973 年至 1978 年在八步沙管护林木。

步沙。1978 年，晏佩云去世，李发春年老病退。1981 年，罗文奎年老病退。正是群众管护新墩岭的这段经历，为日后"六老汉"承包八步沙积累了经验和想法。

2. 第二阶段 1981 年至 2000 年。三北一期工程上马不久，各地结合农村联产承包责任制，大力推行承包造林，"谁造谁有，允许继承和转让"和"国家、集体、个人一起上"的政策，促进造林生产责权利的结合，明晰了产权关系，调动了农民的造林积极性。1981 年秋，八步沙林场正式成立，石满和程海为林场负责人，郭朝明、贺发林、罗元奎、张润元、常开国为成员。从 1981 年开始，在林场第一代人和后期陆续顶替的第二代人的共同努力下，在初期苦战 10 余年时，已经治理完成八步沙 4.2 万亩的面积，再苦战另外一个 10 余年时，在 2000 年终将 7.5 万亩的八步沙治理完成。

八步沙林场成立第一年，第一代人按照计划治沙造林达到 1 万亩，成活率达到了七成，结果第二年一场大风，活下来的树苗连三成都不到。之后，林场第一代人在治沙过程中逐渐探索出了"一棵树，一把草，压住沙子防风掏"的治沙方法，成活率和保存率大幅度提升。1984 年春，他们所种的树木成活率就已经达到了 78%。对于林场职工而言，八步沙里最难的不是种树种草，而是看管养护种植下的草木，管护是重中之重。张润元老人曾讲道："树栽上以后，草长得好，有人偷着放牧和割草，好不容易种下的草和树，一夜之间就会被附近村民的羊毁坏，我们就每天早上和晚上挡着不让牲口进去，几乎整宿不睡觉地看护，甚至很多天顾不上回家。"① 因此，防偷牧、防牲畜啃甚至防火情等就是他们的基本功课。通过 20 年的坚持，"六老汉"及其后人用乔、灌、草结合，封、造、管并举等措施，在八步沙建成了一条南北长 10 公里、东西宽 8 公里的防风固沙绿色长廊，使 7.5 万亩荒漠得以治理，周边近 10 万亩的农田得到了保护，八步沙由过去的流沙变成了今天树草相间的绿洲。

---

① 董洪亮、孔祥武、付文：《六老汉三代人苦干 38 年：每家必须出一个后人，把沙治下去》，《人民日报》2019 年 3 月 29 日。

3.第三阶段2000年至2015年。2000年郭万刚担任八步沙林场场长。在巩固好八步沙生态建设成果的基础上，2003年，郭万刚带领第二代治沙人贺中强、石银山、罗兴全等人，将治沙的主战场挺进腾格里沙漠的腹地，继续承包了远离八步沙林场25公里、古浪县北部沙区风沙危害最为严重的黑岗沙、大槽沙、漠迷沙三大风沙口。"从2003年开始，他们在治沙现场搭建的窝棚中度过了十多个春秋，累计完成治沙造林6.4万亩，封沙育林11.4万亩，栽植各类沙生苗木2000多万株，造林成活率达65%以上，林草植被覆盖度达到60%以上，相当于再造了一个八步沙。"①同时林场还积极与途经当地的公路、铁路、油气管道公司衔接，承接相关生态修复工程。

2009年八步沙林场引进市场机制，成立了古浪县八步沙绿化有限责任公司，进行了企业化转型，并开始参与国家重大生态工程的竞标，同时还积极承担实施古浪县内防沙治沙工程。"通过公开招标，先后承担了多项国家重点生态功能区转移支付项目、国家重大生态工程建设任务。公司累计完成国家三北防护林建设任务13.7万亩，工程治沙4万亩，封沙育林草面积达21.7万亩，管护面积达37.6万亩。完成通道绿化近200公里，农田林网300多亩，栽植各类沙生苗木4000多万株，花卉、风景苗木1000多万株。"②

4.第四阶段2015年至今。2015年，黑岗沙在被治理完成之际，八步沙林场又承包实施了甘肃与内蒙古边界古浪段麻黄塘治沙环路沿线15.6万亩封禁保护区管护任务。从2016年起，以郭万刚的侄子郭玺和大学生陈树君为代表的第三代治沙人，在第二代治沙人的带领下，采取"打草方格、细水滴灌、地膜覆盖"等新方法。到2019年底，已完成工程治沙造林2万多亩，草方格压沙0.7万多亩，封沙育林草1.8万，防沙治沙施工道路绿化工程56公里，栽种各类沙生苗木800多万株。同时还按照"公司＋基地＋农户"的模式探索发展沙产业，在移民区流转1.25万亩沙化土地，种植梭梭嫁接肉苁蓉5000亩，枸杞、红枣7500亩，同时还发展林下经济——八步沙溜达

---

① 张尚梅：《荒漠里写下绿色诗行》，《武威日报》2019年5月6日。
② 王钰：《八步沙，不止是八步沙》，《中国绿色时报》2019年5月30日。

图 7　2019 年中共中央宣传部授予八步沙"六老汉"三代人治沙造林先进群体"时代楷模"称号

鸡；并计划挺进喇嘛梁治理和管护约 10 万亩沙漠。①

2018 年，大学生陈树君通过衔接，争取到"蚂蚁森林"治沙项目资金 1000 万元，支持古浪县治沙造林 2 万亩。同时，八步沙林场还推行科学治沙方法，构建科学治沙平台，疏通治沙区道路，架设通信网络，在各林区管护站配置电脑，购买无人机和虫情检测仪等，对林区管护情况和虫情进行巡视和监测，对治沙工作进行网络化管理，林木成活率大幅提高，治理沙漠的生态效益和经济效益也更加凸显。

根据统计，"38 年来八步沙林场共承包治理治沙造林 21.7 万亩，管护封沙育林草 37.6 万亩，栽植各类沙生植物 3040 多万株，栽植稻草近 1.2 万吨，播撒草籽 5 万多公斤。完成农田林网 5300 亩，栽植各类苗木 30 多万株，修筑治沙造林道路 43 公里。完成通道绿化近 200 公里（省道 308 线、316 线、营双高速、金武高速等），承包治理西气东输工程等。栽植各类风景、花卉

---

① 数据由八步沙林场提供。

等苗木 700 多万株，稻草 1500 多吨。"①

自八步沙林场成立以来，林场职工和集体先后获得各类荣誉 40 多项：

1989 年 9 月，石满被评选为"全省治沙工作先进个人"称号；

1991 年 5 月，石满被评选为"全国治沙劳动模范"称号；

2000 年 4 月，张润元荣获"第四届地球奖"；

2007 年 9 月，郭万刚被评选为"2005—2006 年度全国优秀护林员"称号；

2007 年 11 月，八步沙林场被评选为"甘肃省防沙治沙先进单位"；

2018 年 9 月，八步沙林场治沙六兄弟被评选为"第五届 CCTV 年度慈善人物"；

2018 年 11 月，八步沙林场被评选为"三北防护林体系建设工程"先进集体；

2018 年 12 月，八步沙林场被评选为"省级文明单位"；

2019 年 1 月，八步沙林场被授予"陇人骄子"称号；

2019 年 3 月，八步沙林场"六老汉"三代人治沙造林先进集体被授予"时代楷模"称号；

2019 年 9 月，八步沙林场"六老汉"三代人治沙造林先进群体被授予"最美奋斗者"称号；

2019 年 11 月，八步沙林场被国家生态环境部命名为第三批"绿水青山就是金山银山"实践创新基地。

---

① 数据由八步沙林场提供。

第三章
"八步沙精神"的提炼和丰富内涵

第一节 "八步沙精神"的孕育和提炼

2019 年 8 月 21 日上午，习近平总书记视察八步沙林场，察看林场整体风貌，听取武威市防沙治沙整体情况汇报和八步沙林场"六老汉"三代人治沙造林的感人事迹后，称赞说，八步沙林场"六老汉"的英雄事迹早已家喻户晓，新时代需要更多像"六老汉"这样的当代愚公、时代楷模。要弘扬"六老汉"困难面前不低头、敢把沙漠变绿洲的奋斗精神，激励人们投身生态文明建设，持续用力，久久为功，为建设美丽中国而奋斗。任何事业都离不开共产党员的先锋模范作用。只要共产党员首先站出来、敢于冲上去，就能把群众带动起来、凝聚起来、组织起来，打开一片天地，干出一番事业。①习近平总书记亲自视察八步沙林场，不仅显示出对生态环境保护的重视，同时也显示出对"八步沙精神"的充分肯定，足见"八步沙精神"已经树立起了新时代生态文明建设的一面旗帜。众所周知，任何先进典型被树立起来都有一个发掘和培育的过程。例如雷锋、焦裕禄、孔繁森等众多的典型都是在基层产生、发现、挖掘、宣传和树立起来的。正如

①《习近平在甘肃考察时强调——坚定信心开拓创新真抓实干 团结一心开创富民兴陇新局面》，《人民日报》2019 年 8 月 23 日。

马克思所指出的："各个人的出发点总是他们自己，不过当然是处于既有的历史条件和关系范围之内的自己，而不是意识形态家们所理解的'纯粹的'个人。"① 八步沙"六老汉"三代人最终被授予"时代楷模"、"最美奋斗者"等荣誉称号，离不开各级党委、政府的亲切关怀，离不开各级林业主管部门的大力支持，离不开各家新闻媒体的持续关注，也离不开各界爱心人士的鼎力相助。

一、誉满陇原

关于八步沙"六老汉"最早可找到的新闻报道，见于1988年《武威报》②刊发的一则消息，题目为《绿染八步沙的人》。文章写道："土门镇农民石满、张润元两人牵头的6个农民，在这片荒滩上，仅用了7年时间，累计造林3.52万亩，保存面积2.9万亩，绿化了这里73%的荒滩。石满、张润元这几个合作化时期的老党员，在改革的岁月里没有丢掉中国农民艰苦奋斗的传统美德。他们住在地窝铺，饿了啃两口干粮充饥，累了抽几口旱烟解乏，扎根八步沙苦干了7年。"③ 可见，早在1988年，八步沙"六老汉"的治沙故事已经在武威当地慢慢传开，他们实干苦干的精神也得到了地方政府部门的认可，市级主流媒体也开始将其作为先进典型进行宣传推广。

石满是八步沙林场的第一任场长，1989年9月19日，经市县林业部门推荐，被甘肃省林业厅评为"全省治沙工作先进个人"。当年甘肃省林业厅下发的《关于表彰全省治沙造林先进集体先进个人的决定》中指出，"建国以来，特别是党的十一届三中全会以来，我省林业建设事业蓬勃发展"，"全省各地掀起了义务植树、治沙造林的高潮，个人、集体、国家一起上，植树绿化、治理沙漠、封护天然沙生植被工作取得了显著成效。林业战线全体职

---

① 《马克思恩格斯选集》第1卷，人民出版社2012年版，第19页。

② 《武威报》创刊于1985年5月1日，是当时的中共武威地委机关报。2001年，经国家新闻出版总署批准，《武威报》更名为《武威日报》；2001年8月1日，武威撤地设市，《武威日报》成为中共武威市委机关报。

③ 梅生虎、尚可元：《绿染八步沙的人》，《武威报》1988年3月16日。

工和沙区广大人民群众，在治沙科学研究、推广治沙适用技术、保护扩大沙子植被、维护生态平衡等长期艰苦治理沙漠的斗争中，作出了重大贡献，涌现出一大批治沙造林先进集体和先进个人。"石满老汉被评为全省的治沙先进典型，应该说这不仅是对其个人成绩的褒奖，更是省市县各级林业部门对八步沙"六老汉"群体的一种充分认可。

《甘肃日报》是甘肃省内权威性的主流媒体，是甘肃省委和省政府舆论宣传引导的重要平台，发行量大，覆盖面广，社会影响力和关注度较高。从1990 年开始，《甘肃日报》开始持续报道八步沙"六老汉"的治沙故事，从而使八步沙"六老汉"的英雄事迹逐渐在陇原大地被人所熟知。1990 年 9月 13 日，《甘肃日报》刊发了题为《六老汉的头白了　八步沙的树绿了》的报道，此文还荣获了首届中国新闻奖三等奖。文章写道："古浪县 6 位年龄加起来有 360 岁的老人，不享儿孙绕膝之福，卷起铺盖住在地处腾格里沙漠前沿的八步沙，在那里风餐露宿，治沙造林。10 个春秋过去了，曾经每年以 7.5 米的速度向南推移的八步沙，终于被驯服了，4 万多亩沙丘披上了绿装，保护了周围 7800 亩土地和4 个村镇。"① 同时，《甘肃日报》还配发了题为

图8　1990 年 9 月 13 日《甘肃日报》头版头条予以报道

---

① 刘剑荣：《六老汉的头白了　八步沙的树绿了》，《甘肃日报》1990 年 9 月 13 日。

《感人至深的愚公精神》的评论员文章，将"八步沙精神"定义为"愚公精神"，文章写道："'当代愚公'的美称，这6位老人是当之无愧的。毛泽东同志高度赞扬和大力提倡的愚公精神，是中国人民团结奋斗、不断夺取胜利的法宝之一。6位老人的实践，充分体现了这种精神"①，文章还号召全社会各行各业的同志们要像6位治沙老人那样，发扬愚公精神，以实实在在的努力，为我们的时代和事业作出贡献。

　　1991年，甘肃省被全国绿化委员会、林业部授予"全国治沙先进省"称号。石满老汉也被全国绿化委员会、林业部、人事部评为"全国治沙劳动模范"。当年评选的全国治沙劳动模范一共有28位，其中甘肃省只有3位，石满老汉就是其中一位，评选可谓是"竞争激烈""优中选优"。表彰决定指出："多年来，沙区各族人民在各级党委和政府的领导下，为改善生态环境，发展地区经济，大力开展防沙治沙工作，并涌现出了一批成绩显著、贡献突出的先进单位和模范人物。为了表彰先进，推动治沙工作更加广泛深入地向前发展，开创全国治沙事业的新局面，全国绿化委员会、林业部、人事部决定：授予陕西省榆林区等33个单位为全国治沙先进单位；授予朱震达等28位同志为全国治沙劳动模范。"②1991年10月，八步沙林场又被甘肃省委和省政府评为"全省造林绿化先进单位"，可见，八步沙林场在20世纪90年代初，已成为全省林业系统的先进典型，防沙治沙成绩突出，得到了省委省政府的认可。

　　1994年7月23日，《甘肃日报》再次刊发了题为《绿荫永驻八步沙》的报道，继续宣传八步沙"六老汉"。文章特别提到1990年《甘肃日报》第一次报道八步沙"六老汉"的治沙故事之后，在全省引起了很大反响，使广大读者对他们治沙的精神感佩不已。赵国珍、胡全基写的《两代愚公，写在八步沙的诗行》发表于1997年11月15日的《武威报》，先后被《甘肃日报》、《农民日报》刊载，并获得第八届中国新闻奖通讯类三等奖、中国地市新闻

---

　　①　评论员文章：《感人至深的愚公精神》，《甘肃日报》1990年9月13日。
　　②　《光荣榜》，《中国林业报》1991年8月6日。

图9　1999 年 7 月 15 日纪功碑揭牌仪式（八步沙林场提供）

奖一等奖、甘肃新闻奖一等奖。1998 年 3 月 9 日，《甘肃日报》继续刊发通讯文章《写在八步沙的诗行》。黄海本的《六老汉筑碑八步沙》发表于 1999 年 2 月 24 日《甘肃地质矿产报》，同年第 3 期《金秋》以"前赴后继治沙人"为题刊发，同年 12 期《跨世纪人才》杂志，以"'漠'后英雄会何在"为题刊发。可以说，通过省级主流媒体的持续报道，以及各级政府部门的培育和挖掘，八步沙"六老汉"在 20 世纪 90 年代已经是誉满陇原，在全省树起了一面精神旗帜。1999 年 3 月 16 日，古浪县委县政府为了号召全县各行各业的党员、干部和群众学习八步沙"六老汉"的治沙精神，积极投身到再造"山川秀美新古浪"当中，作出了《关于开展向八步沙六老汉学习的决定》。1999 年 7 月 15 日，甘肃省绿化委员会、甘肃省林业厅、中共古浪县委员会、古浪县人民政府为"六老汉"立碑纪功，由地方党委和政府为治沙农民勒石纪功，在武威地区尚属首次，开创了先河。

八步沙治沙造林碑记

昔腾格里沙漠南缘，古浪县境东北之八步沙，大漠连绵，风沙肆虐，危及交通，侵蚀田园，沙进人退，生态失衡。

一九八一年，年逾半百的土门镇农民石满、贺发林、张润元、郭朝明、罗元奎、程海组建林场，联户承包，立志治理沙患。风霜染华发，树绿八步沙。后石满、贺发林病逝，郭朝明病退。三人之子石银山、贺中强、郭万刚继承父业，与张润元、罗元奎、程海一道矢志不移，治沙不止。历经十八载不懈努力，植树逾千万株，治沙四万余亩，亘古荒漠呈现一片绿洲，不毛之地焕发盎然生机。他们用生命和汗水铸造的光辉业绩，受到林业部和省委、省政府表彰奖励。赢得社会各界的交口称颂，被誉为"当代愚公"。石满荣膺全国治沙劳动模范。

为弘扬六位老人自强不息，改造河山，战天斗地的豪迈气魄；心系沙海，以苦为乐，无私奉献的高尚品质；不畏艰险，锲而不舍，顽强拼搏的创业精神。特立此碑，以展昭英模，彰其功业，佑启后人，继序不忘。

甘肃省绿化委员会

甘肃省林业厅

中共古浪县委员会

古浪县人民政府

一九九九年七月十五日

二、走向全国

1990年9月，由林业部三北局组织的全国林业新闻采访团来到八步沙采风，使得八步沙逐渐走向全国。1999年1月7日，《人民日报》刊发了题为《6老汉18年大漠植树900万株》的报道，文章写道："6位普通农民的治沙事迹被当地誉为'八步沙精神'。""18年大漠风霜，染白了6老汉的头发。石满、贺发林已相继去世，两位老人的坟地就在不远处静静守望着新绿洲。郭朝明因年岁大，身体差而不能再继续种树了。他的3个儿子又先后进驻沙漠，继续治沙造林。"①

2000年春天，我国北方地区发生了大范围强沙尘暴天气，华北地区受到严重影响，从而再次引起了党中央和国务院对我国荒漠化问题的高度关注。国务院就此专门召开会议研究我国防沙治沙工作，随后紧急启动了京津风沙源治理工程。2001年又启动了以防沙治沙为主攻方向的三北防护林第四期工程。所以，进入21世纪，国内越来越多的重要媒体开始宣传和报道八步沙"六老汉"治沙的故事，引导和鼓励更多的社会力量来参与中国的防沙治沙之中。2000年4月，张润元老汉荣获中国环境新闻工作者协会和香港"地球之友"颁发的第四届"地球奖"②，此奖项评选的一项重要条件就是"积极关心和参与环境保护、有强烈的责任感，敬业奉献、事迹感人，在中国环境保护事业或某一领域的环保工作中有突出贡献者"。

2000年6月27日，《人民日报》又继续刊发了题为《政策引导愚公移山六家人征服八步沙》的报道。同年，《中国林业报》也发表了题为《中国人的韧劲》的报道，文章特别指出，六位老人及其后代的事迹恰好诠释了我们中华民族生生不息、繁荣兴旺的根由，应该成为广大林业工作者以及社会各界群众学习的榜样。

2001年3月21日，作为中央"四报一刊"的《解放军报》也发表了题为《人沙之间》的报道，文章写道："六老汉治沙的故事尽管已经在媒体上多次报道，而来到这里人们不禁再次被他们战天斗地的精神所感动。尽管故事的主人公早已是白发苍苍，其中几位已经长眠在他们战斗过的这片热土上，而他们的这种精神却将鼓舞着每一代人。"2002年3月19日，新华网发表了题为《"八步沙"精神感召沙区人》的报道，文章写道："整整20年过去了，

---

① 谭飞、李江：《6老汉18年大漠植树900万株》，《人民日报》1999年1月7日。

② "地球奖"：1997年由环保部直属的中国环境新闻工作者协会和香港"地球之友"共同设立的民间环境保护奖项。主要奖励新闻、教育、社会团体在提高社会公众的环境意识方面作出突出贡献的集体和个人，以弘扬社会环境教育的敬业精神，激励更多的新闻、教育和各界人士投身到社会公众环境教育。

现在一条南北长 8 千米、东西宽 6 千米的防风固沙林带紧紧扼住了沙魔南移的咽喉","而 6 老汉中有两位告别了人世，另外 4 位也都变成了须发皆白的老人。现在，他们的儿子又接过了父辈手中的铁锨，续写着自强不息、战天斗地的'八步沙'精神。"2006 年 6 月 23 日，《中国绿色时报》发表了题为《八步沙的两代治沙人》的报道，文章写道："上世纪 80 年代，腾格里沙漠南缘、甘肃省古浪县土门镇八步沙'六老汉'联户承包治沙的感人故事被广为传颂。今天，他们的后代子承父业，两代人已累计治沙造林约 10 万亩。"2009 年 6 月 12 日，中国新闻网发表了题为《甘肃古浪治沙有"愚公"》的报道，文章写道："而今，六位老汉已有三人相继去世。所幸的是，郭万刚等六人子承父业，传承着治沙精神。"此后，各大媒体持续报道。

　　这一时期，境外媒体也开始关注八步沙。2000 年 10 月，由著名生态文学作家徐刚和著名电视主持人杜宪担纲摄制的大型电视专题片《穿越风沙线》，在香港凤凰卫视等媒体播映后，再度引起了海内外的广泛关注。2002 年 11 月 9 日，由林业部、香港凤凰卫视和台湾电视台记者组成的《农耕文明》电视专题摄制组走进八步沙。媒体称"举世瞩目的六老汉治沙，从郭朝明、石满到郭万刚、石银山，两代愚公矢志不渝造林治沙，用青春和热血树立起了绿色丰碑；闻名遐迩的八步沙林场从无到有，从小到大，现已拥有 21 万亩的封育管护面积，她一步步走出武威走向世界"。[①]

　　2017 年 2 月 21 日，《光明日报》发表了题为《两代人的治沙路》的报道，文章写道："岁月不老愚公心，时代激励壮士情。今天，六老汉中的郭朝明、石满、贺发林已经长眠于他们染绿的土地。张润元、罗元奎、程海也已年届八旬。但是，他们的拼搏精神，却铁打铜铸般地镶嵌进后代们的灵魂。"[②]2018 年 5 月 2 日，中央电视台《焦点访谈》栏目五一特别节目播出了《八步沙的斗沙人》。2019 年 3 月 29 日，中央广播电视总台《时代楷模发布厅》播出了甘肃省古浪县八步沙林场"六老汉"三代人治沙造林先

---

　　① 段明海、秦炜：《用生命和青春染绿八步沙——八步沙两代愚公矢志不渝治沙纪实》，《武威日报》2009 年 9 月 9 日。

　　② 宋喜群：《两代人的治沙路》，《光明日报》2017 年 2 月 21 日。

进群体的事迹，生动讲述了38年来"六老汉"三代人薪火相传、久久为功，在与恶劣环境的不懈斗争之中，摸索出一条让沙漠披绿生金的发展之道，彰显"誓把荒漠变绿洲"代代相传的奋斗精神，同时在节目中，中宣部授予甘肃省古浪县八步沙林场"六老汉"三代人治沙造林先进群体"时代楷模"称号，并颁发奖章证书。节目播出后，感动亿万观众，在国内引起了强烈的社会共鸣和反响，至此也掀起了国内重要主流媒体对八步沙林场宣传报道的新高潮。

中共中央宣传部关于授予甘肃省古浪县八步沙林场 "六老汉"三代人治沙造林先进群体"时代楷模"称号的决定

　　八步沙林场地处河西走廊东端、腾格里沙漠南缘的甘肃省古浪县。昔日这里风沙肆虐，侵蚀周围村庄和农田，严重影响群众生产生活。为保护家园，上世纪80年代初，郭朝明、贺发林、石满、罗元奎、程海、张润元6位村民，义无反顾挺进八步沙，以联产承包形式组建集体林场，承包治理7.5万亩流沙。38年来，以"六老汉"为代表的八步沙林场三代职工，矢志不渝、拼搏奉献，科学治沙、绿色发展，持之以恒推进治沙造林事业，至今完成治沙造林21.7万亩，管护封沙育林草面积37.6万亩，用愚公移山精神生动书写了从"沙逼人退"到"人进沙退"的绿色篇章，为生态环境治理作出了重要贡献。

　　八步沙林场"六老汉"三代人治沙造林先进群体是"绿水青山就是金山银山"理念的忠实践行者，是荒漠变绿洲的接续奋斗者。为深入学习贯彻习近平生态文明思想，大力宣传弘扬八步沙林场"六老汉"三代人治沙造林先进群体的感人事迹和崇高精神，中共中央宣传部决定，授予他们"时代楷模"称号，号召广大干部群众特别是林业草原系统干部职工向他们学习。

　　2019年8月16日，《求是》杂志发表了题为《八步沙见证一份绿色的承诺》的文章，文章从黄沙不退人不退、薪火相传绿色梦想、让沙漠生

图 10 《求是》2019 年第 16 期发表中共甘肃省委署名文章《八步沙见证一份绿色的承诺》（范景鹏制作）

出"金蛋蛋"三个层面讲述了八步沙"六老汉"三代人 38 年的治沙造林、绿色发展的历程，文章指出"多年来，以'六老汉'三代人为代表的甘肃各族干部群众，依托三北防护林等生态工程，以护卫家园、勇挑重任的担当，以不畏艰难、实干苦干的拼搏，以矢志坚守、接续奋斗的韧劲，艰苦奋斗、锐意进取，为生态环境治理和构筑西部生态安全屏障作出了重要贡献。"①2019 年 8 月 21 日上午，习近平总书记视察古浪县八步沙林场，从而使八步沙"六老汉"三代人再次成为全国关注的焦点。习近平总书记视察八步沙林场后，更多的来自全国各地的干部群众自发前来向他们学习，"2019 年国庆节期间，每天前来八步沙林场参观的全国各地游客数量超过500 人次。"② 特别是有一位 68 岁的广州老人看到新闻报道之后，深受感动，驱车四天到达八步沙林场，实地感悟"八步沙精神"，老人明确表示回去以后，要给家人和周边的人讲述八步沙的故事和八步沙治沙人坚韧不拔、愚公移山的精神。

三、精神升华

辩证唯物主义认为，物质决定意识，意识是客观存在在人脑中的主观映象；意识对物质具有能动作用，它不仅能动地认识世界，而且能动地改造世界。因此，伟大的事业必定会产生伟大的精神，伟大的精神也会推动伟大事

---

① 中共甘肃省委：《八步沙见证一份绿色的承诺》，《求是》2019 年第 16 期。
② 伏润之：《"八步沙"成"十一"长假新热点》，《甘肃日报》2019 年 10 月 9 日。

业的发展。随着八步沙"六老汉"的治沙英雄事迹被越来越多人所熟知，他们的精神也开始被提炼。1999 年 1 月 7 日《人民日报》在《6 老汉 18 年大漠植树 900 万株》一文中写道："6 位普通农民的治沙事迹被当地誉为'八步沙精神'"。2002 年 3 月 19 日，新华网以《"八步沙"精神感召沙区人》为题报道。1999 年 3 月 16 日，在古浪县委县政府作出的《关于开展向八步沙六老汉学习的决定》中指出："八步沙林场六老汉植树造林，治理荒漠，改善生态的壮举，不仅为干旱荒漠地区治理开发、兴利除弊创出了一条成功之路，也为我们改善生存环境，促进经济社会协调发展，改善贫困落后面貌，创造了精神财富。这一精神是全县人民长期同干旱贫困作斗争中形成的'三自'精神的具体体现。""为了树立典型，弘扬八步沙'六老汉'精神，激励和教育全县广大党员、干部和群众，坚定信心，负重拼搏，认真实施生态再造，举全县之力，造美山川，推动 99 绿化年活动的开展，加快脱贫奔小康步伐，古浪县委、县政府决定在八步沙为六老汉树碑，鼓励英模，昭示后人"，要"学习他们锲而不舍、自强不息的进取精神；不畏艰险、顽强拼搏的创业精神；以苦为乐、默默无闻的奉献精神；治沙造林、改天换地的务实精神。"

　　1999 年 7 月 15 日，甘肃省绿化委员会、甘肃省林业厅、中共古浪县委员会、古浪县人民政府在《八步沙治沙造林碑记》中写道："为弘扬六位老人自强不息，改造河山，战天斗地的豪迈气魄；心系沙海，以苦为乐，无私奉献的高尚品质；不畏艰险，锲而不舍，顽强拼搏的创业精神。特立此碑，以展昭英模，彰其功业，佑启后人，继序不忘。"2002 年 5 月 20 日，全国政协副主席杨汝岱率全国政协退耕还林专题组莅临八步沙视察治沙造林工作，得知六老汉"风霜染华发，树绿八步沙"的事迹后，感叹不已，鼓励他们继续弘扬"当代愚公"精神。[①]2003 年 11 月 24 日《武威日报》发表《治服八步沙，再战黑岗沙》一文，文章写道："以治服八步沙的精神再次治理黑岗沙"。2004 年 2 月 11 日《武威日报》发表《八步沙精神永

---

　　① 　田丽：《全国政协副主席杨汝岱视察八步沙》，《武威日报》2002 年 5 月 22 日。

存》一文，文章写道："八步沙所反映的是一种时代精神，八步沙这一高大的丰碑，凝聚起了一种榜样所特有的巨大力量，给人们带来了一个又一个启迪"，"八步沙人在与风沙的较量与搏斗中，孕育锻造出了一种八步沙精神，这种精神才是八步沙的真谛。比八步沙景色更美，比八步沙绿意更浓的就是八步沙精神"，"八步沙精神最为重要的就是艰苦奋斗精神，在艰苦中探索，在艰苦中创业，在艰苦中奋斗"，"我们更要学习八步沙精神，发扬艰苦奋斗精神和愚公移山精神。"2004年3月12日植树节的当日《武威日报》发表《从八步沙到黑岗沙——记武威绿化奖章获得者古浪县八步沙林场场长郭万刚》一文，文中称："以八步沙精神教育八步沙人，靠八步沙精神，开展沙产业，再造秀美富饶的家园"。同时发表评论员文章《建设山川秀美新家园》，文中称："八步沙精神传遍神州大地，成为我们治沙治穷的精神财富"，"我们在同荒漠风沙的较量中，需要八步沙精神，需要千百个八步沙林场这样的典型，需要八步沙人拼搏奋进、敢为人先、永不止步的愚公精神"。2008年4月7日《武威日报》发表《华发不移治沙志——记全国优秀护林员、八步沙林场场长郭万刚》，文中称："十多年里，六个治沙老愚公老的老了，病的病了，死的死了，但不老不死的是他们传承给儿女的精神"，"'六老汉的头白了，八步沙的树绿了'，这是八步沙精神留给我们永久的记忆"。2011年，曾任古浪县委书记、时任武威市政协主席的徐文善[1]在《六老汉筑碑八步沙》[2]一书序言中写道："'六老汉'精神是甘肃精神的地方化、具体化。概括地讲，他们的精神是：锲而不舍、自强不息的进取精神；不畏艰险、顽强拼搏的创业精神；以苦为乐、默默无闻的奉献精神；知难而进、改天换地的愚公精神。这种精神对我们来说是不尽财富。"2018年5月24日，

---

[1] 徐文善，男，甘肃武威人，1953年8月出生，曾任政协甘肃省委员会人口资源环境委员会副主任，2016年9月退休。1995.5—2000.9期间任古浪县委副书记、副县长、县长、古浪县委书记等职。

[2] 《六老汉筑碑八步沙》是八步沙林场成立30周年时，由郭万刚策划，赵国珍主编，黄海本编辑的一部内部资料，该书收录了八步沙林场成立30年以来相关的新闻报道、评论杂谈、散文随笔、诗歌词赋、脚本楹联等内容。

《人民日报》记者刘海天在人民网发表《"八步沙六老汉"精神造出绿洲锁黄龙》。

2018 年 12 月 28 日，"甘肃省委书记、省人大常委会主任林铎在兰州接见古浪县八步沙林场'六老汉'三代人治沙造林先进集体代表时指出：'六老汉'三代人治沙造林的生动事迹是甘肃人民在艰苦自然条件下，矢志不渝、保护生态，奋力拼搏、甘于奉献的典型代表，是甘肃精神的具体体现，也是陇原大地坚持绿色发展、建设生态文明的生动写照。'六老汉'三代人付出的艰辛劳动令人敬佩，他们不屈不挠的精神值得学习。"①2019 年 4 月 11 日，甘肃省委作出《关于深入开展向"时代楷模"——古浪县八步沙林场"六老汉"三代人治沙造林先进群体学习活动的决定》，《决定》指出："学习'时代楷模'——八步沙林场'六老汉'三代人治沙造林先进群体勇挑重任、护卫家园的担当精神。学习'时代楷模'——八步沙林场'六老汉'三代人治沙造林先进群体不畏艰难、实干苦干的拼搏精神。学习'时代楷模'——八步沙林场'六老汉'三代人治沙造林先进群体勇于探索、唯实创新的进取精神。学习'时代楷模'——八步沙林场'六老汉'三代人治沙造林先进群体矢志坚守、接续奋斗的愚公精神。"

2019 年 8 月 21 日，习近平总书记视察八步沙林场时指出，八步沙林场"六老汉"的英雄事迹早已家喻户晓，新时代需要更多像"六老汉"这样的当代愚公、时代楷模。要弘扬"六老汉"困难面前不低头、敢把沙漠变绿洲的奋斗精神，激励人们投身生态文明建设，持续用力，久久为功，为建设美丽中国而奋斗。②

---

① 朱婕：《林铎接见"六老汉"三代人治沙造林先进集体代表》，《甘肃日报》2018 年 12 月 29 日。

② 《习近平在甘肃考察时强调——坚定信心开拓创新真抓实干　团结一心开创富民兴陇新局面》，《人民日报》2019 年 8 月 23 日。

第二节 "八步沙精神"的丰富内涵

一、勇挑重担、护卫家园的担当精神

担当意指承担、担负任务责任等，出自《朱子语类》卷八七："岂不可出来为他担当一家事?"自古以来，中华民族就是一个具有担当精神品质和传统的民族。从《周易》的"天行健，君子以自强不息"，诸葛亮的"鞠躬尽瘁，死而后已"，张载的"为天地立心，为生民立命，为往圣继绝学，为万世开太平"，范仲淹的"先天下之忧而忧，后天下之乐而乐"，文天祥的"人生自古谁无死，留取丹心照汗青"，到顾炎武的"天下兴亡，匹夫有责"，林则徐的"苟利国家生死以，岂因祸福避趋之"，孙中山的"勇往直前，以浩气赴事功，置死生于度外"，等等，古人先贤的嘉言懿行，都生动诠释了我们中华民族敢于责任担当的内在禀赋。

中国共产党是一个敢于担当的马克思主义政党，因此历史和人民选择了中国共产党。近代以来，中国面临争取民族独立和人民解放、实现国家富强和人民幸福的历史任务，无数仁人志士为此进行了艰辛探索和不屈不挠的斗争，但始终未能改变中国半殖民地半封建的社会性质。"中国共产党自诞生之日起就自觉把对国家、对民族、对人民的责任扛在肩上，担负起争取民族独立和人民解放、实现国家富强和人民幸福的历史使命。"[1] 可以说，中国共产党近百年的发展史，就是一部中国共产党人的担当史。"据民政部门和组织部门统计，仅从 1921 年 7 月 1 日到 1949 年 10 月 1 日，可以查到姓名的牺牲的共产党员就有 370 多万，平均每天牺牲 370 人! 由此可见，敢于担当是我们党与生俱来的高贵品质，是党全心全意为人民服务宗旨的生动体现，也是党在任何时期凝聚人心、团结力量的政治保证。"[2]

---

[1] 刘云山:《敢于担当是中国共产党人的鲜明品格》,《学习时报》2014 年 3 月 10 日。
[2] 章海军:《担当:共产党人的品格》,《解放军报》2011 年 6 月 30 日。

1919 年，毛泽东在《湘江评论》中写道："天下者，我们的天下；国家者，我们的国家；社会者，我们的社会。我们不说，谁说？我们不干，谁干？"从老一辈无产阶级革命家气质背后，我们看到的是担当和责任。最早承包八步沙的六老汉当中，有四人是共产党员（郭朝明、贺发林、石满、张润元），贺发林、张润元曾任村党支部书记，石满曾任村党支部副书记，六人都当过村组干部。20 世纪六七十年代，风沙肆虐的八步沙沙丘以每年 7.5 米的速度向南推移，"一夜北风沙骑墙，早上起来驴上房"，茫茫黄沙严重侵蚀着周边 10 多个村庄、2 万多亩良田，给当地 3 万多群众的生产生活以及过境公路铁路造成巨大危害，护卫家园刻不容缓。1981 年，古浪县政府依托国家三北防护林工程项目，提出"政府补贴、个人承包，谁治理、谁拥有"的政策，开发治理荒漠化土地，并把八步沙作为试点向社会公开承包。但是，政策出台以后，基本上没有人响应，因为治理寸草不生的沙漠谈何容易？即使政府有点补贴，多少年之后才会有收益？这都是最现实的问题。

关键时刻，时任土门公社漪泉大队的村主任，51 岁的老党员石满老汉第一个站了出来，他讲道："多少年了，都是沙赶着人跑。现在，我们要顶着沙进！治沙，算我一个！"紧接着郭朝明、贺发林、张润元 3 名党员也开始响应，还带动了罗元奎和程海，最终他们以联户承包方式，组建了八步沙林场。从此，这几位年近半百的老人，就走上了漫漫的治沙之路。六人当中年龄最大的郭朝明已有 60 岁，最小的张润元也有近 40 岁。在建立林场之初，六老汉也曾遭受到外界的各种质疑、嘲笑、讽刺和挖苦，甚至也遭到家人的反对和不理解。比如有人讲"别人承包责任田，他们承包沙漠，是不是精神出了问题，简直是神经病？"有人还讲，"八成是这几个干部想吃国家给的那点补助吧"。自己的老伴知道了以后也说"都这把老骨头了，你要把命搭进沙漠里吗。"自己的儿女也劝："又不是不养活你们，别受那份罪了。"

但是即便这样，都没有动摇六老汉的信心和决心，他们还是毅然决定背着铺盖、拿着铁锹、赶着毛驴住进了沙漠，这一干就再也没回头，直到生命最后一刻。第一个站出来的石满老人在八步沙治沙造林 11 年，由 51 岁干到了 62 岁，1992 年去世。临终前，石满老汉仍然坚守初心，给子女们提的唯一要求，就是要把自己葬在八步沙，他要看着后人好好治理八步沙。贺发林老人临终前也是不忘当初誓言，病倒后对儿子贺中强讲道，"我怕是不中了，但是治沙的事还得干下去。我没有给你留下什么，就那一摊子树，你好好看去吧。"贺发林老人在八步沙治沙造林 10 年，由 56 岁干到了 66 岁，1991 年去世。可见，第一代人"言必信，行必果"，做到了在生命最后一刻初心不改。到了 20 世纪 90 年代林场在发展的过程中也曾遭遇到前所未有的困难和处境，林场一度处于破产倒闭的危机，林场职工生计无法得到维持，但是面对父辈留下的"经济林"，他们不为所动，仍然坚守父辈遗愿，未曾砍伐一棵树来补贴林场，依靠群策群力渡过难关，同时还以带动周边群众一起致富为己任。到了第三代人，作为"90 后"，他们不为各种诱惑所动，甘愿放弃城市人的生活，依然将自己的青春时光献给了治沙事业。"为了守护家园，'六老汉'三代人与大漠风沙鏖战了 38 年。38 年里，他们埋头苦干、忍住寂寞，终于让荒漠变绿洲。这是'六老汉'三代人战风斗沙的劳作史，也是前人栽树、后人乘凉的奋斗史。'六老汉'的事迹，感人至深；'六老汉'的精神，催人奋进"。① 始终体现着一种勇挑重担、护卫家园的担当精神。

二、不畏艰难、实干苦干的拼搏精神

拼搏意指尽最大的力量，用自己的所有不顾一切地极度努力，去实现自己的目标。鲁迅曾说过："我们自古以来，就有埋头苦干的人，有拼命硬干的人，有为民请命的人，有舍身求法的人。虽是等于为帝王将相作家谱的所谓'正史'，也往往掩不住他们的光耀，这就是中国的脊梁。"② 可以说，中华民族的发展史，也是一部浸透着人民汗水与智慧的拼搏奋斗史。

中华人民共和国成立之初，"一穷二白"，毛泽东讲，"穷就东西少，粮食少，油类少，钢铁少，机器少，各种东西都少。中国这么多人，又这么

---

① 付文：《沙海中挺立不屈的脊梁》，《人民日报》2019 年 3 月 29 日。
② 鲁迅：《中国人失掉自信力了吗》，载《且介亭杂文》，人民文学出版社 1973 年版。

穷，这成一个什么样子！白就是文化程度不高，不好。""1952 年我国国内生产总值仅为 679 亿元，人均国内生产总值为 119 元。1978 年我国国内生产总值增加到 3679 亿元，占世界经济的比重为 1.8%，居全球第 11 位。改革开放以来，经济发展驶入快车道。1986 年经济总量突破 1 万亿元，2000 年突破 10 万亿大关，超过意大利成为世界第六大经济体，2010 年达到 412119 亿元，超过日本并连年稳居世界第二。"① 习近平总书记明确指出："我们的国家，我们的民族，从积贫积弱一步一步走到今天的发展繁荣，靠的就是一代又一代人的顽强拼搏，靠的就是中华民族自强不息的奋斗精神。"②

2017 年 9 月 3 日，习近平总书记在金砖国家工商论坛开幕式上讲道："爱拼才会赢。改革开放近 40 年来，在中国共产党领导下，中国人民凭着一股逢山开路、遇水架桥的闯劲，凭着一股滴水穿石的韧劲，成功走出一条中国特色社会主义道路。我们遇到过困难，我们遇到过挑战，但我们不懈奋斗、与时俱进，用勤劳、勇敢、智慧书写着当代中国发展进步的故事。"③ 所以，拼搏精神不仅是我们中华民族的宝贵财富，更是我们共产党人的优秀品格。"爱拼才会赢"这是一句很有励志导向的话语，"最早来自叶启田演唱的一首闽南语歌曲，由陈百潭作曲填词，发行于 1988 年，收录于专辑《爱拼才会赢》。这首歌体现了闽南人热爱拼搏的精神，告诉人们面对迎面而来的每一个困难，必须发扬艰苦奋斗的精神，不低头，努力拼搏。这首歌不仅唱出了闽南人爱拼的心声，也很好地反映了福建人拼搏进取热衷打拼的性格特征。"④ 习近平总书记曾经在福建工作过 17 年半，他先后在厦门、宁德、福州和省委省政府工作，对福建有深厚的感情。2001 年 3 月 24 日，时任福建省长的习近平参加省企业家活动日暨表彰大会，他说，福建企业家素来有

---

① 人民日报中央厨房·麻辣财经工作室：《中国发展几十年，为何没出现过经济危机？》，《人民日报》2019 年 9 月 16 日。

② 《习近平谈治国理政》第一卷，外文出版社 2018 年版，第 52 页。

③ 《习近平在出席金砖国家领导人厦门会晤时的讲话》，人民出版社 2017 年版，第 2 页。

④ 《习近平讲故事："爱拼才会赢"的精神》，《人民日报·海外版》2017 年 9 月 7 日。

"敢为天下先"、"爱拼才会赢"的开拓创新精神。①

八步沙"六老汉"三代人的身上我们也看到了一种拼搏精神。八步沙也称"跋步沙",形容当地的沙子又细又软,人的脚踩上去以后就会立刻陷入其中,只能一步一步地艰难"跋涉"。"八步沙的东面,原是古山墩煤矿。想挣银子的本地人和外地人,驴驮 120 斤煤,人背 100 斤煤。走三步,退两步;走八步,歇五步。驴驮的口袋里的煤被倒出,人背的背篼里的煤被晃出。出了八步沙,驴驮的仅剩 80 斤,人背的剩 50 斤。"② 在 20 世纪 80 年代初期,全国防沙治沙工作尚处于起步阶段,技术化治沙普及程度不是很高,当年对于这六个年过半百的老汉而言,他们既无治沙技术和经验,又无治沙工具,还缺治沙资金,治理寸草不生的八步沙可谓是难上加难,几乎是一项"不可能完成的任务"。在承包治理沙漠初期,"六老汉"的治沙条件极其艰苦,工具仅为一头毛驴、一辆架子车、一个大水桶和几把铁锹。由于没有任何经验可循,"六老汉"只能按照最原始的"一步一叩首,一苗一瓢水"的土办法进行栽种树苗,1 亩沙地大约需要 2200 多个树苗子,可以想象"六老汉"当初治理八步沙是何等的伟大。如果不是靠着一种毅力和信念,7.5 万亩的八步沙怎么会被修复?

为了治沙,"六老汉"全力以赴、无所顾忌。沙漠离他们的家有七八里路,为了提高造林的效益,节省时间,看护方便,他们商量好以场为家,干脆被窝一卷搬到沙漠里。在沙地上挖个坑,上面用棍棒支起来,再盖点草和沙子就是家了,在当地这叫地窝子。白天在沙漠里干活,晚上干累了钻到地窝子里和衣而睡。地窝低矮、潮湿,至今,他们身上还落下了风湿病、关节炎;有时候到了半夜,沙漠里突然起风,一个风头,地窝子上面的那点棍棒就被全部端走,"六老汉"只好顶个被子,相互依偎着,在冷冰冰的坑里忍到天亮。早上他们拍拍身上的沙土,从半尺厚的沙土里挖出被风沙埋的干粮袋,三块石头支起一个锅,烧点开水,啃点干馍,又开始挖坑种树。没有

---

① 《改革争先　击水中流——习近平总书记在福建的探索与实践》,《福建日报》2017 年7 月17 日。

② 李学辉:《沙漠五记》,《人民日报·海外版》2019 年4 月20 日。

水源，赶着毛驴车到附近村子的涝池里去拉；没有经费，卖掉自家土豆种子甚至口粮收麦草。饿了，找3块石头，支个小铁锅，刷几把面，喝几口拌汤，啃两嘴干粮，就是一日三餐。张润元老汉讲："我们的林子是用一把炒面一碗凉水'吃'出来的，那一棵棵大树是用老汉们的命换来的！"

在沙漠中造林难，管护更难。为了保护好治沙成果，他们将防偷牧、防盗伐、防火情作为每天的必修课，每天傍晚轮流到造林地驻守，深夜返回，不曾间断，辛苦可想而知。他们坚信，只要播下种、看见根，就能长成林、筑起墙，就能保庄稼、守家园。苍天不负有心人，通过第一代"六老汉"的艰苦奋斗，十年后，八步沙林场腹地，7万多亩沙丘披上了绿装，一株株挺拔的白榆静静伫立，一株株瘦削的柠条绽放着一簇簇耀眼的黄花，梭梭、沙枣、红柳等沙生植物郁郁葱葱，形成了一条绿色的隔离带，阻挡了风沙侵蚀的步伐，大片的庄稼连年丰收，群众逐渐过上了好日子。

三、勇于探索、唯实创新的进取精神

习近平总书记多次强调："人民是历史的创造者，群众是真正的英雄。人民群众是我们力量的源泉。"① 建立林场之初，"六老汉"第一年造林1万亩，完全是处于一种探索和摸索的阶段，结果第二年六七成的树苗全被刮走，"六老汉"发现那些没有被刮走的小树苗周围或多或少有点草，在有草的地方小树苗子奇迹般的活了下来，所以他们就在想，如果种一棵树，然后周围再放一把草，效果是不是会好一点，最后他们成功探索出了"一棵树，一把草，压住沙子防风掏"的办法；同时他们还发现，沙漠里治沙要有技巧，就是要"先治窝，再治坡，后治梁"的这种办法，效果非常好。

对于第一代人而言，他们是在劳动和实践的过程中，摸透了沙漠的脾性，创造和探索出了一套科学治沙的办法。到了第二代人，治沙条件有所改善，在林业部门的指导下，他们又采用了"网状格双眉式"的治沙办法，实行造林管护网格化管理。到第三代人的时候，治沙条件在不断改善，各种机

---

① 《习近平谈治国理政》第一卷，外文出版社2018年版，第5页。

械装备都有了，他们又在父辈的基础上不断探索，最终探索出了"打草方格、细水滴灌、地膜覆盖"等新方法、新技术，甚至开始实行互联网治沙新模式，2018年底争取到网络公益治沙资金1000多万元，彻底打破了时间和空间的限制。

在20世纪90年代初，由于国家三北防护林政策调整，加上连年干旱少雨，八步沙林场发展遇到了前所未有的困难。1995年，八步沙林场开始发不出工资，濒临破产倒闭。为了破解林场发展的困境，他们探索出了一条"以农促林、以副养林、农林并举、科学发展"的新路子，并采取"出工记账，折价入股，按股分红"的办法，在封育区内新打机井1眼，架通农电线路2公里，衬砌节水渠道3千米，平地500亩，种植各类经济作物400亩、苗圃100亩。这一举措也为林场的可持续发展奠定了坚实的经济基础。八步沙林场的固定资产由原来的200多万元增加到现在的2000多万元，职工年收入由原来的年均不足3000元增加到现在的5万多元。

渡过经济难关后，八步沙"六老汉"第二代治沙人又向腾格里沙漠风沙危害最为严重的黑岗沙、大槽沙、漠迷沙三大风沙口进发。2003年至今，在三大风沙口完成治沙造林6.4万亩，封沙育林11.4万亩，栽植各类沙生苗木2000多万株。2009年，成立了古浪县八步沙绿化有限责任公司，注册资本200万元，经营范围以绿化种苗培育、造林绿化、防沙治沙及农牧产品生产、养殖及销售等为主，为林场长远发展奠定了基础。2015年，治理完黑岗沙后，又承包治理八步沙80公里外的北部沙区麻黄塘。脱贫攻坚战打响以来，他们探索将防沙治沙与产业富民、精准扶贫相结合，按照"公司+基地+农户"的模式，在古浪县6万多人的黄花滩移民区流转2500多户贫困户的1.25万亩土地，开展梭梭嫁接肉苁蓉和枸杞、红枣种植，帮助从山区下来的移民贫困群众发展特色产业，实现增收致富。2016年以来，第三代治沙人陆续加入治沙队伍，不断地改进治沙技术，提高机械化程度。"六老汉"的后辈正在以"功成不必在我"的胸襟，用水滴石穿的韧劲，无私奉献、忘我拼搏，用生命和汗水守护绿色家园。

四、矢志坚守、接续奋斗的愚公精神

愚公移山的故事众人皆知，见于《列子·汤问》，是战国时期思想家列子创作的一篇寓言小品文。文章叙述了愚公不畏艰难，坚持不懈，挖山不止，最终感动天帝而将山挪走的故事。通过愚公的坚持不懈与智叟的胆小怯懦，以及"愚"与"智"的对比，表现了中国古代劳动人民的信心和毅力，说明了要克服困难就必须坚持不懈的道理。1945年，毛泽东曾在党的七大闭幕式上，发表了题为《愚公移山》的著名演讲，毛泽东把帝国主义和封建主义比作两座大山，共产党以愚公自诩，号召要以愚公移山精神，下定决心，不怕牺牲，排除万难，去争取胜利。

进入新时代，习近平总书记也多次强调，我们要学习和弘扬愚公精神，他指出："一个时代有一个时代的主题，一代人有一代人的使命。新长征路上，每一个中国人都是主角、都有一份责任。让我们大力弘扬愚公移山精神，大力弘扬将革命进行到底精神，在中国和世界进步的历史潮流中，坚定不移把我们的事业不断推向前进，直至光辉的彼岸。"[①]1981年，八步沙林场成立之初，六老汉就相互约定，无论治沙条件有多苦、有多累、有多差，六家人必须要有一个继承人，要把八步沙管护下去。现在第一代治沙人郭朝明、贺发林、石满、罗元奎、程海、张润元这六位老汉，只剩下程海和张润元两位老人还在世，贺老汉在1991年去世、石老汉在1992年去世、郭老汉在2005年去世、罗老汉在2017年去世，目前程海老人已有84岁高龄，张润元老人也已78岁。

当年，第一代人都干不动的时候，第二代人又陆续接了上来，郭老汉的儿子郭万刚、贺老汉的儿子贺中强、石老汉的儿子石银山、罗老汉的儿子罗兴全、程老汉的儿子程生学、张老汉的女婿王志鹏子承父业接过了治沙的接力棒，他们成了八步沙的第二代治沙人。1982年，郭万刚30岁，在土门镇

---

① 《在全国政协新年茶话会上的讲话》，载《习近平关于"不忘初心、牢记使命"论述摘编》，党建读物出版社、中央文献出版社2019年版，第233页。

供销社有着稳定的工作，为了秉承父亲郭朝明的遗愿，他放弃了炙手可热的稳定工作，加入治沙造林中来，在最苦难之时挑起八步沙林场场长的重任，带领林场渡过难关，并立下誓言：治沙的步伐一刻不能停歇，一定要把父辈肩上治沙这面大旗继续扛下去。30多年又过去了，当第二代治沙人也在慢慢变老的时候，目前第二代治沙人中年龄最大的郭万刚已有68岁，最小的罗兴全也有48岁，第三代治沙人又接了上来，2016年，郭老汉的孙子，郭万刚的侄子郭玺又成为了第三代治沙人，并且后来还有大学生陈树君和董涛树也加入了他们的行列。可以看出，这三代人传承的不仅是治沙造林、绿色发展的理念，更是一种"虽我之死，有子存焉；子又生孙，孙又生子；子又有子，子又有孙"①的愚公家风。

从1981年开始，林场第一代人和第二代人通过20多年的努力，在八步沙植树造林4万多亩，栽植各类沙生苗木1000多万株，八步沙得到了彻底根治，周边10多万亩农田得到保护，亘古荒漠呈现一片绿洲。2000年起，林场第二代治沙人再接再厉，继续又向古浪县北部沙区风沙危害最为严重的占地11.4万亩的黑岗沙、大槽沙、漠迷沙进发，通过10多年的时间，累计在区域完成治沙造林6.4万亩，栽植各类沙生苗木2000多万株。2015年，八步沙林场第二代和第三代人又跨区承包实施了甘蒙边界古浪段麻黄塘治沙环路沿线15.6万亩封禁保护区的管护任务，完成工程治沙造林2万多亩，三北造林7万多亩，栽植树木近千万株。2018年，林场又流转黄花滩移民区沙化土地1.25万亩发展沙产业，其中梭梭嫁接肉苁蓉5000亩，枸杞和红枣7500亩。2019年，林场又承包治理甘蒙边界山水林田湖项目工程治沙2680亩，十二道沟东侧承包植被恢复1500亩，补植补造1.1万亩，防沙治沙工程1万亩。②

在三代"愚公"的不懈努力下，八步沙林场已经发展成为古浪县唯一一家由农民联户组建的生态公益性林场，也成为甘肃省农民联户承包治沙造林

---

① 《列子·汤问》。

② 以上数据由八步沙林场提供。

的典型。八步沙林场"六老汉"三代人，一代接着一代干，战风沙，缚黄龙，在追求人与自然和谐发展的实践中，用汗水和心血谱写了一曲让沙漠披绿生金的时代壮歌。2019 年 8 月 21 日，习近平总书记视察八步沙林场时，称赞林场三代人是"当代愚公"，勉励他们要"再接再厉，再立新功，久久为功，让绿色的长城坚不可摧。"可以说，这种矢志坚守、接续奋斗的愚公精神是整个"八步沙精神"的灵魂和核心。

第三节　上升为新时代武威精神

马克思指出："理论一经掌握群众，也会变成物质力量。理论只要说服人，就能掌握群众。""而理论只要彻底，就能说服人。"[①] 精神是一面旗帜，具有重要的感召力和凝聚功能。对于一个地区而言，区域精神是一个区域的精、气、神，对于凝聚人心、鼓舞士气、整合力量具有非常重要的作用，"八步沙精神"也不例外。习近平总书记指出，"一个有希望的民族不能没有英雄，一个有前途的国家不能没有先锋。"[②]武威作为我国西部重要的生态安全屏障，虽然近年来武威治沙工作取得明显成效，但需要治理的荒漠化面积仍然很大，同时已治理区域尚处于恢复阶段，极易遭受破坏，土地沙化形势依然十分严峻。同时，随着防沙治沙工作深入推进，造林立地条件变差，造林难度增加。

2018 年 10 月 13 日，武威市第四届人民代表大会常务委员会第十四次会议审议通过了《武威市防沙治沙条例》，这也是武威市制定的首部地方法规，充分体现了防沙治沙工作对武威的重要性。对于武威而言，推进防沙治沙，建设生态文明和美丽家园，必定要弘扬和传承"八步沙精神"，激励和引导千千万万个像"六老汉"一样的人投身到生态文明建设之中。

---

① 《马克思恩格斯选集》第 1 卷，人民出版社 1995 年版，第 9 页。

② 《习近平在纪念中国人民抗日战争暨世界反法西斯战争胜利 70 周年系列活动上的讲话》，人民出版社 2015 年版，第 19 页。

"据林业专家评估，八步沙林场建成的防风固沙林带，目前活木蓄积量在2万立方米以上，林中每年产鲜草500多万公斤，产薪柴200多万公斤，其经济价值在千万元以上。其更大的生态价值是，确保了境内10万亩良田，创造了林进沙退的治沙奇迹。"①武威作为一个传统的农业地区，长期以来农业大而不强，工业低而不优，文化旅游产业散而不大。武威地形地貌有山、川、沙三种类型，南部的祁连山是重要的水源涵养区，北部腾格里沙漠和巴丹吉林沙漠是全国风沙危害最严重的地方之一，也是防沙治沙的重点之一。为此，武威市确定了"走生态优先、绿色发展之路，努力建设经济强市、生态大市、文化旅游名市，全力打造生态美、产业优、百姓富的和谐武威"的总体思路，取消市级对民勤、古浪、天祝三县GDP等主要经济指标考核，将生态文明建设占县区政绩考核得分权重由2015年的10.64%提高到现在的21.13%，树立了绿色发展的鲜明导向。2017年，武威市果断叫停了民勤红砂岗工业集聚区规划总投资230亿元的高硫煤制氢循环利用示范项目，由于该项目高耗水，不符合河西走廊的生态布局，武威市最终果断放弃，此做法还引起了《新闻联播》关注。

为了全面贯彻落实好习近平总书记视察甘肃重要讲话精神，弘扬和传承好"八步沙精神"，武威市委站在增强"四个意识"、坚定"四个自信"、

图11 新时代武威精神

---

① 吕霞:《武威:生态优先构筑绿色高地》,《甘肃经济日报》2019年9月4日。

做到"两个维护"的高度上，在 2019 年 11 月 3 日召开的武威市第四届委员会第十次全体会议上，审议通过了《中共武威市委关于将八步沙"六老汉"困难面前不低头、敢把沙漠变绿洲的当代愚公精神作为新时代武威精神的决议》，号召全市各级党组织和广大党员干部要学习八步沙"六老汉"矢志坚守、接续奋斗的创业精神，不畏艰难、实干苦干的拼搏精神，敢为人先、勇于探索的进取精神，任劳任怨、担当作为的奉献精神，为加快建设经济强市、生态大市、文化旅游名市，全力打造生态美、产业优、百姓富的和谐武威作出新的贡献。

第四章
"八步沙精神"中的红色基因

第一节　与"红船精神"一脉相承

2005 年 6 月 21 日，时任浙江省委书记的习近平同志在《光明日报》上刊发署名文章《弘扬"红船精神"走在时代前列》，在党的历史上首次公开系统阐述了"红船精神"概念，对其内涵进行严谨的概括和论述，即：开天辟地、敢为人先的首创精神，坚定理想、百折不挠的奋斗精神，立党为公、忠诚为民的奉献精神。指出："'红船精神'正是中国革命精神之源：中国共产党历史上形成的优良传统和革命精神，无不与之有着直接的渊源关系"。① 第一次确立了"红船精神"是中国共产党革命精神之源的历史地位，从中国共产党革命精神史的角度追溯了我们党革命精神的源头，弥补了中国共产党创建时期的革命精神空白，完成了中国革命精神的系列构建，充分反映了共产党人构建自身精神体系的历史自觉，丰富和发展了中国共产党思想建党理论。

一、敢为人先的首创品质

红船记录着中国共产党人开天辟地、敢为人先的首创精神。毛泽东曾

---

① 《干在实处走在前列——推进浙江新发展的思考与实践》，中共中央党校出版社 2016 年版，第 455—456 页。

图 12　课题组在八步沙林场党支部座谈调研

指出，"中国产生了共产党，这是开天辟地的大事变"，①"自从有了中国共产党，中国革命的面目就焕然一新了"。②"开天辟地"就是中国共产党是适应时代的需要而产生的，顺应时代趋势、把握时代规律、引领时代潮流、解决时代课题，中国共产党存在的全部意义和价值就在于解决时代提出的课题，肩负起历史赋予的使命。"敢为人先"就是敢于走前人没有走过的路，敢于做别人没有做过的事，表现的是一种引领性。邓小平曾说："革命和建设都要走自己的路"。③只有敢于走别人没有走过的路，才能收获别样风景。开辟新道路就是要有"敢为人先"的气魄和胆识。

首创精神对后来我党的创新建设提供了榜样示范，为以后我党创造性地开展革命斗争、社会建设、改革开放提供了宝贵经验。曾经在 20 世纪六七十年代，当地党委政府以群众运动的方式治理八步沙，但以失败告终。

---

①　《毛泽东选集》第四卷，人民出版社 1991 年版，第 1514 页。

②　《毛泽东选集》第四卷，人民出版社 1991 年版，第 1357 页。

③　《邓小平文选》第三卷，人民出版社 1993 年版，第 94 页。

改革开放之初，联产承包责任制推行。河西地区实行"双包"责任制起步较晚，"1981年仍以划组作业联产计酬为主的生产队占总数的83.6%"，[①] 同年11月20日，中共甘肃省委在武威召开河西三地一市16个县的农村生产责任制座谈会。确认包产到户、包干到户在河西地区同样是可行的。宣传废除省委原来决定的河西地区主要推广"统一经营，联产到劳"的方法，随后河西地区很快实行以大包干为主的家庭联产承包责任制。古浪县党政领导经过调查研究，制定了承包沙漠的政策和办法，将分布在绿洲内的沙漠承包给当地农民治理，县林业局开会反复商量，又同乡镇领导多次调查研究，决定采取承包的办法，彻底整治这片沙漠。起初他们很担心：这七八万亩沙漠，谁敢承包？后来把目光放在队干部身上。经过摸底，心中有数。乡镇干部召集村干部开会，交了底，接着又到一起开碰头会，让大家主动报名。时任土门公社漪泉大队主任的共产党员石满第一个站了出来："多少年了，都是沙赶着人跑，现在我们要顶着沙进。治沙，算我一个。"紧接着，村民贺发林、张润元、罗元奎、程海、郭朝明以强烈的进取精神和勇于开拓的思维意识相继加入了治沙的行列，自发的组建公益性林场，开时代之先。六老汉的这种以联产承包责任制治理沙漠的方式，体现了勇立时代潮头、善开风气之先、敢于争创一流的锐气和魄力，事实上就是一种担起对历史、对时代的责任，勇于实践、勇于创新、锐意进取的精神。八步沙人在实践的过程中坚持创新精神，不断推进技术创新、理念创新、管理创新、制度创新，不断推进科技进步、经济发展，进一步激发社会活力，提高人民生活水平。八步沙人这种首创精神，是马克思主义政党的灵魂和使命，我们坚持解放思想、实事求是、与时俱进，永不自满，永不懈怠，不断总结新的实践经验，不断作出新的理论概括，把解放思想和统一思想结合起来，更好发展党的建设新的伟大工程，从而推动全面从严治党向纵深发展，这是我们要长期坚持的管党治党之道。推进党的建设新的伟大工程、全面从严治党向纵深发展需要"八步

---

① 甘肃省地方史志编纂委员会：《甘肃省志》第3卷，中央党史出版社2008年版，第519页。

沙精神"中所蕴含的首创精神。

二、百折不挠的奋斗品质

红船记录着中国共产党人坚定理想、百折不挠的奋斗精神。"坚守理想"就是坚守共产党人的精神追求，坚定对马克思主义的信仰，坚定对社会主义和共产主义的信念。习近平指出："坚定理想信念，坚守共产党人精神追求，始终是共产党人安身立命的根本。对马克思主义的信仰，对社会主义和共产主义的信念，是共产党人的政治灵魂，是共产党人经受住任何考验的精神支柱"。①"百折不挠"就是把建党的理想信念付诸实践，历经曲折而不畏艰险，屡受考验而不变初衷的坚强品格。无论受到多少挫折都不退缩，比喻意志坚强，品节刚毅。坚定理想、百折不挠的奋斗精神实质上就是为了实现共产主义的理想目标不断实践、不断奋斗，脚踏实地的实干精神。

奋斗精神是走在时代前列的意志要素，表明中国共产党历史性实践的目的性、坚定性。面对艰难险阻、风险和挑战，只有坚持不懈的奋斗，才能把理想蓝图变成美好现实，才能落实走在时代前列的要求。1981 年，六老汉决定承包八步沙的理想就是"治住流沙，保护家园"，为了这一纯真而质朴的理想一路艰辛走来。一开始，家人们以为他们只是响应党和政府号召的积极分子，苦干一阵子就已经非常了不起了。谁承想老汉们将自己的余生都放在了沙漠里，豁出命在所不惜。六老汉承包八步沙时平均年龄 49.6 岁，可谓年过半百，面对的是寸草不生、一望无际的 7.5 万亩的沙漠。仅凭微薄的三北防护林补贴，没有任何现代化的工具和设备，只靠着一头毛驴拉着铁皮桶，从几公里外的土门镇拉水，靠着手工铁锹，一个坑一棵树一瓢水的最原始办法开始了"愚公移山"的浩大工程。"在光秃秃的一片沙漠中，造林非常困难。那时候沙漠里寸草不生，也没有草保护树苗。第一年，我们造林 1万亩，第二年春季，一场大风就把六七成的苗子刮没了。"回忆起 30 年前的治沙经历，张润元至今还为那些被风沙席卷的树苗感到惋惜。经过反复观察

---

① 《习近平关于全面从严治党论述摘编》，中央文献出版社 2016 年版，第 57 页。

和实践,总结出来"一棵树,一把草,压住沙子防风掏"这种最原始经济的办法,大大提高了成活率。郭万刚说:"在和老人们一起治沙的日子里,我觉得他们都是性格要强的人,都是意志坚定的人,好像什么困难也难不倒他们,什么挫折都能经受得住"。①1982年,年龄最大的郭朝明老汉病倒干不动了,30岁的儿子郭万刚走进八步沙接替父亲;1991年贺发林老汉离世,22岁的儿子贺中强接替父亲走进八步沙;1992年石满老汉离世,22岁的石银山接替父亲走进八步沙。在后来的日子里,郭朝明、罗元奎老汉也相继离世。当初向沙漠毅然挺进的六老汉中,四个走了,两个老了干不动了。罗老汉的儿子罗兴全、程老汉的儿子程生学、张老汉的女婿王志鹏接过了治沙的接力棒,他们成了八步沙第二代治沙人。20世纪90年代,国家生态政策调整,没有了造林补助,林场发不出工资,面临倒闭散伙,"住50年代的房子,吃60年代的饭,干90年代的活。因为发不出工资,他们一方面继续造林护林,恪尽职守,同时种块地糊口,或者从农村老家背粮食到场里吃,替国家干活"。② 但他们坚守理想,不砍树、不散伙,靠着群策群力,筹措贷款30多万元,1997年在附近购置300亩荒地,打出一眼机井,探索多种经营,使得林场起死回生,渡过难关。曾经寸草不生的沙漠上,沙枣、红柳等植被郁郁葱葱,结成7.5万亩的隔离带,成功阻挡了风沙侵蚀的步伐,成功改善了八步沙的自然面貌,38年来用"耐心、苦心、坚持心"朴实的语言诠释了"红船精神"中坚定理想精神,书写了一部令人动容的艰苦创业史、接续奋斗史。

三、为民谋福的奉献品质

红船记录着中国共产党人立党为公、忠诚为民的奉献精神。"立党为公"彰显了马克思主义政党的性质和宗旨,"过去的一切运动都是少数人的或者为少数人谋利益的运动。无产阶级的运动是绝大多数人的、为绝大多数人谋

---

① 郭万刚演讲稿《为了那个绿色的承诺》。
② 徐刚:《风沙漫笔》,转载自《筑梦八步沙》,内部资料,2011年,第133页。

利益的独立的运动"。① 中国共产党从成立之始就忠实地代表中国各族人民的利益，是为了国家富强、民族振兴、人民幸福，而不是为了少数人谋私利而成立。"忠诚为民"彰显了共产党人的价值追求。共产党人必须把大公无私、为最大多数人的利益而奋斗作为自己的基本价值观念。立党为公、忠诚为民的奉献精神实质上就是为共产主义的崇高理想和最广大人民群众的根本利益而不懈奋斗，敢于牺牲、为民服务的精神，体现了党性与人民性的内在统一。奉献精神是走在时代前列的情感要素，表现了中国共产党历史性实践的价值性、倾向性，是党始终走在前列的价值追求和检验标准。

习近平在当选为党的总书记与中外记者第一次见面时深情地说："人民对美好生活的向往，就是我们的奋斗目标"。② 着力解决人民群众最关心、最直接、最现实的利益问题，突出解决民生问题，使人民过上幸福快乐的生活，是中国共产党执政的价值逻辑。六老汉中四人是党员，分别担任着村支部书记、村主任、生产队长等职务，凭着自身的位置和灵活的头脑，完全有机会承包良田发家致富，但却作出了一条最"愚"的选择——承包沙漠。虽然沙漠离住的村庄也就七八里路远，但为了节省时间提高效率，六个老汉干脆被窝一卷搬到沙漠里，进了沙漠一下子就回到了原始社会穴居时代，在沙地上挖个地窝子就干开了。健在的第一代治沙人张润元回忆说，当年治沙是用毛驴车拉树苗，住的是地窝子，晚上睡觉的时候火盆里的火着着，可是早上起来火就熄灭了，水冻成了冰柱子。每人带点面粉、干馍馍和酸菜，大家混在一起吃，没有煤炭和炉子，外面捡点骆驼粪、驴粪和柴草烧点开水。吃一次饭前后要花去一个多小时。大风一起，风沙就刮到锅碗里，吃到嘴里沙粒把牙硌得咯吱咯吱响。从治沙第二年起，"六老汉"从地窝子里搬到了窑洞里。第三年，在县林业部门的支持下六老汉盖起了三间房，但门窗却没钱安装，又过了两年才安上门窗。"从1991年开始，他们再没有得到国家、集体的一分钱的资助，按规定的少得可怜的每亩20元的造林补贴也与八步沙无

---

① 马克思、恩格斯：《共产党宣言》，人民出版社2014年版，第39页。
② 中央宣传部：《习近平总书记系列重要讲话读本》，学习出版社、人民出版社2016年版，第212页。

缘","这6户农民耗尽了6户农家的所有积蓄，或者说资源。从自己家里背来的粮食、籽种，为了盖几间房还得凑建筑材料，把鸡、羊卖了换成钱投资到沙地上","他们很少知道八步沙以外的世界，只是因为吃够了风沙的苦，舍不得离开那片家园，便心甘情愿地成了分文不得无私奉献的三北防护林建设者队伍中的一员"。①中央党校"三农"问题专家徐祥临教授曾经给"六老汉"算过一笔"账"："从1981年起不懈治沙，已造林5万亩，植树1000万株，近10万亩农田得到保护。在这个例子中，我们以每亩耕地在受到保护之后每年增加收益50元估算，10万亩农田则每年增加社会效益500万元。如果我们按每株树1元钱付给六位老人，每年需要付给老人50万元，平均每人85000元，社会多得效益450万元。"②如今，经过三代人38年的接力治理，使得古浪县风沙线后退了15公里，昔日的风沙线变成后花园，土门等3乡镇5万人家园在绿洲中安居乐业。

第二节 是"四个伟大"的生动体现

2017年7月26日，习近平总书记在中共中央党校省部级主要领导干部"学习习近平总书记重要讲话精神，迎接党的十九大"专题研讨班开班式上深刻指出："在新的时代条件下，我们要进行伟大斗争、建设伟大工程、推进伟大事业、实现伟大梦想，仍然需要保持和发扬马克思主义政党与时俱进的理论品格，勇于推进实践基础上的理论创新。"③在党的十九大报告中把进行伟大斗争、建设伟大工程、推进伟大事业、实现伟大梦想放在一起加以强调，是在我国进入决胜全面建成小康社会、开启社会主义现代化新征程的重要历史节点作出的重大理论创新。党的十八大以来的实践表明，

---

① 徐刚：《古浪八步沙》，《中国林业报》1995年2月16日。

② 李文媛：《给农村以资金给城市以市场——与中央党校徐祥临教授谈农民增收》，《经济日报》2002年7月9日。

③ 《习近平谈治国理政》第二卷，外文出版社2017年版，第62页。

这"四个伟大"已形成一个有机整体，贯穿于党中央治国理政新理念新思想新战略之中。

一、是进行伟大斗争的实践展现

习近平总书记指出："社会是在矛盾运动中前进的，有矛盾就会有斗争。我们党要团结带领人民有效应对重大挑战、抵御重大风险、克服重大阻力、解决重大矛盾，必须进行具有许多新的历史特点的伟大斗争，任何贪图享受、消极懈怠、回避矛盾的思想和行为都是错误的"。[①] 斗争精神是马克思主义固有的理论品格，是马克思主义者的基本精神底色，是共产主义事业的生命力所在，敢于斗争、敢于胜利是中国共产党人鲜明的精神标识和最具特色的精神品格，中国共产党领导人民夺取革命、建设和改革开放胜利的一切成就可以说都是在斗争中取得。社会是在矛盾中发展的，事业是在斗争中前进的，勇担使命，敢于作为，必须有顽强斗争精神。要求全党充分认识这场伟大斗争的长期性、复杂性、艰巨性，发扬斗争精神，提高斗争本领，更加自觉地防范各种风险，坚决战胜一切出现在政治、经济、文化、社会等领域和自然界的各种困难和挑战，不断夺取伟大斗争新胜利。

沙漠地区气候恶劣，沙尘肆虐，生命难以生存，一直是干旱和死亡的代名词。中国是世界上荒漠化最严重的国家之一，沙漠、戈壁、风蚀地和沙漠化土地总面积达 156.8 万平方千米，这个面积是惊人的。中国有三分之一的贫困县、三分之一的贫困人口就生活在西北沙区。在中国，每 1 秒钟，就有 78 平方米的土地被荒漠化侵蚀，也就是说，假如你有一间 78 平方米的两室一厅小居室，那么它一秒钟就会被沙漠湮没。草场退化、河流水库堵塞、交通设施损坏……可以说哪里有沙漠，哪里就有贫困的人民；哪里有沙漠，哪里就有脆弱的环境。沙漠化无时无刻不在威胁着我们的生存环境。土地沙化，被称为"地球癌症"，治理沙漠是世界难题。中华人民共和国成立以后，

---

① 《决胜全面建成小康社会　夺取新时代中国特色社会主义伟大胜利——在中国共产党第十九次全国代表大会上的报告》，人民出版社 2017 年版，第 15 页。

中国政府一直致力于改善沙漠，并不惜投入大量人力、物力和财力。古浪县是全国荒漠化重点监测县之一，境内的八步沙因为行路难"跋步"而得名，更以对人类生存威胁而得名，当时有句"八步沙不治，土门子不富"的谚语，八步沙的风沙严重影响了当地经济发展和人民生活水平，治住沙漠，保护家园，事关当地群众幸福乃至生存的大事。毛泽东曾说"什么叫工作，工作就是斗争。那些地方有困难、有问题，需要我们去解决。我们是为着解决困难去工作、去斗争的。越是困难的地方越是要去，这才是好同志。"① 以共产党员和村干部为主体的"六老汉"主动担责，敢于抗事，以无私无畏的勇气和坚忍不拔的意志投入防沙治沙的伟大斗争中。以年过半百的高龄，靠着最原始的技术和设备，开始了漫长的治沙工程。八步沙精神是"六老汉"及其后人顽强奋斗的精神写照，是人和岁月的较量。他们以再造秀美山川的非凡勇气，以功成不必在我的博大胸襟，一代接着一代继续奋斗，不但要有迎难而上的决心和勇气，还必须吃得下常人难以想象的苦。

二、是建设伟大工程的精神提升

习近平总书记指出："历史已经并将继续证明，没有中国共产党的领导，民族复兴必然是空想。我们党要始终成为时代先锋、民族脊梁，始终成为马克思主义执政党，自身必须始终过硬"。② 要求不断增强党的政治领导力、思想引领力、群众组织力、社会号召力，确保我们党永葆旺盛生命力和强大战斗力。"伟大斗争，伟大工程，伟大事业，伟大梦想，紧密联系、相互贯通、相互作用，其中起决定性作用的是党的建设新的伟大工程。推进伟大工程，要结合伟大斗争、伟大事业、伟大梦想的实践来进行，确保党在世界形势深刻变化的历史进程中始终走在时代前列，在应对国内外各种风险和考验的历史进程中始终成为全国人民的主心骨，在坚持和发展中国特色社会主义

---

① 《毛泽东选集》第四卷，人民出版社 1991 年版，第 1161 页。
② 《决胜全面建成小康社会　夺取新时代中国特色社会主义伟大胜利——在中国共产党第十九次全国代表大会上的报告》，人民出版社 2017 年版，第 16 页。

的历史进程中始终成为坚强领导核心"。① 党重视自身建设的传统是八步沙精神形成的保障，高度重视自身建设，通过加强党的建设来推进党的事业发展，是我们党始终坚持的一条重要经验。我们党始终将自身建设摆在重要位置，通过加强自身建设坚持党的性质和宗旨、弘扬党的优良传统和作风，这为培育形成党的伟大精神提供了重要保障。②

　　伟大事业必然会产生先进的群体，必然会孕育出崇高的精神，"有这样一种人。他们没有文化没有理论，却充满了行为的高尚。在很大程度上是思与行"。③ 八步沙"六老汉"三代人是陇原大地治沙事业中涌现出的先进群体，孕育出了"八步沙精神"。1990 年 9 月 13 日《甘肃日报》发表评论员文章《感人至深的愚公精神》，号召全社会："愿各行各业的同志们都像 6 位治沙老人那样，发扬愚公精神，以实实在在的努力，为我们的时代和事业作出贡献"。早在 1999 年 3 月中共古浪县委、县人民政府作出了向八步沙六老汉学习的决定，称赞他们是："锲而不舍、自强不息的进取精神；不畏艰险、顽强拼搏的创业精神；以苦为乐、默默无闻的奉献精神；知难而进、改天换地的务实精神。"同年 7 月 15 日，甘肃省绿化委员会、甘肃省林业厅、中共古浪县委员会、古浪县人民政府给六老汉勒石纪功，在武威地区属于首次，在《八步沙治沙造林碑记》称赞他们是："自强不息，改造山河，战天斗地的豪迈气魄；心系沙海，以苦为乐，无私奉献的高尚品质；不畏艰险，锲而不舍，顽强拼搏的创业精神"。2011 年，曾任古浪县委书记、时任武威市政协主席的徐文善在《六老汉筑碑八步沙》序言中称赞他们是："锲而不舍、自强不息的进取精神；不畏艰险、顽强拼搏的创业精神；以苦为乐、默默无闻的奉献精神；知难而进、改天换地的愚公精神"。2019 年 3 月 29 日，中共中央宣传部授予甘肃省古浪县八步沙林场"六老汉"三代人治沙造林先进群体"时代

---

① 《决胜全面建成小康社会　夺取新时代中国特色社会主义伟大胜利——在中国共产党第十九次全国代表大会上的报告》，人民出版社 2017 年版，第 17 页。

② 《论中国共产党的伟大精神——写在中国共产党成立 90 周年之际》，《人民日报》2011 年 6 月 16 日。

③ 徐刚：《八步沙之梦》，转载自《六老汉筑碑八步沙》，内部资料，2011 年，第 132 页。

楷模"称号，向全社会发布学习号召。中共甘肃省委作出的学习活动决定中称赞他们是"勇挑重任、护卫家园的担当精神；不畏艰难、实干苦干的拼搏精神；勇于探索、唯实创新的进取精神；矢志坚守、接续奋斗的愚公精神"。8月21日，习近平总书记莅临八步沙林场，强调，我们要实现从富起来到强起来，就要把生态文明建设当作大事来抓，建设美丽中国。当前，生态文明观念日益深入人心，要继续发扬"六老汉"的当代愚公精神，再接再厉，再立新功，久久为功，让绿色的长城坚不可摧。

三、是推进伟大事业的客观反映

习近平总书记指出："中国特色社会主义是改革开放以来党的全部理论和实践的主题，是党和人民历尽千辛万苦、付出巨大代价取得的根本成就。"①2012年11月，党的十八大从新的历史起点出发，作出"大力推进生态文明建设"的战略决策。纳入中国特色社会主义事业"五位一体"的总体布局之中，生态文明建设的战略地位更加明确，把生态文明建设融入经济建设、政治建设、文化建设、社会建设各方面和全过程。习近平生态文明思想是习近平总书记对人类文明思想的重大贡献，是习近平新时代中国特色社会主义思想体系的重要组成部分，包含的一系列新思想、新观点、新论断、新要求，不仅进一步拓展了中国特色社会主义事业的总体布局，而且以其在生态文明道路、生态文明理论、生态文明制度、生态文化等方面的突出贡献，更加夯实了中国特色社会主义"四个自信"的内在根基，引领中国特色社会主义走进生态文明新时代、实现美丽中国目标。"党的伟大精神归根到底是对客观实践的一种反映，是党在科学理论指导下，带领广大党员和全国各族人民在丰富多彩的伟大实践中形成和发展起来的"。② 中国特色社会主义进入新时代，新时代是全面发展的时代，是高质量发展的时代，是既要金山银

①　《决胜全面建成小康社会　夺取新时代中国特色社会主义伟大胜利——在中国共产党第十九次全国代表大会上的报告》，人民出版社2017年版，第16页。
②　《论中国共产党的伟大精神——写在中国共产党成立90周年之际》，《人民日报》2011年6月16日。

山、又要绿水青山的时代，是"五位一体"发展战略的重要组成部分。

武威市地处黄土、青藏、蒙古三大高原交汇地带，是全国生态格局青藏高原生态安全屏障的核心区域和北方防沙带的中心地带，生态区位特殊重要，东西北三面被巴丹吉林沙漠和腾格里沙漠所包围，干旱缺水，风大沙多，在地理环境梯度上处于全国荒漠化最前沿。时势造英雄，伟大事业必然产生伟大精神和英雄模范。民勤县宋和村石述柱，坚持"一辈子干了一件事"的精神，在半个世纪里带领村民在风沙最为严重的村西头建起了一条长9公里、宽2.5公里的绿色屏障；马俊河和他的同伴经过12年奋斗让2万亩黄沙披绿；凉州区长城乡红水村王天昌、王银吉父子二人带领全家在腾格里沙漠中压沙造林，20多年来在治理区栽植各类乔灌木700多万株，压沙造林8000多亩，用骆驼运水1000多吨，往返里程达1000多公里，累计投入100多万元……在武威大地，八步沙"六老汉"及其后人并不孤单，他们是武威人民中长期投身生态文明建设、奋战在防沙治沙的英雄群体的典型代表。他们所处年代、地方不同，但都产生于伟大事业中的先进群体和英雄模范，身上所体现的意志是一致的，用汗水、智慧、奉献甚至牺牲为伟大事业贡献力量。"八步沙精神"是古浪乃至武威地区人民在党的领导下，在建设中国特色社会主义生态文明的伟大实践中形成和发展起来，更是对古浪人民乃至武威人民建设中国特色社会主义生态文明的伟大实践体现出的精神风貌的概括和凝练。

四、是实现伟大梦想的绿色篇章

2012年11月29日，十八大刚刚闭幕，新当选的中共中央总书记习近平带领新一届中央政治局常委来到国家博物馆，参观"复兴之路"展览，第一次阐释了"中国梦"的概念。他说："大家都在讨论中国梦，我认为，实现中华民族伟大复兴，就是中华民族近代以来最伟大的梦想"。① 中国梦是理想、是目标，也是实践，更是现实。走向生态文明新时代，建设美丽中国，

---

① 《习近平谈治国理政》第一卷，外文出版社2018年版，第36页。

是实现伟大复兴中国梦的重要内容,习近平总书记指出"能够蓝天常在、青山常在、绿水常在,让孩子们都生活在良好的生态环境之中,这也是中国梦中很重要的内容"。2013年3月17日,习近平在第十二届全国人大一次会议上当选为中国新任国家主席,他在闭幕会上强调:"实现中国梦,必须走中国道路,弘扬中国精神,凝聚中国力量"。① 中国道路就是中国特色社会主义道路;中国精神就是以爱国主义为核心的民族精神和以改革创新为核心的时代精神;中国力量就是中华民族各族人民团结一致的力量。这为我们党团结带领人民继续把中国特色社会主义事业继续推向前进,为实现中华民族伟大复兴的中国梦而努力奋斗指明了方向。实现中华民族伟大复兴的中国梦,就是要实现国家富强、民族振兴、人民幸福。习近平总书记强调,"中国梦归根到底是人民的梦,必须紧紧依靠人民来实现,必须不断为人民造福。"②

良好的生态环境是实现梦想的重要支撑,在实现中国梦的过程中实现人民对生态环境的期盼和需求。山川秀美就成为甘肃梦的四要素之一。爱国主义是人们对生育养育自己的故土家园、民族和文化的归属感、认同感、尊严感与荣誉感的统一,爱护家园是爱国主义的应有之义。郭万刚在治理黑岗沙的申请书中写道:"八步沙林场作为治沙造林的排头兵,我有责任,更有义务承担起治理的责任。20多年成功的治沙经验,年富力强的治沙专业队伍,靠沙产业开发基地做经济后盾,我们有能力、有信心把这块沙漠治好,为古浪县的荒漠治理作出新贡献"。③"六老汉"为保护家园挺身而出,迎沙而进,三代人接力奋斗38年,完成封沙育林21万亩,完成通道绿化200公里,农田林网300多亩,栽植各类沙生苗木3000多万株,培育花卉风景苗木1000多万株,完成护林防火道41公里,完成国家三北防护林建设任务13.7万亩,工程(草方格)治沙4万亩。创造了"沙进人退"到"人进沙退"的绿色奇迹,

---

① 《十八大以来重要文献选编》上,中央文献出版社2014年版,第460页。

② 《习近平谈治国理政》第一卷,外文出版社2018年版,第40页。

③ 赵国珍:《从八步沙到黑岗沙——记武威绿化奖章获得者古浪县八步沙林场场长郭万刚》,《武威日报》2004年3月12日。

保护了周边3个乡镇6万群众的生活，保护了10万亩良田。① 还完成了国家、省重点工程道路生态工程，西气东输、干武铁路、营双高速、金武高速等生态保护工程，管护区沙害得到根本性遏制，爱护祖国河山是建设美丽中国的表现，是爱国主义在基层具体的诠释。2018年郭万刚在接受央视《焦点访谈》采访时说："我的梦想就是山更绿，水更清，我将终身奉献给八步沙，要一代一代做下去，坚持到底"。"八步沙精神"是在生态文明建设实践中激发出来的时代精神的集中反映，反映当前生态文明社会进步的发展方向、引领时代进步潮流，社会成员普遍认同和接受的思想观念、价值取向、道德规范和行为方式，"承载着一种精神，传承着时代的精神风貌，讴歌着人民群众为改变家乡面貌坚忍不拔的品格"②，是美丽中国建设中最新的精神气质、精神风貌和社会时尚的综合体现。

第三节　鲜明的马克思主义理论品格

一、理想信念的坚定性

中国共产党红色基因中最显著的特征就是坚定的理想信念，"理想信念是一个事关党和国家兴衰成败的重大战略问题，是一个政党团结奋斗的精神旗帜"。③ 中国共产党的历史就是一部信仰史。中国共产党自成立之日开始，就在马克思主义世界观指导下，为在中国实现社会主义、共产主义的远大理想和奋斗目标而不懈奋斗。为了理想信念，一代代的中国共产党人前赴后继，抛头颅洒热血，用生命书写"忠诚"二字，历经风雨磨难而依然坚韧。习近平总书记多次强调理想信念的重要性，指出革命理想高于天，理想信念就是共产党人精神上的"钙"。形象地说，理想信念就是共产党人

---

① 数据由八步沙林场提供。

② 徐文善：《筑梦八步沙·序》，内部资料，2011年。

③ 王毅：《共产党人的伟大精神》，人民日报出版社2016年版，第39页。

精神上的"钙",没有理想信念,精神上就会"缺钙",就会得"软骨病"。现实生活中,一些党员、干部出现这样那样的问题,说到底是信仰迷茫,精神迷失。①

六老汉的理想并不高大但很朴实真挚,就是不甘心将世代生活的家园拱手相让,治住沙漠护住家园,因此投身愚公移山的壮举。六老汉虽是西部农村基层普通党员干部,但其理想的高尚性、为之奋斗的坚定性不因其职务的高低、身份的普通和理想的朴实而有丝毫的降低。为了这个理想信念,他们有的永远倒下了,有的力竭体衰干不动了,但心中的执着、对绿色的渴望,让理想信念的接力棒传给了后人。后人都在"接"与"不接"中犹豫过、彷徨过甚至是抵触过,但最终都融入庄重的承诺,把理想信念接过来、传下去。1995年,一方面林场资金断流难以为继面临散伙,另一方面市场经济转型带来的下海浪潮,郭万刚选择了坚守,写下"商海撩逗方寸乱,痴心不改治荒滩。但愿变成米粮川,不图名利自恬然"的明志诗篇。38年来,三代人矢志不渝、顽强拼搏,不畏恶劣环境、无惧艰苦劳作,用"耐心、苦心、坚持心",铸就了沙漠戈壁上的绿色奇迹。郭万刚说:"对我们来说,治沙已经成为一种信仰,成为血液的传承,成为与生命相依附的事业"。②"八步沙精神"中蕴含着的理想信念,是英雄主义、乐观主义、浪漫主义、理想主义等的集中体现,最根本的就是要坚定理想信念。学习"八步沙精神"理想信念的坚定性,保持自己精神家园的纯净,对于我们坚定信念、鼓舞斗志、做好工作具有重大作用,既要树立远大的奋斗目标,又要脚踏实地,做好本职工作,推进中国特色社会主义事业的发展。

二、人民群众的主体性

"历史唯物主义坚持群众史观,第一次真正、彻底、全面、科学得解决了这个历史观上的重大问题"。③肯定人民群众创造历史的决定作用,是历

---

① 《习近平关于全面从严治党论述摘编》,中央文献出版社2016年版,第57页。

② 张子恒:《致敬八步沙》,《甘肃日报》2018年5月15日。

③ 萧前等主编:《历史唯物主义原理》,北京师范大学出版社2012年版,第247页。

图 13　八步沙组织群众参加压沙造林（八步沙林场提供）

史唯物主义的基本特征。人民群众创造历史的决定作用，全面体现在社会
生活的各个方面。毛泽东指出："人民，只有人民，才是创造世界历史的动
力"。① 人民群众不仅创造了社会物质财富的主体，而且也同时参与社会精
神财富的创造，不仅创造社会财富，更创造并变革社会生活。

　　中国共产党是中国工人阶级的先锋队，同时是中国人民和中华民族的先
锋队，全心全意为人民服务是党的根本宗旨。这一性质和宗旨决定了中国共
产党把民族振兴、国家富强、人民幸福作为自己的奋斗目标。党的十九大报
告指出："坚持以人民为中心。人民是历史的创造者，是决定党和国家前途
命运的根本力量"，"把人民对美好生活的向往作为奋斗目标，依靠人民创
造历史伟业"。② 八步沙"六老汉"三代人首先是西北沙漠地区的普通群众，

---

　　① 《毛泽东选集》第三卷，人民出版社 1991 年版，第 1031 页。

　　② 《决胜全面建成小康社会　夺取新时代中国特色社会主义伟大胜利——在中国共产党
第十九次全国代表大会上的报告》，人民出版社 2017 年版，第 21 页。

作家徐刚①在笔下描述："我很难记录下他们，因为我握笔的手在发抖"、"八步沙护林站还是 6 个农民，两个老汉带着 4 个年轻人。原先是 6 个老汉，死的死了，岁数太大干不动活的回家了，便由他们的儿子顶替。"②从最初的"六老汉"动员家人男女老少 40 多口齐上阵，参加治沙造林，到现在组织数百群众参加压沙造林事业。三代人接力奋斗 38 年，让风沙线后退 15 公里，把数万亩黄沙变绿洲的生态奇迹告诉我们："在任何情况下，与人民群众同呼吸共命运的立场不能变，全心全意为人民服务的宗旨不能忘，坚信群众是真正英雄的历史唯物主义观点不能丢"。③坚信党的根基在人民、党的力量在人民，充分发动广大人民群众的积极性、主动性、创造性，不断把为民造福事业推向前进。

三、实事求是的科学性

实事求是，一切从实际出发，使主观认识符合客观实际，是党的伟大精神的基本要素。中国共产党人的精神始终坚持科学理性，体现的是我们党对自身活动和规律性的不懈探索，有着鲜明的现实指向。毛泽东同志曾深刻指出："共产党不靠吓人吃饭，而是靠马克思列宁主义的真理吃饭，靠实事求

①　徐刚，上海崇明人，1945 年出生，世代农人之后，1962 年参加解放军，1963 年开始发表作品。1970 年就读于北京大学中文系。历任战士，南京军区某部文艺宣传队创作员，《人民日报》文艺部编辑，《中国作家》编辑部副主任，《现代人报》副主编，副编审。现任中国作家协会会员、中国环境文学研究会理事、国家环保总局特聘环境使者等。以诗歌成名，作品有《抒情诗 100 首》、《徐刚 9 行抒情诗》及散文集《秋天的雕像》、《夜行笔记》、《林中路》等。近十多年主要从事人与自然的研究和环境文学写作。主要作品有《伐木者，醒来！》、《中国，另一种危机》、《绿梦》、《倾听大地》、《守望家园》、《地球传》、《长江传》、《国难》等。多篇作品入选大学和中学语文教材。《守望大芦荡》、《森林写意》、《小草》、《小河》等作品分别收入上海，北京中学语文教材或补充教材及全国中专技校教材，《中国风沙线》选入大学报告文学辅导教材。《伐木者，醒来！》列入《绿色经典》文库。徐刚本人是"地球奖"得主。其作品近几年来曾获中国图书奖、首届徐迟报告文学奖、首届中国环境文学奖、第四届冰心文学奖等。徐刚曾获选"世界重大题材写作 500 位"之一。被授予"中国报告文学创作终身成就奖"、关注森林活动 20 周年突出贡献个人等荣誉称号。

②　徐刚：《古浪八步沙》，《中国林业报》1995 年 2 月 16 日。

③　范景鹏：《自觉同人民想在一起、干在一起》，《光明日报》2019 年 9 月 24 日。

是吃饭，靠科学吃饭"。① 党的伟大精神以科学理论为指导、以社会实践为基础、以客观规律为依托，充分彰显了科学的世界观和方法论。习近平总书记在谈到红船、苏区等共产党人的精神时，指出了其中一个共同的特征："取决于我们党能够团结带领人民群众求真务实、真抓实干"。② 从大的方面说，求真务实就是要"在实践中认识真理、把握规律，用发展着的马克思主义指导新的实践，用新的实践丰富和发展马克思主义，努力开创事业发展新局面、马克思主义发展新境界"。③ 从小的方面来看，求真务实就是真抓实干，埋头苦干，说实话，干实事。

创立和发展中国特色社会主义理论体系的过程，是总结实践经验的过程，也是用这一理论体系指导和推动改革发展的过程。同时，新鲜生动的伟大实践又在检验着最新理论，有力地证明了理论的科学性、真理性，理论对实践的指导作用充分发挥，实践成就又进一步增强理论的巨大威力。六老汉以大无畏的精神迎沙而进，但他们并非专业治沙科学家，也没有现代化的治沙设备，他们治沙造林更多的是一种经验总结，根据实际情况，是一种在长期实践、失败、摸索、总结出来的经验，再用总结出的行之有效的经验指导实践。1981 年秋在光秃秃的沙漠上种下一万亩树，第二年春季一场大风就把 70% 的苗子刮死了。但他们经过仔细观察，在反复实践总结出来的最经济实用的"一棵树，一把草，压住沙子防风掏"的治沙技术，大幅度提高了造林成活率和保存率。在多年的治沙实践中，八步沙人对"一棵树，一把草，压住沙子防风掏"的传统治沙方法进行了改进和补充，他们采用"网格状双眉式"沙障结构，在固定的沙丘周围构筑立体固沙体系，在林场建设经济林，在活动沙丘上种植饲草灌木，在风沙前沿栽植防风固沙林，在农田地带营造大网格农田防护林，辖区草木成活率达到 90% 以上，将侵袭土地的沙丘变成了土地的绿色屏障。"共产党员应是实事求是的模范，又是具有远见卓识的模范。因为只有实事求是，才能完成确定的任务；只有远见卓识，才能不

① 《毛泽东选集》第三卷，人民出版社 1991 年版，第 836 页。
② 《弘扬"红船精神"，走在时代前列》，《光明日报》2005 年 6 月 21 日。
③ 《在纪念胡耀邦同志诞辰 100 周年座谈会上的讲话》，人民出版社 2015 年版，第 10 页。

失前进的方向。"① 如今，八步沙人通过坚持科学治沙与科学管护相结合，使昔日黄沙漫天、环境恶劣的沙地贫困林场发展成为一个物种丰富、环境优美、生机盎然的林业观光景区，在沙漠之海铸起了一道绿色的屏障。

四、担当实干的实践性

习近平总书记强调"是否具有担当精神，是否能够忠诚履责、尽心尽责、勇于担责，这是检验每一个领导干部身上是否真正体现了共产党人先进性和纯洁性的重要方面"。② 回顾党史正因为中国共产党人具有担当情怀，才能在筚路蓝缕中冲锋陷阵、敢为人先、牺牲奉献。担当是中国共产党人的本色，是中国共产党人先进性和纯洁性的体现，更是党和人民事业的要求。敢于担当是共产党人应该具备的精神状态、鲜明品格和时代责任，背后反映的是对党的忠诚、对党的事业的态度。"我们要保持过去革命战争时期的那么一股劲，那么一股革命热情，那么一种拼命精神，把革命工作做到底"。③ 锐意进取的担当精神是在实践中原则性强、对群众感情深、一身正气、敢抓善管，在工作中有思路、有激情、有韧劲、有实绩，正是担当精神、革命热情的体现。

马克思主义不是书斋里的学问，而是注重实践的革命理论，是人民认识世界、改造世界的方法观，实践性是马克思主义区别于其他学说的最主要、最显著的特点。"八步沙精神"彰显了马克思注重"改变世界"的实践品格，论证了实践是人类社会的存在基础及发展动力。面对每年以 7.5 米的速度向南推移的八步沙，黄沙常常埋没周围的农田、道路，连年出现"春种秋不收"的灾情。当风沙袭来时，总有人迎风挺立，让诺言成为传承的信仰，用担当创造奇迹。有人逃离家园，更有人留下来守护家园！④ 面对越来越严重的生存危机，1981 年秋，曾经在古浪县土门镇当过村干部的郭朝明、贺发林、

① 《毛泽东选集》第二卷，人民出版社 1991 年版，第 522—523 页。
② 《十七大以来重要文献选编》下，中央文献出版社 2013 年版，第 828 页。
③ 《毛泽东文集》第七卷，人民出版社 1999 年版，第 285 页。
④ 中共甘肃省委：《八步沙见证一份绿色的承诺》，《求是》2019 年第 16 期。

石满、罗元奎、程海、张润元等六人，不甘心将世代生活的家园拱手相让，在勉强能填饱肚子的情况下，以联户承包的方式，组建了集体林场，进驻沙漠，这些已经年过半百从来没有在沙漠中看过树的人，打算在八步沙上植树种草。治理沙害，保卫家园。这就是一种共产党员的担当精神。进入 20 世纪 90 年代，国家生态政策的调整，八步沙林场的造林补助没有了。随着人们生活水平的提高，附近村民开始翻盖砖瓦房，建土坯房时用的花棒失去了销路，林场陷入了难以为继的困境。面对父辈开创的事业，郭万刚在困难面前站了出来。琢磨出了"出工记账，折价入股，按股分红"的办法，在实践中也走出了"以农促林、以副养林、以林治沙，农林牧副多业并举"的发展新路子，带领林场走出困境，当年就实现了收入 20 万元。

在林场附近购置 300 亩荒地，集资贷款打眼机井，种些小麦、玉米等粮食和西瓜、西红柿等经济作物，探索多种经营，六老汉和他们的后代变成了八步沙林场的六位股东。八步沙林场进入了新的起点，全新的股份利益联结机制，极大地调动了六家人的积极性，也将六家人的心紧紧地拴在了一起，为林场的后续发展奠定了坚实的基础。人类社会的一切"问题"只能通过"变革的实践"加以解决，全部理论都要付诸实践，指导实践，变为群众的行动，化作改造世界的物质力量。

五、与时俱进的时代性

"与时俱进"是马克思主义的生命力之所在。马克思主义是发展的科学思想体系，只有充分利用马克思主义的基本原理不断指导我们新的伟大实践，我们才能更好地推进马克思主义向前发展，不断给马克思主义注入新的活力和源泉。辩证唯物主义认为发展就是新事物不断产生和旧事物不断灭亡的过程，认为人类总是不断发展的，自然界也总是不断发展的，永远不会停止在一个水平上。江泽民同志在党的十六大报告中指出："坚持党的思想路线，解放思想、实事求是、与时俱进，是我们党坚持先进性和增强创造力的决定性因素。与时俱进，就是党的全部理论和工作要体现时代性，把握规律性，富于创造性。"① 与时俱进，开拓创新，是一种艰苦的创造性活动。首先以时代特征为基础的动态概念，要求我们一方面必须具有强烈的创新意识和不畏艰险的创新勇气；另一方面要求我们必须具备创造性思维和创造性实践所需的理论功底、知识水平和分析解决问题的实际能力，才能紧跟时代步伐，始终站在时代前列。秉持改革创新精神，在不断探索、创新的创造性实践中解决矛盾和问题，是我们党不断走向成功、永葆生机活力的重要宝贵经验。

在八步沙"六老汉"三代人治沙造林的 38 年间，中国正经历着承包责任制、市场经济体制、西部大开发、全面建设小康社会、决胜全面建成小康社会等不同发展阶段，在经济、政治、文化和社会生活的各方面都出现了许多新情况、新问题。八步沙人群策群力，紧跟时代的发展要求和根本趋势，不断研究新情况，解决新问题，形成新认识，开辟新境界，取得新成绩。充分体现时代性，始终保持先进性，始终站在时代前列和实践前沿，才没有被时代淘汰。从 20 世纪 80 年代初，六老汉以一种时不我待、不进则退的紧迫感，一种深切的历史忧患意识，一种昂扬向上、奋发有为的精神状态，一种不甘落后、奋起直追的雄心壮志，以联户承包的方式，组建了全县唯一一家生态公益性集体林场——古浪县八步沙林场，也成为全省农民联户承包治沙造林的典型之一，领时代之先。与时俱进更加突出了思想路线的时代性，昭示和要求党的理论和人们的认识要跟上时代的发展和社会的进步，不仅要求与时代同步，正确地反映时代的主题和本质，更要具有一定的前瞻性，认清并把握时代和社会发展的大趋势，才能更好地适应时代发展的潮流。1992年党的十四大确立市场经济体制改革的目标，第二代治沙人郭万刚在接过父辈的希望时也在思考，老一辈无私奉献的情怀要继承发扬，但也要考虑劳动创造财富价值的体现。他把目光瞄向市场，克服种种困难，以集资、贷款、借款等方式多渠道筹措资金，按照"出工记账，折价入股，按股分红"的公司化经营管理模式探索发展，总结出了"以农促林、以副养林、以林治

① 《江泽民文选》第三卷，人民出版社 2006 年版，第 537 页。

沙，农林牧副多业并举"的更加符合时代转型实际的治沙之路。认识的最终目的和最高价值是发现和掌握真理。与时俱进的真谛就是昭示和要求人们不断发现和掌握新的真理，更加突出思想路线的创新性。在2002年底治理完八步沙后，更是作出了向更大的沙漠进军的重大决策，从最简单的压沙种树方式，逐渐发展到了现在的工程治沙、科技治沙、产业治沙。2009年，在林场的基础上成立八步沙绿化责任有限公司，完善法人资格，形成完整的市场主体。党的十八大以来，以习近平同志为核心的党中央把生态文明建设摆在中国特色社会主义"五位一体"总体布局的战略高度，大力推进生态文明建设，努力建设美丽中国。八步沙林场在古浪县委县政府的鼓励下，开始探索将防沙治沙与产业富民、精准扶贫相结合。2017年，他们在黄花滩移民区，流转了2500多户贫困户的1.25万亩土地，种植梭梭嫁接肉苁蓉5000亩，还有枸杞、红枣7500亩，[1] 帮助这些贫困移民发展特色产业，实现"搬下来、稳得住、能致富"的目标。

第四节　为愚公移山精神注入新时代内涵

"愚公移山"在中国是一篇家喻户晓的寓言。表现了中国古代劳动人民的信心、顽强的毅力和改造自然的雄伟气魄。说明了要克服困难就必须坚持不懈的道理，对人们有很大的启发。由于"愚公"精神能给人提供强大的精神动力，这种内在的精神资源在战争年代被赋予对外反帝革命的民族主义意象，被用于革命动员。毛泽东在1945年致党的七大闭幕词《愚公移山》中，对"愚公"精神进行了重新诠释，赋予其崭新的时代含义。愚公移山精神从此成为我们党团结带领全国人民战胜一切艰难险阻、从胜利走向胜利的强大思想武器。《愚公移山》与《为人民服务》、《纪念白求恩》合称为"老三篇"，广为人知，成为激励全党和全国人民艰苦奋斗的重要文献。"愚公"精神中

---

[1]　数据由八步沙林场提供。

不怕困难、顽强拼搏、持之以恒的奋斗精神，被用于动员生产建设，激发全国人民投身社会主义生产建设的斗志，塑造社会主义新人，创造了许多建设奇迹。"愚公移山"精神之所以在不同时代被不断提起，在于它的核心价值，即不怕困难、持之以恒、有志者事竟成的奋斗精神。这一特质在近代中国由站起来、富起来到强起来的历史进程中，在中国共产党由革命、建设到改革开放的事业中更显重要，也正是在这一特质之上，使得该寓言在现代中国被重新阐释，并生发出更多的寓意。习近平总书记指出，让我们大力弘扬愚公移山精神，大力弘扬将革命进行到底精神，在中国和世界进步的历史潮流中，坚定不移把我们的事业不断推向前进，直至光辉的彼岸。① 如今，"愚公"精神既是中华优秀传统文化的重要标识，更是我们党砥砺奋进的红色基因，也是我们党战胜各种困难、不断争取新的胜利的精神动力。

一、愚——利益选择上的公益性

利益一直是马克思主义唯物史观的重要范畴之一，马克思把利益定义为人们为满足自己的生存和生活需要，在人与自然之间、人与其他社会成员之间建立的一种内在联系。唯物史观认为，"全部人类历史的第一个前提无疑是有生命的个人的存在"。② 在生产进行和成果分配的过程中产生的利益问题，成为人类思想意识的核心内容之一。利益观是人们对利益的总体看法和根本态度，分为对人民的利益和对个人的利益。马克思从理论上明确了利益在个体意识活动和行为选择中的重要作用，同时分析了个人利益与共同利益的关系。马克思主义利益观在中国共产党革命、建设和改革进程中发挥了理论引领作用，在我国社会主义革命和建设的伟大实践中得到了具体运用和创新发展，成为中国共产党人推进伟大事业的重要思想理论基础和实践政策依据。

曾有多事者质疑，面对"惩山北之塞，出入之迂"，愚公为何不采取走

---

① 习近平：《在全国政协新年茶话会上的讲话》，《人民日报》2016 年 12 月 31 日。

② 《马克思恩格斯选集》第 1 卷，人民出版社 2012 年版，第 146 页。

为上策的搬家办法，面对步步紧逼的沙丘，也确实有一些人逃离家乡上新疆、去宁夏。党的十一届三中全会实现党的工作重心转移，以经济建设为中心。八步沙所在的土门、大靖一带，本就是丝绸之路及河西走廊东线上的商业重镇，商贸活动极为活跃。改革开放的政策激活了土门人悠久的重商传统和浓郁的重商意识。这一时期"从种植胡麻、油菜、瓜类、果树、蔬菜、葵花、烟草、茴香，养殖家禽家畜、养蜂，采集发菜、麻黄、甘草、黄毛菜籽，到采矿、建材建筑，农副产品加工和各种服务行业，都有较大发展，全县多种经营产值由 1980 年占农业产值的 22.0%，增加到 1983 年的 39.66%。近年来，多种经营增长快、收效大的是泗水、土门、大靖和裴家营几个区"。① 六老汉当时大都是村党支部书记、村主任、生产队长等，在基层群众中见识广、经验丰富、头脑灵活，凭借自身的优势和条件，完全有能力承包良田"挣大把的银子"。他们明白，如果他们再不治沙、种树，这里的父老乡亲就必须背井离乡迁徙到别的地方去。面对利益的选择，他们像愚公立志"毕力平险"一样，作出了无论是从"经济账"还是"生活账"来算都是"最愚"的选择——迎沙而进，开始了在浩瀚沙漠里治沙造林这种在别人眼中看来的"愚"事。"六个平凡的老人在沙进人退的危急关头，挺身而出，用行动书写了人生最壮丽的歌。他们的选择本身是不平凡的，这种选择意味着他们不再有往日的那种清闲，不能享受家庭的融融亲情，要忍受常人难以想象的孤独，克服治沙过程中种种接近极限的艰难困苦"。② 1992 年春，原供销社领导邀请郭万刚到黄花滩国营林场，恢复其原供销社工作，一个月有 180元工资，而此时的八步沙只有六七十元收入，勉强养家糊口，他也曾经一度动心准备"跳槽"，看着已经长得郁郁葱葱的八步沙的一草一木，想到两代人付出的心血和汗水，经过一番思想斗争还是选择留了下来。贺中强在哥哥的帮助下成了金川公司的一名工人，面对父亲的嘱托，他选择了离开国企扎到沙漠里从事这种收入少、吃苦多又寂寞的工作。郭玺是一位优秀的农村青

---

① 省地县联合调查组：《古浪县多种经营调查报告》，载《甘肃中部地区三年停止植被破坏资料汇编》，甘肃人民出版社 1984 年版，第 256 页。

② 梅青：《中国人的韧劲》，《中国绿色时报》1997 年 11 月 20 日。

年，各种机械车辆设备都会操作维修，很多老板开出高工资争抢雇他，面对爷爷临终前留下的"四个孙子中必须有一个操心八步沙"的遗嘱和渐渐老去的伯父，他也选择了告别了外面精彩的世界走进沙漠。作家徐刚写到"我只能用我的心与他们对话，了解他们是在一种什么心态下从事这件漫长的、很难在短时期得到回报的劳动。我只能用文字向世人传达他们所从事的功德无量的事业"。怀着这个淳朴初心，38年来三代人经历过家人不解、别人嘲笑、种树失败、资金匮乏等种种困难，经受住了风霜雨雪酷暑寒冬的考验和外面世界的各种诱惑，但从来没有忘记"走过的路"，没有忘记"走过的过去"，没有忘记"为什么出发"，"愚"心不改。在新时代的中国，面对不同阶层、不同群体的利益诉求，面对复杂的社会利益结构，中国共产党必须坚定地站在最广大人民利益的立场上，忠实地代表最广大人民的根本利益，这是近百年来中国共产党能够得到人民信赖、拥护和支持的最重要原因，也是未来中国社会发展的根本推动力。

二、公——力量主体上的群众性

彰显"愚公"精神要坚持人民主体性和发挥群众首创精神。毛泽东在《愚公移山》中指出："首先要使先锋队觉悟，下定决心，不怕牺牲，排除万难，去争取胜利"。①《中国共产党章程》总纲第一句开宗明义讲："中国共产党是中国工人阶级的先锋队，同时是中国人民和中华民族的先锋队"。还赋予了"愚公"精神鲜明的人民主体性，"我们一定要坚持下去，一定要不断地工作，我们也会感动上帝的。这个上帝不是别人，就是全中国的人民大众。全国人民大众一齐起来和我们一道挖这两座山，有什么挖不平呢？"② 共产党人为人民的不懈奋斗，也是全体人民的奋斗，是共产党人带领人民群众一起的奋斗。习近平总书记在纪念马克思诞辰二百周年大会上讲话中指出："尊重人民主体地位和首创精神，始终保持同人民群众的血肉联系，凝聚起众志

① 《毛泽东选集》第三卷，人民出版社1991年版，第1101页。
② 《毛泽东选集》第三卷，人民出版社1991年版，第1102页。

成城的磅礴力量，团结带领人民共同创造历史伟业，这是尊重历史规律的必然选择，是共产党人不忘初心，牢记使命的自觉担当"。① 习近平总书记多次强调，良好生态环境是最公平的公共产品，是最普惠的民生福祉。建设美丽中国弘扬"愚公"精神同样离不开人民主体性。如果说塞罕坝绿色奇迹是"政策主导型"，库布奇绿色奇迹是"科技主导型"，右玉绿色奇迹是"政府主导型"，那么八步沙绿色奇迹就是鲜明的"群众主导型"。六老汉没有任何治沙经验，经过多次实验和失败摸索出"一棵树，一把草，压住沙子防风掏"的经验，第二代治沙人在此基础上创新应用"网格状双眉式"沙障结构，对造林管护实行网格化管理，再到第三代治沙人全面尝试"打草方格、细水滴灌、地膜覆盖"，开始了 GPS 精确定位亩数和检测成活率，"互联网＋治沙"模式等新技术新模式，科技含量不断增加，管理制度不断完善，经济效益不断提升，生活水平不断提升，社会效益不断扩大，自始至终彰显了群众的首创精神。八步沙能够创造这样的绿色奇迹，离不开带领组织群众共同参与。仅 2019 年春天两个月，就组织 3000 名群众参加压沙造林，为这些群众支付了总计 100 多万元的劳务费。②

三、移——主观奋斗上的持续性

愚公移山精神的核心和精髓就是一个"干"字，就是敢想敢干、务实重干。生态文明建设是一项投入大、周期长、见效慢、易反弹的系统工程，也是一项关系人民福祉、关乎民族未来、功在当代、利在千秋的公益性工程。习近平总书记指出"造林绿化是功在当代、利在千秋的事业，要一年接着一年干，一代接着一代干，撸起袖子加油干。"③ 愚公"率子孙荷担者三夫，叩石垦壤"，六位治沙愚公在春秋两季种树忙时，为了抢时间和进度，六老汉动员各自家里人一起"参战"，六户人家 40 多口人齐上阵，年纪最小的只有

---

① 《在纪念马克思诞辰二百周年大会上的讲话》，人民出版社 2018 年版，第 17 页。

② 数据由八步沙林场提供。

③ 《培养热爱自然珍爱生命的生态意识把造林绿化事业一代接着一代干下去》，《人民日报》2017 年 3 月 30 日。

10多岁。愚公立下"虽我之死，有子存焉；子又生孙，孙又生子；子又有子，子又有孙；子子孙孙无穷匮也，而山不加增，何苦而不平"的志向。六位治沙愚公口头立下约定，无论多苦多累，每家都得出一个人，谁要是干不动了，就让后人们来接班，带着子孙甘当治沙"愚公"。四位"愚公"去世时最放心不下的是治沙事业，执拗不进祖坟，要求把自己葬在看得见八步沙的地方，叮嘱儿子继续治沙。面对父辈们的约定，第二代治沙人自幼就跟随父辈在沙漠里劳作，深知其中的艰辛与寂寞，郭万刚不甘心当"护林郎"，一度甚至盼望林场散伙自己好去做生意，贺中强自幼就亲眼目睹父辈们治沙之苦，当时觉得做啥都比治沙强，程生学曾说就是天天请我吃手抓羊肉我也不去……在"治"与"不治"间也曾经徘徊犹豫、艰难抉择，尽管最终将这个庄重誓言融入传世家风。在这场用时间换空间的不对等的时空竞赛中，1982年，61岁的郭老汉病重，经常下不了床，30岁的郭万刚放弃了当时红色发紫的供销社"铁饭碗"工作，接替父亲进入林场。1991年，22岁的贺中强在父亲去世后接过铁锹进入林场；1992年，22岁的石银山在父亲去世后也接替父亲进入林场；2002年，30岁的罗兴全接替年迈干不动的父亲进入林场；2016年，王志鹏接替岳父张润元进入林场。就这样，郭老汉的儿子郭万刚、贺老汉的儿子贺中强、石老汉的儿子石银山、罗老汉的儿子罗兴全、程老汉的儿子程生学、张老汉的女婿王志鹏接过第一代治沙人的铁锹，成了八步沙第二代治沙人。2017年，郭朝明的孙子、32岁的郭玺放弃收入可观的货车司机工作加入林场，陈树军、董涛树这两棵大学生"树"也加入林场，共同成为八步沙第三代治沙人。三代人将治沙的接力棒手手相传，一代接着一代干，将绿色梦想铸成坚定信念，把三代人的精彩华章写在了八步沙。

据不完全统计，"六老汉"及后人，在治理完八步沙后，平均每年以1万至1.5万亩的速度，又治理了相当于四个八步沙的沙漠面积，将风沙线推到10至20公里以外。[①] 诗以言志，歌以抒情，郭万刚曾作诗歌"沙枣花棒苗健壮，破土已闻漠花香"，绿色版图在沙漠中不断扩大，让寸草不生的沙

---

① 数据由八步沙林场提供。

漠变成林海、草海、花海，看到黄羊、沙狐、野兔、金雕等野生动物出没。为幸福而奋斗，在奋斗中谋幸福，这是"奋斗幸福观"的理论核心和逻辑支点。当"愚公"精神的奋斗能产生效益，当"愚公"精神的奋斗能带来愉悦，当"愚公"精神的奋斗成为一种人民信仰，中华民族的复兴大业将会汇聚空前的能量共同奋斗。

四、山——自然条件上的艰巨性

纵观党史，凡是被比喻为愚公的无一不是面对的困难既大又艰，尤其是自然条件极其艰巨。牢记"愚公"使命，知难而进干劲不减。使命来源于初心，中国共产党人的初心和使命是激励中国共产党人不断前进的根本动力。六愚公担负的使命就是"治理荒漠、守护家园"。愚公"以残年余力，曾不能毁山之一毛"而立志移"山不加增"的太行、王屋二山。六位愚公平均年龄 49.6 岁也立志治理每年以 7.5 米速度向南推移的、总面积 7.5 万亩一眼望不到头的沙漠。郭万刚曾经怼父亲："你以为你是神仙，那么大的沙漠你治得过来吗"。没有任何先进治沙技术和设备，六位老汉只能按传统的"一步

图 14　书写在八步沙林场场部大门两侧的"愚公移山"志向对联（范景鹏摄）

一叩首，一苗一瓢水"的土办法栽种树苗。头顶烈日，脚踩黄沙，整日在沙漠中拼命，第一年辛辛苦苦种上了近1万亩的树苗。可是，第二年一春一夏中几场大风刮过，活下来的树苗连30%都不到。这样的结果令六位老汉十分沮丧，林业局领导安慰说，不怨你们，是风沙太大。他们没有因此而减弱和改变守护家园的初心和使命，经过多次失败、尝试、观察和总结，以十足的耐心、苦心、恒心，终于使得造林成活率和保存率得到大幅度提高。

沙漠植树，三分种七分管，六老汉吃在八步沙、住在八步沙、管在八步沙，早上披星戴月出发巡护，夜里蜷进沙漠地窝铺，平均每日步行达30多公里，用坏的铁锹头堆满了整间房子。到2002年，承包的八步沙7.5万亩已经全部治理，八步沙管护区的林草植被覆盖率由治理前的不足3%提高到现在的70%以上，形成了一条南北长10公里、东西宽8公里的防风固沙绿色屏障，确保了干武铁路及省道和西气东输、西油东送等国家能源建设大动脉的畅通。他们又开始了向面积更大的黑岗沙、五道沟、七道沟、十道沟及北部沙区十二道沟进军。三代愚公持之以恒向荒漠与贫困发起挑战，誓将沙漠变绿洲。38年来，共治沙造林21.7万亩，管护封沙育林草面积37.6万亩，栽植各类沙生植物3040多万株。① 从"沙进人退"到"绿进沙退"，从"死亡之海"到"经济绿洲"，用生命与汗水，铸就了一道无比坚实的生态屏障。八步沙人更是把愚公移山的精神写成对联——"想四十年险阻黄沙似海敢问谁人多壮志；看数万亩苍茫绿树成洲方知历代有愚公"，张贴在林场场部大门两侧，以表志向。不仅是林场场部，走遍八步沙林场在各地的护林站过年贴的春联中，没有"五谷丰登"、"财源滚滚"、"六畜兴旺"等传统美好的祝福，都在表达以愚公移山精神建设美丽中国，如"大手笔大林带再造山川秀美大西北，新时代新征程续写生态文明新辉煌"、"战风沙斗寒暑坚守信念，建屏障锁黄龙追逐梦想"等，建设美丽中国，既是美好的发展前景，更是艰苦的奋斗历程，其难度之大，远非挖掉太行、王屋二山可比，更需要弘扬"愚公"精神永远奋斗！

————————

① 以上数据由八步沙林场提供。

第五章
"八步沙精神" 的文化内蕴与哲学基础

2018 年 9 月 12 日至 13 日，甘肃省武威市成功举办了"一带一路"生态治理民间合作国际论坛，这是我国首次在国际舞台上搭建的"一带一路"生态治理民间合作平台。论坛以"分享中国生态治理经验，推动民间国际合作，促进生态共建共享"为主题，共话生态治理，加强民间交流合作，促进生态建设共建共享，互惠双赢，携手共建绿色丝绸之路，积极传播生态文明理念，持续挖掘"一带一路"沿线生态治理的典型样本，守护生态治理成果，为"一带一路"沿线可持续发展提供技术支持与合作动力。在论坛中，代表们对"沙进人退"到"绿进沙退"付出的艰辛努力表示敬佩，对中国生态治理的智慧和方案给予认可。八步沙"六老汉"三代人治沙造林先进事迹作为习近平生态文明思想的践行者，从他们身上以及他们治沙造林的历史过程我们看到了中国人治沙的智慧，感受到了中国优秀传统文化的气息与魅力，体会到了马克思主义关于人与自然关系的哲学思想。

第一节 "八步沙精神"的传统文化内蕴

一、展现道法自然天人合一的生态文明智慧

"道法自然"出自《道德经》，体现了道家哲学的核心思想，原文为"域

中有四大，而人居其一焉，人法地、地法天、天法道、道法自然。"意思是说宇宙间有四大，而人只是其中之一，人取法于地，地取法于天，天取法于道，而道是终极的，它自己取法于自己。道家认为道是万物之宗，是世间万物变化的规律。自本自根、生天生地，"道"就是自然、法则，它所反映出来的规律就是"自然而然"。老子认为天、地、人是整个宇宙的生命，在运行的过程中必须遵从"自然而然"的法则、规律，万物自然的存在是天地之间最好、最完美的状态。"天人合一"是中国哲学史上的一个非常重要的命题，"天"的含义在不同的文化背景下包含不同的寓意，主要有以下几种：第一，命运；第二，自然；第三，道德义理；第四，宗教中迷信化的神灵。虽然对"天"的解释众多，却始终强调的是人、社会、自然之间的关系。在中华民族的传统文化中，以儒释道三家为代表，他们关于"天人合一"思想的起源、所包含的现实基础各不相同。但是，他们在对人的关系、自然法则、天人关系协调方面的解读基本一致。他们认为"天"代表"道"、"真理"、"规律"、"法则"。"天人合一"就是与先天本性相合，回归大道，归根复命。"天人合一"不仅仅是一种思想、意识，而且是一种状态。"道法自然、天人合一"反映了人和自然本质上的关系，即人类与天地万物共生共存才是自然的最高法则。

人与自然互相依存，互为一体，保护自然就是保护人类，建设生态文明就是造福人类。道家认为：天地之诚，道之所生；有情生命，缘起无常；道法自然，无形生之于有形。生态兴则文明兴，人类必须按照大自然的规律从事生产活动。以前，生态植被丰富的"八步沙"历经自然的吞噬、人类长时间的破坏，最终变成了茫茫沙海，类似于八步沙这样生态被破坏的地方很多。1993年5月5日罕见的特大沙尘暴不仅损坏家园、造成人民群众财产严重损失，而且吞噬了很多人的生命，武威市古浪县就有数十名儿童在放学的路上被这场沙尘暴夺去了生命。这是生命的教训。今天，在八步沙林场治沙造林纪念馆旁边有一个格外引人注目的"警示亭"，左右两侧有这样一副对联：

图 15　八步沙警示亭（范景鹏摄）

八步沙唯我神工绿汇瀚海决然唤新天
六老汉应时政策霜染鬓发矢志镇黄龙

　　八步沙"六老汉"三代人治理沙漠就是重新秉承自然主义，还原八步沙植被，与沙漠抗争，为子孙后代造福，就是坚持自然法则还原绿色、回归自然的过程，在这种信念指引下的行为正是逐渐走向"道法自然、天人合一"的过程。

二、展现中华民族自强不息的进取精神

　　中国文化经典的巨著《周易》，从尊崇天道的角度出发，肯定和弘扬了自强不息的进取精神。《孔子家语·五仪解》写道："笃行信道，自强不息。"《周易·乾·象》写道："天行健，君子以自强不息，地势坤，君子以厚德载物。""健"在这里指运行不息、不停歇。天道在不息的轮回、昼夜交替不

待、四季轮回不停歇，君子应该孜孜不倦、不断求取上进，即使中途困难重重，也要不屈不挠。自强不息是中华民族优秀传统文化的核心之一，展现了中华儿女几千年的优秀品质特征，是根植于中华大地特殊的地理特征、自然气候、人文环境所形成的伟大精神。自强不息的精神主要表现了人类在求生存的过程中不畏强权、不畏艰险、以天下为己任的浩然情怀；苟日新、日日新的"革故鼎新"的开拓创新精神，体现了中华民族共同的价值追求与民族特色。

正如田佳① 创作的《追梦八步沙》这首歌中写道："八步沙的故事讲不完、八步沙的精神代代传……八步沙作为一个地域代表是绿色中国践行之地，是一个时代的标志性符号。"八步沙"六老汉"三代人是习近平"绿水青山就是金山银山"生态理念的践行者，是荒漠变绿洲的接续奋斗者。在过去的近四十年里，正是这股生命不息、奋斗不止精神力量与信念支撑着八步沙"六老汉"三代人接续踏入"生命禁区"，创造了今天的绿色奇迹。"六老汉"及其后代的事迹诠释了中华民族生生不息、繁荣兴旺的根由。纵观三代人治沙、斗沙的历程，我们发现正是植根于中国人内心的优秀传统文化的基因潜移默化地影响着每个中国人的思想方式和行为方式，也影响着今天中国人的精气神。在一个个治沙人的背后，我们看到的是自强不息、是担当、是坚持、是信念。他们深受中华传统文化的滋养，在治沙的岗位上，肩负着家国情怀，怀抱着不让子孙后代再被沙漠吞噬、侵害的执着信念，朴实的三代人共同谱写了一个时代的"治沙精神"，体现了中华民族自强不息的文化基因。

三、体现中华民族淳朴勤劳的道德品质

在中华民族的优良传统中最首要的莫过于勤劳、淳朴。"朴"作为一个美学品质词汇，属于道家哲学范畴，蕴含的是自然、本色、本质。"朴散则为器"，这里要强调的就是最初的、本质的、原始的、未经任何修饰和雕琢的状态。老子曾提出："复归于朴"的理念，他把"道、无为、朴"放在一起，

---

① 田佳，男，甘肃省武威市第六中学音乐教师。

并认为这是关于人的道德品质的最高道德境界。朴素、质朴、淳朴就是排斥虚伪、矫揉造作、蓄意夸大等一切不真实的高尚的人格魅力。这种真挚的人格魅力是人保持赤子之心、不忘初心的最基本的精神。"返璞归真"理念也是强调不违背自然最初的规律，回归到生命最自然的状态。勤劳也是中华民族最优秀的品质特征之一，这是被全世界所公认的。"勤"和"劳"在哲学上是辩证统一的，主要是指尽力做事，不偷懒。《说文》："勤，劳也。"《尔雅·释诂上》："劳，勤也"。因此，我们看到"勤"往往与"劳"具有直接关系，勤而得劳，即辛苦、尽力才能得到。中华民族靠勤的智慧所创造出的价值数不胜数，这也是华夏文明繁荣昌盛、延续千年所传承和弘扬的主要品质。

我们在八步沙"六老汉"三代人身上同样看到了"淳朴"与"勤劳"的优秀品质。"六老汉"他们治沙最原始、最初衷的理想就是治理风沙、保卫他们脚下的那一方家园，这种原始的追求和理想是人类最本质、最淳朴的价值体现，这是对人类美好生活的向往和追求中最原始的想法。在八步沙被称为"孤胆英雄"的石银山接受采访时说，在沙漠里栽一棵树实在不容易，我要不把它们看护好，来年怎么对得起乡亲们呢？他每天早出晚归，尽职尽责，精心呵护这 4200 亩林地。以荒漠为家，与风沙斗争，用全力栽培，用真情呵护一草一木，以苦为乐，这种朴素的精神是我们不尽的财富。马克思曾说："我们首先应当确定一切人类生存的第一个前提，也就是一切历史的第一个前提，这个前提是：人们为了能够'创造历史'，必须能够生活。但是为了生活，首先就需要吃喝住穿以及其他一些东西。因此第一个历史活动就是生产满足这些需要的资料，即生产物质生活本身。"[1] 人类懂得按照美的规律改造自然，这种美是创造历史活动的前提，就是满足自身发展的物质生产资料，这是人的本质性需求，为了满足这个需求，人必须依靠勤劳的双手来创造一切。八步沙"六老汉"三代人治沙造林就是与沙漠抗衡，为自身以及子孙后代创造美好生活的一种最朴素的过程，这就是人类创造历史的过程。这个过程汇聚了每一滴勤劳的汗水与艰辛的泪水、描绘了每一个淳朴的

---

①　《马克思恩格斯选集》第 1 卷，人民出版社 1995 年版，第 78—79 页。

治沙人在沙漠里不畏艰险、勇敢前进的画面，也包含着每一代治沙人的理想与愿望。

四、展现对中华民族优秀家风文化的传承

古语曰："忠孝仁爱显人品，勤俭耕读展家风。"中华民族历来重视家族成员之间的亲情，崇尚家和邦兴。家教家风是中华民族优秀传统文化重要组成部分，深植于厚重肥沃的中华民族文化土壤之中，存在于每一个德高望重的家庭之中和每一个遵守仁义礼孝的人身上。家风正则民风淳、社风清，质朴优良的家风可以带动一家之兴，同时家风关系着党风，党风联系着政风，政风则影响着国风。因此，优良的家风不仅是家族兴旺的主要因素，更是国家和社会进步的标志。

孟子曰："孝子之至，莫大乎于尊亲；尊亲之至，莫大乎于以天下养。"[1] 在八步沙的三代治沙人身上，我们深切感受到优秀家风文化的影响力，看到中华民族优秀家风文化的传承，他们之间的代代传承，包含着使命与责任。一代治沙人，即"六老汉"，他们不仅把自己献给了沙漠，而且还有一个约定，将来不论谁走了，每家人都要有一个人去继承父业来治理沙漠。郭老汉的儿子郭万刚、贺老汉的儿子贺中强、石老汉的儿子石银山、罗老汉的儿子罗兴全、程老汉的儿子程生学、张老汉的女婿王志鹏，逐渐成了第二代治沙人，接着又迎来以郭玺为代表的第三代治沙人，他们之间的继承可以说是付出代价的，并且没有理由拒绝的。最典型的代表就是二代治沙人郭万刚的事迹，当时的郭万刚在供销社当营业员，这是处于计划经济时期非常令人羡慕的职业，而且他还有做买卖的经验，时常摆摊经商，收入较好，在他父亲郭朝明生病干不动时，让他辞去工作来治理沙漠，最初他不情愿，经过父亲的思想教育，郭万刚放弃了人人羡慕的工作走进了沙漠，开始了治沙生涯。后来，看着树木渐渐长大，他也舍不得走了，于是下定决心要继承父亲的遗愿、记住父亲的教诲好好治理沙漠，在黄沙窝里一干就是 35 年。他曾立下

---

① 孟子：《孟子·万章上》。

过这样的誓言：治沙的步伐一刻不能停歇，我一定要把父辈肩上治沙这面大旗坚持扛下去！现在，他已经肩负起了八步沙林场场长职责。郭万刚的事迹令人感动不已，他的精神让人赞叹，而这一切正是良好的家风影响。郭万刚放弃好工作继承父亲遗愿的行为也成为其他"二代治沙人"、现在"三代治沙人"的现实榜样，在弘扬和传承良好家风的基础上，将来可能还会有第四代、第五代治沙人等等，子承父业、代代传承，他们肩负着祖辈的愿望，承载着中华民族优秀家风文化的魅力。

在八步沙"六老汉"三代治沙人的传承过程中也体现了中华民族"孝"文化。孔子曰："孝，德之始也；悌，德之序也；信，德之厚也；忠，德之正也。"[1]"孝"文化是家风文化的核心，中华民族历来重视"爱亲、敬亲、尊亲、礼亲"。"孝"包括作为子女对祖辈心怀感恩，听从父母忠告；对君主的忠诚；对国家和人民的忠爱。在八步沙"六老汉"三代人治沙造林的传承过程中，体现了他们对祖辈遗愿的继承和负责，体现了他们无私奉献、保住家园的家国情怀。这就上升到了"尊亲、礼亲"与"爱家、爱国"、舍己利，为众利的统一。"孝"文化是中国传统文化中内涵最深、包容最广、经久不衰的文化，而且在每个时代都得到各民族、各阶层的推崇和弘扬，可以说这是中华民族最引以为傲的精神文化之一。

五、体现中华民族道义凛然的博大胸怀

古人云："国而忘家，公而忘私，利不苟就，害不苟去，惟义所在。"[2]大概意思就是说：为了国家，可以舍弃自己的小家，为了大家，可以牺牲自己，不会一见到利益就冲过去，不会一遇到危害就断然离开，之所以这样完全是因为道义的原因。道义解释为道德正义、道德义理等。人在困难面前甚至是面临生死抉择的危急时刻，依然能坚持道德、义理，坚持原则，心怀道义，可谓真君子。

---

　① 孔子：《家语·弟子行·第十二》。
　② （汉）贾谊：《新书·阶级》。

八步沙"六老汉"三代人在治沙造林过程中，曾经面临利益选择、生死考验，但是他们没有退缩，无论在多么艰难的生活条件下、多么恶劣的天气中，他们都没有放弃，这样的典型事迹数不胜数，如一代治沙人贺发林曾经在大雪天为了保护林子不被羊破坏，仍然在沙漠中坚守，有一次他还迷了路。还有一次，因为住房条件和取暖设备太过简陋，造成了他和常开国煤气中毒，差点丢掉性命。一代治沙人石满，在身患重病的情况下，依然奋斗，大家纷纷劝他回家养病，他却说自己的命没有那么金贵、自己的病没有那么严重，歇上一阵子就好了，不能临阵脱逃。1992年6月，石满去世了，在弥留之际，他要求不要把他埋在自家祖坟，要把自己埋在八步沙附近的沙岗上，他要日夜守护在那片自己倾注无数心血和汗水的地方。二代治沙人郭万刚说："和老人们一起治沙的日子里，我觉得他们都是性格要强的人，都是意志坚定的人，好像什么困难都能克服，什么挫折都能经受得住。"① 二代治沙人贺中强说："治沙劳动是辛苦的，可也是很有成就感的。每当又一片沙漠被我们治住，黄色的沙海变成了绿色的林子，我的心中就充满了说不出的自豪，也更加坚定了继续治沙的决心！"② 在治沙的过程中，为打井取水，贺中强差点失去生命，但是他依然坚持，从未有过放弃的念头。在面临生死考验关键时刻，他内心首先涌现出的是父亲临终之前对他的交代。这些关键时刻作出的抉择，以及背后的信念让我们看到了一个人的"道义"和原则。绿色是他们的梦想，为了梦想即使拼了命也值得，他们把治沙造林当成了一生的事业。为了保住家园宁愿牺牲自我，放弃舒适的工作，放弃其他梦想，只为让子孙后代不再被沙漠吞噬和侵害。

习近平总书记视察八步沙林场时，二代治沙人郭万刚表示："我们一定要按照总书记的要求，传承好'六老汉'的治沙精神，一代接着一代干，尽最大努力，多栽树、多治沙、治好沙、我们会坚持靠文化治沙、靠科学治沙，相信我们的路会越走越宽，治沙速度会越来越快，治沙效果会越来越

---

① 郭万刚演讲稿《为了绿色的承诺》。
② 贺中强演讲稿《就是拼了命，也要把沙治住》。

好。"① 这不仅是一种承诺，更是一种誓言和决心，是向总书记的承诺、是向世人立下的誓言和决心。淳朴的语言字里行间都透露着他们身上的道义和胸怀，这也正是我们中华民族一直以来所传承的优秀品质，几千年来，这种道义延绵不断，尤其在关键时刻，更加体现得淋漓尽致。这种展现人的进步和社会进步的道德品质是中华民族最优秀的精神之一，也是每一个时代所提倡的价值观。"苟利国家生死以"，为了大义、为了大局牺牲自我，这种道德品质是崇高的、胸怀是博大的，体现这种道义的人，应该永久被敬畏和膜拜，这种精神是新时代我们实现中华民族伟大复兴的中国梦所必需的。

第二节　"八步沙精神"的唯物史观哲学基础

一、反映了马克思主义关于人与自然和谐共处的价值观

八步沙林场"六老汉"三代人，一代接着一代干，在追求人与自然和谐发展的实践中，用汗水和心血谱写了一曲让沙漠披绿生金的时代壮歌。恩格斯曾指出："事实上，我们一天天地学会更加正确地理解自然规律，学会认识我们对自然界的惯常行程的干涉所引起的比较近或比较远的影响。"② 同人类文明历史演变的步骤一致，人类对生态文明的认识也经历了原始时期人对自然的臣服、农业文明时期人对自然试探性的开发与利用、工业文明时期人对自然的大肆掠夺和征服以及现代社会人和自然逐渐进行和解的历史过程，与人的认识和实践能力有直接的关系。

首先，人与自然和谐共处的价值观始于人所感受到自然界带给人的危机感。人和所有生物一样均是自然界的产物，他们都在一个均衡的有机圈内生存，但是人在生存的过程中，出现了劳动异化，从而损害了生活的有机体。

---

① 《加快建设幸福美好新甘肃——习近平总书记甘肃考察重要讲话引发热烈反响》，《人民日报》2019 年 8 月 24 日。

② 《马克思恩格斯全集》第 20 卷，人民出版社 1971 年版，第 519 页。

马克思认为："从理论领域说来，植物、动物、石头、空气、光等等，一方面作为自然科学的对象，一方面作为艺术的对象，都是人的意识的一部分，是人的精神的无机界，是人必须事先进行加工以便享用和消化的精神食粮；同样，从实践领域说来，这些东西也是人的生活和人的活动的一部分。人在肉体上只有靠这些自然产品才能生活，不管这些产品是以食物、燃料、衣着的形式还是以住房等等的形式表现出来。在实践上，人的普遍性正表现在把整个自然界——首先作为人的直接的生活资料。"① 在人类文明变迁的历史过程中，尤其在工业文明时期，人类对自然界肆意的掠夺、侵占、开采、利用达到了高峰，使人类今天尝到一系列恶果。盲目追求自然界的价值、不断地向自然界索取，使人类在整个发展过程中走向了异化、异化的行为导致人性扭曲、价值观扭曲、人格分裂等，从而导致社会发展出现诸多问题。马克思指出："人同自身和自然界的任何自我异化，都表现在他使自身和自然界跟另一个与他不同的人发生的关系上。"② 异化的劳动使人把自己变成了纯粹的谋生手段，同时也使人降低了自由活动的标准，最后变成了异己的本质。这正是现代社会全球治理环境、保护自然、提出可持续发展理念的初衷。曾经的河西走廊孕育着华夏文明，最终因为战乱、过度放牧、开采等行为逐渐沙化，变得不适合人类居住，不断地吞噬着生命，给整个河西走廊的发展带来了巨大的影响。甘肃省古浪县八步沙"六老汉"三代人治沙造林、甘肃省民勤县石述柱治沙造林，他们治理沙漠的初衷都是感受到了沙漠带给自己的危机、带给子孙后代的危机、带着摧毁家园的危机，这种危机背后是他们的"根"。在媒体采访时，八步沙一代治沙人张润元老人说：舍不得离开祖祖辈辈生活的地方啊，这可是我们自己的家和土地，自己不去管谁管。他们治沙就是为了保卫脚下的"根"，也正是因为这份"根"的情怀，一个个治沙人几十年如一日，坚持着、奋斗着，这一切归根结底是人类的自我保护。

其次，人与自然和谐共处的价值观始于人认识到了自身在自然界中的地

---

① 《马克思恩格斯全集》第42卷，人民出版社1979年版，第95页。
② 《马克思恩格斯全集》第42卷，人民出版社1979年版，第99页。

位。地球上所有生命有机体都依赖于自然界而生存繁衍，在此过程中，人类向自然界的索取超过其他任何生命有机体，在尝到自然界报复的苦果之后，人类认识到了自己所处的地位，并且开始真正觉醒。马克思指出："人靠自然界生活。这就是说，自然界是人为了不致死亡而必须与之不断交往的、人的身体。所谓人的肉体生活和精神生活同自然界相联系，也就等于说自然界同自身相联系，因为人是自然界的一部分。"① 马克思认为人、自然界、社会三者互相联系、互相影响，它们三者密不可分。人，是独立的生命群体，也只是自然界的一部分。自然界是物质的有机体，而社会是人与人的社会，人是社会的人，并且人的本质是社会关系的综合，因此，归根结底自然界、人、社会三者的本质关系就是人与自然界的关系。由于社会生产力的限制和人类对世界认知能力的局限性影响，导致人类在不同的历史发展时期对自然界表现出不同的态度，而这种态度反作用于社会发展，并且影响着人与人之间的关系。八步沙"六老汉"三代治沙人不断探索，掌握沙漠规律，走出了一条"以农促林、以副养林、以林治沙，农林牧副多业并举"的良性发展之路，这一系列具有历史性的治沙举措都是人在满足基本生存条件的基础上，实现人类活动与自然逐渐走向"和解"的过程。随着人类文明逐渐走向高度发达，人类对自然界的认知也不断升华，人类逐渐认识到，我们既不能委身屈服于自然界，也不能高高在上，凌驾于自然界之上，这两者行为都是重心不稳、不协调的行为，这样的行为指引下的道路也将注定不会长远。八步沙"六老汉"三代人用时间和信念树立了一个时代的标杆，坚持绿色发展、生态发展的举措再一次警醒世人，坚持生态发展的重要性、可行性。

二、彰显了马克思主义"人化自然观"的价值魅力

"人化自然观"是马克思在《1844 年经济学哲学手稿》中首次提出的一个重要思想。"人化的自然"是指人按照特定的"美"打上人的目的和意志烙印的自然，这里的"美"就是人的"意志"，这也是马克思关于人和动物

---

① 《马克思恩格斯全集》第 42 卷，人民出版社 1979 年版，第 95 页。

对于自然界的改造方面的不同之处。马克思指出："动物只是按照它所属的那个种的尺度和需要来建造，而人却懂得按照任何一个种的尺度来进行生产，并且懂得怎样处处都把内在的尺度运用到对象上去；因此，人也按照美的规律来建造。"①马克思认为"人的现实的自然界"状态，主要是"自在自然"相对的"人化自然"状态，即：人类在历史进步、发展过程中通过不断改造、利用"自在自然"，所形成的具有人文意志、人文气息的自然状态，简单来说就是所有沾有人类劳动印记的自然界。马克思认为："人越是通过自己的劳动使自然界受自己支配，神的奇迹越是由于工业的奇迹而变成多余，人就越是会为了讨好这些力量而放弃生产的乐趣和对产品的享受。"②劳动作为生产的灵魂，告诫和启示人类一切实践活动必须是在"尊重自然、顺应自然、保护自然"的基础上进行才有意义，否则人将失去理性的思维，从而诱导人的本质走向不好的结局。实现绿色发展也是文明社会的核心理念之一，是马克思主义人化自然观的价值体现，要求人类树立环境伦理意识、生态价值观，完善生态审美观，主动、自觉承担自然界守护者的职责。

马克思主义"人化自然观"是马克思主义哲学的重要组成部分，它从人与自然的角度再次阐明了唯物史观的深刻内涵。第一，马克思主义"人化自然观"，体现了物质存在的客观性，宇宙的一切存在都是自然的，人和动物属于类存在。马克思认为："正是在改造对象世界中，人才真正地证明自己是类存在物。"③也就是说，即使人类对自然界的改变，也没有从本质上使其发生改变，而只是自然形态的一种变化而已。第二，"人化自然观"体现了人类的实践性，人只有通过实践，才能满足自身生存发展的需要。马克思说："没有自然界，没有感性的外部世界，工人就什么也不能创造。它是工人用来实现自己的劳动、在其中展开劳动活动，由其中生产出和借以生产出自己的产品的材料。"④八步沙"六老汉"三代人治沙造林，让原本黄沙肆虐

① 《马克思恩格斯全集》第42卷，人民出版社1979年版，第97页。
② 《马克思恩格斯全集》第42卷，人民出版社1979年版，第98—99页。
③ 《马克思恩格斯全集》第42卷，人民出版社1979年版，第97页。
④ 《马克思恩格斯全集》第42卷，人民出版社1979年版，第92页。

的土地，重新披上绿装，而且走出了一条符合人与自然伦理的经济之道，这正是马克思主义"人化自然观"的体现，这种人化自然观体现出了长久的生态价值，给人民群众带来了不可估量的福祉。由此可见，人的发展离不开自然界提供的一切，人与自然界有机统一是永恒的存在。马克思主义"人化自然观"给了我们很大的启示，这种启示包含了人、自然界、社会三者，是合乎时代的、具有持久发展意义的。以生态为前提的发展是历史的必然选择，也将是人类自由发展的前提。无论是沙漠治理问题还是其他生态问题都是社会稳定和谐的基础和经济发展的前提。

三、体现了马克思主义群众史观理论

马克思指出："历史活动是群众的事业，随着历史活动的深入，必将是群众队伍的扩大。"① 马克思在《神圣家族》这篇著作中明确阐述了群众和历史的关系。马克思主义认为群体性的力量大于个体性的力量，社会的发展始终是集体力量推动的结果，因此，人民群众才是历史的真正创造者。纵观历史，无论国内还是国外社会的变革、改革过程中，个人、英雄始终发挥的是引领的作用，并且具有阶段性、偶然性。而群体性的智慧与力量则是永恒的、无穷的，历史实践证明无论哪一种社会形态，都体现着"水能载舟亦能覆舟"的智慧，从"六老汉"到今天的第三代治沙人，所凸显出来的正是群体性的力量与智慧。1981 年，郭朝明、贺发林、石满、罗元奎、程海、张润元 6 位村民以"联户承包"的方式发起和组建了"集体林场"，发展到现在有护林站 5 处，职工数名，首先，"联户承包"指，几个农户在自愿互利的条件下，联合在一起承包耕地、果园或多种经营项目等的生产责任制形式。这种承包方式，有利于集中几户的人力、财力和物力，从事一定规模的生产经营项目，在一定程度上具有克服困难的能力。"联户承包"的行为本身就是一种集体行为，这种承包方式就是群众在相关政策的引导下，自发性的、自愿的承担项目发展的责任机制的行为。其次，"集

---

① 《马克思恩格斯全集》第 2 卷，人民出版社 1957 年版，第 194 页。

体林场"是农村集体经营林业的专业组织。"八步沙林场"就是以集体形式成立的，这决定了林场的集体性质。集体经营制是在社会主义制度中，生产资料和劳动成果归劳动群体共同占有的公有制形式，是当前社会经济转型的发展需要、是农村地区改变传统经营方式、是提高生产力水平的必要步骤。八步沙"六老汉"三代人已经载入了中国史册，充分展现了马克思主义关于发挥人民主体性的重要性。最后，八步沙"六老汉"三代人是一个群体性结构的概念，同时他们的治沙造林历史离不开其他职工人员，在治沙造林的过程中，他们齐心协力、发挥群策群力的智慧作用，才成就了今天的"八步沙"。

四、提供了马克思主义"生态人"的实现途径

马克思主义"生态人"思想是在资本主义异化劳动体制之下产生的。马克思主义"生态人"思想是对社会发展过程中关于人的作用的一种超现实设想，是从人与自然关系本质上完成和谐统一的一种预想，八步沙"六老汉"三代人38年治沙的目标、理念在一定程度上反映出了马克思主义"生态人"的实现途径。

第一，"生态人"的实现是以建立与物共适的生态审美观为前提。马克思指出："人直接地是自然存在物。人作为自然存在物，而且作为有生命的自然存在物，一方面具有自然力、生命力，是能动的自然存在物。"①"说人是肉体的、有自然力的、有生命的、现实的、感性的、对象性的存在物，这就等于说，人有现实的、感性的对象作为自己的本质即自己的生命表现的对象；人只有凭借现实的、感性的对象才能表现自己的生命。"②人作为"自然存在物"，人的活动都是向特定的方向进行的，通常人是活动的对象，同时也是活动的主体，人通过发挥主观能动性外化自己的本质力量将不同需求转化为现实，这就是说人能够在被动和主动之间进行适当的审美选择、进行

---

① 《马克思恩格斯全集》第42卷，人民出版社1979年版，第167页。
② 《马克思恩格斯全集》第42卷，人民出版社1979年版，第168页。

合适的取舍，而这一切都源于人类认识的变化。史前社会，人类总是机械地、被动地与自然保持一种看似和谐的关系，这样的生态审美是模棱两可的、不明确的，农耕文明社会，生产力水平有所进步，但是农耕文化的性质决定了人的认识。人类对自然是初步的利用、改造，并且在一定程度上破坏了自然，其生态审美观是原始的、朴素的；到了工业文明社会，人类对自然的利用、改造、破坏程度简直达到了极限；在现代文明时代，人类与自然正在走向和谐共生，其生态审美观是人类正在改变过去愚拙、不合规律的行为举措，是对"异化"自然观的自我扬弃和人对自然的一种"自觉"反映。八步沙是人类对生态审美改观的缩影，是对自然界自觉和合乎规律的改造和恢复，在人类求生存的道路上，实现人与自然"共谋"。三代人在治沙过程中所表现坚持的信念、展现的价值观以及想要实现的目标都随着时代的发展而变化着，从侧面反映出了不同时代"生态人"实现的不同路径。诸如"八步沙"这样的例子不胜枚举，它们首先体现的是人的思想意识和对自然界审美观的逐渐改变。

第二，"生态人"是以高度的自然责任感为核心价值观建立人与自然一致的辩证对话为指引。"认识双重的存在，它本来就是自然界，说明了既然人是自然的存在物，人就必须把自然作为对象，对象性活动必须是现实的具体的活动。"① 人是自然界的本体部分，而非高高在上。"生态人"的实现必须建立在科学合理地把握"物的尺度"与"人的尺度"关系之上，对自然界以及其他自然存在物建立高度责任感。人和动物一样，都靠无机界生活，但是人作为自然界中主观能动性最强的生命体，人必须在实现活动、改造自然的时候正确把握人作为人的这个首要尺度。马克思指出："吃、喝、性行为等等，固然也是真正的人的机能。但是，如果使这些机能脱离了人的其他活动，并使它们成为最后的和唯一的终极目的，那么，在这种抽象中，它们就是动物的机能。"② 把握"人的尺度"而从事的自然活动不仅是人类自保的前

---

① 孙道进：《马克思主义环境哲学研究》，人民出版社 2008 年版，第 324 页。
② 《马克思恩格斯全集》第 42 卷，人民出版社 1979 年版，第 94 页。

提，也是对自然界和其他生命体负责的基本，同时，这也是人类实现马克思主义"真善美"的首要因素。和其他对自然界建立"善"的高尚的行为一样，八步沙的治沙人治理沙漠的初衷、治沙过程以及结果，均体现了这样的理念，从实现沙退人进，保卫家园，保护子孙后代；进行了无数次的尝试与探索，适应沙漠发展规律，最终走出一条特色的发展之路，对人居环境的改善和今后的发展都具有深远的、长久的影响，整个过程都是在实现人与自然的辩证对话。

　　第三，"生态人"的实现以人与自然共同"解放"为由，目的是实现人的全面发展。马克思说："环境的改变和人的活动或自我改变的一致，只能被看作是并合理地理解为革命的实践。"① 追求人的解放是马克思主义理论的核心价值观，马克思主义生态人理论要求人与自然达到高度"和解"之后才能实现共同"解放"。马克思强调："个体生存斗争停止了。于是，人在一定意义上才最终地脱离了动物界，从动物的生存条件进入真正人的生存条件。"② 自然界带给人类的资源是有限的，人类用来加工的资源也有限。而取时有量，用时节约，则是能满足人类长期所需要的法则。相反，若取时过度，用之浪费，那自然界公有的资源也会随之枯竭。无论人力还是物力的使用都要合理有"度"，坚持科学、绿色发展理念，形成科学、绿色发展格局。党的十八大以来，我国把生态文明建设纳入了"五位一体"总体布局，这意味着我们对生态文明建设、生态思想的认知达到了一个新高度。38 年，八步沙从"一夜北风沙骑墙，早上起来驴上房"的自然状态，经过"积跬步以至千里，汇小流而成江海"的艰辛过程，到今天的绿意盎然，八步沙的美丽变迁，再一次告诉我们，良好生态环境是最公平的公共产品，是最普惠的民生福祉，体现了马克思主义"生态人"最基本、最核心的价值观。人与自然实现双重解放就是人与自然和谐的最好状态，也是人类实现自由全面发展的基本要素。

---

① 《马克思恩格斯选集》第 1 卷，人民出版社 1995 年版，第 55 页。
② 《马克思恩格斯选集》第 3 卷，人民出版社 1995 年版，第 757 页。

第三节　以"八步沙精神"涵养社会主义核心价值观

习近平总书记也曾多次强调要大力培育和弘扬社会主义核心价值观、弘扬中华民族传统美德。社会主义核心价值观是中华民族的精神支柱，更是行动向导，对丰富我们的精神世界、增强民族认同感、文化认知力起决定性作用。无论是一个人还是一个民族是否可以很好地把握好自己，在很大程度上取决于主流意识形态的引领。人类的发展、社会的进步需要人类把对美好生活的向往作为强大的信念支撑。同样增强中华民族的精神纽带，增强中华民族强烈的认同感，必须有社会主义核心价值观的引领和支撑。八步沙"六老汉"三代人治沙精神是社会主义核心价值观在很多方面的具体体现。他们的治沙历程发人深思、催人奋进，对于涵养、培育和践行社会主义核心价值观具有深远的意义。

一、"八步沙精神"是实现中华民族伟大复兴中国梦的价值引领

中国梦是每个人的梦，实现中国梦，必须弘扬中国精神，凝聚中国力量。习近平总书记曾指出："实现中国梦必须弘扬中国精神，这就是以爱国主义为核心的民族精神和以改革创新为核心的时代精神。伟大的梦想，需要伟大的精神作支撑。没有振奋的精神、没有高尚的品格、没有坚定的志向，一个民族不可能自立于世界民族之林。"①"八步沙精神"是新时代滋生的中国精神，对凝聚力量和共识有很大意义。

第一，八步沙"六老汉"三代人用生命书写了"功成不必在我"的伟大奉献精神。八步沙作为习近平总书记"两山论"的实践基地，它是西北生态文明建设，也是纵观全国生态文明建设的缩影。在脱贫攻坚、乡村振兴、全面建成小康社会目标指引下、在民族复兴的伟大征程中，生态文明建设的分

---

① 中共中央宣传部：《习近平总书记系列重要讲话读本》，学习出版社、人民出版社 2016 年版，第 11 页。

量表现的举足轻重。八步沙"六老汉"三代人，不顾自身利益，将终身奉献于沙漠的崇高品质是实现中华民族伟大复兴中国梦的价值引领。习近平总书记指出："推动形成绿色发展方式和生活方式，是发展观的一场深刻革命。这就要坚持和贯彻新发展理念，正确处理经济发展和生态环境保护的关系，像保护眼睛一样保护生态环境，像对待生命一样对待生态环境，坚决摒弃损害甚至破坏生态环境的发展模式，坚决摒弃以牺牲生态环境换取一时一地经济增长的做法，让良好生态环境成为人民生活的增长点、成为经济社会持续健康发展的支撑点、成为展现我国良好形象的发力点，让中华大地天更蓝、山更绿、水更清、环境更优美。"①生态文明建设是实现中华民族伟大复兴的重要因素，也是实现乡村振兴战略的要求之一，建立生态美、百姓富、产业优的发展格局，首先就要从根本上改善人居环境、实现人与自然和谐共处、实现生态与市场协调发展。八步沙的治沙人把为沙漠披上绿装作为最终目标和理想，是习近平生态文明思想的忠实践行者，是对马克思主义生态观的继承和发扬，符合时代的要求、符合人民群众的根本利益。

第二，"八步沙精神"传递出的是对美好生活追求的价值取向。习近平强调："中国梦是人民的梦，必须同中国人民对美好生活的向往结合起来才能取得成功。"②党带领全国人民发展进步，只有达到人民群众所向往的美好生活状态，中华民族才能真正复兴，而达到人民群众所向往的美好生活状态必然要求人民群众"共治"，"共治才能共享"。"八步沙精神"背后就是平凡的人在平凡的岗位上干出了不平凡的事业，为子孙后代谋取了福祉，这种追求与当下精准脱贫、乡村振兴所蕴含的价值是一致的，这种平凡英雄的"愚公精神"正是实现现代化的治理所需要的。新时代，大力弘扬"时代楷模"八步沙林场"六老汉"三代人治沙造林改善生态环境，让沙漠披绿生金的奋斗精神，对坚定治沙信念，强化共同治理理念，树立生态信仰，打造"八步沙""两山"文化品牌，推动生态治理社会化，构建荒漠化防治政策体系和

---

① 《习近平谈治国理政》第二卷，外文出版社 2017 年版，第 395 页。
② 《习近平谈治国理政》第二卷，外文出版社 2017 年版，第 30 页。

防沙治沙共治共享具有重要意义。

第三，防沙治沙不仅仅是简单的生态问题，也是重大的政治问题、经济发展问题和社会问题；防沙治沙是构筑国家生态安全屏障、加强生态文明建设、实施"一带一路"国家战略的迫切要求，而且是打赢脱贫攻坚战，实现全面建成小康社会目标的重大政治要求。甘肃省古浪县生态地位突出，是河西走廊地区最为严重的沙尘暴策源地之一，在全省乃至全国的生态建设格局中具有举足轻重的作用。南部是祁连山水资源涵养区、北部为腾格里沙漠，常年干旱缺水、沙多林少、生态环境极其脆弱。据第五次全国荒漠化和沙化土地监测结果显示，截至 2014 年，古浪县有沙漠化和明显沙漠化趋势的土地达 240.6 万亩，其中沙漠化面积达 239.8 万亩，危害严重的风沙口达 20 多个，风沙线长 132 公里。沙漠治理是一项投入多、见效慢、持续久的事情。保护生态安全屏障，关乎当地人民群众的生活质量、关乎社会稳定和谐、关乎当地乃至国家脱贫成效及巩固问题，保护生态环境必须成为新时代社会发展的应有之义。

二、"八步沙精神"是中国人民伟大创新精神的具体展现

古老的中华民族一直以来都是善于突破、创新的民族。从古到今，从底层的群众到高层的统治者，中国人民的创新、创造智慧一直都是推动整个国际社会前进的重要力量。习近平总书记强调：中国人民是具有伟大创造精神的人民；中国人民是具有伟大奋斗精神的人民；中国人民是具有伟大团结精神的人民；中国人民是具有伟大梦想精神的人民。[1] 习近平总书记在全面又深刻阐述中国人民的伟大民族精神的时候，第一个提到的就是伟大创造精神。回首历史长河，中华民族伟大的创造精神孕育了华夏文明，创造了无数的时代奇迹。新时代，我们国家大力提倡创造、创新，并将其上升为国家五大发展理念之首，可以说抓住了创新，就牵住了新时代经济社会发展的"牛

---

[1]　习近平：《在第十三届全国人民代表大会第一次会议上的讲话》，人民出版社 2018 年版，第 3—5 页。

鼻子"。

八步沙"六老汉"三代人就是在不断探索、创新的过程中成就了今天的八步沙。20世纪80年代初，防沙治沙技术普及程度还不高，特别是对八步沙林场"六老汉"这些无专业技术的农民来讲，治理沙漠更是难上加难。从承包治理初期，"六老汉"靠一头毛驴、一辆架子车、一个大水桶和几把铁锹进行治沙造林，到研究治理风沙方法，利用了"一棵树，一把草，压住沙子防风掏"的治沙技术，并且"六老汉"一开始只是为了固定流沙防止沙子迎风而起造成"沙尘暴"，毁坏农田、村庄、家园。后来，他们逐渐发现沙漠规律，不断探索出了"稻草沙障＋沙生苗木"、"治沙要先治窝、再治坡、后治梁"等科学治沙模式，然后在沙漠栽树，为了使沙漠植树造林的成活率和保存率得到提高，通过不断尝试、改进，最终找到了"网格状双眉式"沙障结构，推广"麦草沙障＋沙生苗木"等治沙新技术和著名科学家竺可桢命名的"母亲抱娃娃"治沙模式。2017年他们又进行创新探索，引进工程机械治沙技术，发掘了"打草方格、细水滴灌、地膜覆盖"等新技术，使沙漠植物存活率逐步提升。后来，为了使八步沙走上绿色良性循环之路帮助土门镇脱贫致富，他们不断总结经验，探索尝试，最终形成了"以农促林、以副养林、以林治沙，农林牧副多业并举"的发展策略。他们在沙漠里种上了梭梭树、红柳、沙枣树等适合沙漠气候的植物，为了持续发展，他们还尝试在沙漠中打井获取水源，不但成功了，而且种上了具有药用价值的经济作物肉苁蓉，这种堪称"沙漠人参"的植物能带来很大的经济效益。此外，他们还在沙漠中建设了养殖基地，养殖"溜达鸡"，硬是从茫茫的沙海里探索出了一条"治沙富民之路"。

《周易·系辞下》曰："穷则变，变则通，通则久。"人类是最善于变通的动物，世界上所有的人文景观都是人类智慧的体现。人总会在困难达到极限时遇见"柳暗花明"，这种过程的艰辛程度无法估量，但是结果却能够造福不计其数的人。38年来，八步沙林场共完成国家"三北防护林"建设任务13.7万亩，工程治沙4万亩（草方格），用草20000吨，封沙育林草面积达到22万亩，完成通道绿化近200公里，农田林网300多亩，栽植各类沙生苗木 4000 多万株，花卉、风景苗木 1000 多万株，完成修筑护林防火道路 41 公里。在彻底完成八步沙、黑岗沙等重点治沙工程后，2015 年秋季又承包治理了甘蒙省界古浪段 10500 公顷，管护并于 2015 年秋季至 2018 年春季完成工程治沙 20000 多亩，封沙育林草 18000 亩，防沙道路绿化工程 56 公里，共栽植各类沙生苗木近 600 万株。林草植被覆盖率由过去不足 3% 提高到现在的 75% 以上，区域性风沙危害得到明显改善。[①]"38 年来，八步沙三代治沙人已经累计完成治沙造林 21.7 万亩，管护封沙育林草 37.6 万亩，植树 4000 万株。"[②] 八步沙"六老汉"三代人以惊人的数字书写了中国普通群众的伟大创新精神，这种创新精神是八步沙治沙人集体的智慧结晶，是当前社会主义核心价值观的重要体现。

三、"八步沙精神"是激励全国人民奋勇前进的强大精神力量

发扬我国在革命、建设、改革中形成的优良传统和宝贵精神财富，是发挥精神文化力量育人、化人的重要功能，是传递积极人生价值、高尚思想境界、健康生活情趣的重要途径，是弘扬民族精神和时代精神，培育和践行社会主义核心价值观的重要组成部分。八步沙"六老汉"三代人治沙造林精神就是一股最接地气、最容易被接受的正能量。

一方面，他们具有平民色彩。八步沙"六老汉"三代人，代表的正是中国偏远贫困地区最基层的人，他们的贫穷状况与精神面貌都具有典型性，因此，他们的力量与智慧可以代表中国无数奋斗在一线的人民群众的力量与智慧。三代人艰苦奋斗、秉着初心、矢志不渝、克服艰难困苦的精神是武威人的榜样、是甘肃人的榜样，是中华民族的精神力量。为了实现目标、为了兑现承诺，三十多年如一日坚持不懈，这是当前社会"信而行"的体现。以信念支撑行动，付诸实践，向目标前进，为了实现中华民族伟大复兴的中国梦而坚持奋斗。

---

① 数据由八步沙林场提供。
② 宋喜群等：《用愚公精神创造生命奇迹——甘肃古浪六老汉播绿八步沙的故事》，《光明日报》2019 年 3 月 29 日。

　　另一方面，他们坚持自我"造血"走上了脱贫致富之路。习近平总书记曾指出："摆脱贫困首要并不是摆脱物质贫困，而是摆脱意识贫困和思路的贫困。扶贫必扶智，治贫先治愚，贫穷并不可怕，怕的是智力不足、头脑空空，怕的是知识匮乏、精神威顿。脱贫致富不仅要注意富口袋，更要注意富脑袋。"①38年来，他们一直是在党和国家相关政策的支持下，坚持"自力更生、自我创新"的原则。自始至终坚守着那份执着的"初心"、肩负着那份铿锵有力的"使命"，不向困难低头、不向命运低头。最重要的是他们具有坚持一切从实际出发，一切问题首先从内部自行解决的思想意识。在沙海播绿的生动实践中，八步沙人不仅为干旱地区荒漠化防治提供了典型的成功经验，也为贫困地区可持续发展积累了宝贵的精神财富。八步沙的治沙人总结了乔灌草搭配的治沙模式，网格化分片包干的管护模式和林农互促的开发模式，实现了生态、社会、经济效益并举发展的目标，书写了林权改革之先与走治沙致富之路并举的先河。这种"内生发展力"是当前全面建成小康社会所需要的。将这种精神发扬和传承，是激励全国各地人民不畏艰险、敢于迎难而上，勇于实现"造血"，顺利走出贫困的强大动力；是激励年轻人不断健全和完善自己的价值观、人生观、世界观的动力，坚持"中国力量"、学习"中国精神"，弘扬中华文化，树立正确的价值观。

四、"八步沙精神"是深入实施公民精神文明建设的现实榜样

　　马克思提出实现人的全面发展包括物质财富极大丰富和精神境界极大的提高两方面，人的自由全面发展是在每个人的全面发展基础上实现的，新时代的中国人民群众温饱问题基本解决，精神文明建设是当前迫切需要的。人的精神境界及道德素养是人在安身立命过程中，经过社会洗礼逐渐形成的，而并非一蹴而就。精神境界的高低与成长环境和自身所受教育关系密切，这些决定了人对外界事物的价值观，影响着自己的行为举措。

---

　　①　中共中央党史和文献研究院编：《习近平扶贫论述摘编》，中央文献出版社2018年版，第137页。

　　第一，"八步沙精神"启示我们做人不能忘"根"。八步沙"六老汉"看到了沙漠对家园、对子孙后代的威胁，他们饱含家国情怀，正是这种境界与品质成就了今天的八步沙。"八步沙"治沙人对"家园"、对"根"的情怀是当前社会最需要的精神力量。对治沙人来说，"根"就是他们治沙的"初心"。不忘初心，矢志坚守，方得始终。八步沙的治沙人做到了，与沙漠抗争的过程中，三代治沙人始终坚持、探索发展之路。他们不仅要治理沙漠还要发展经济，实现自给自足，这才是保住"根"的长久之计。

　　第二，"八步沙精神"启示我们做事要坚持"三心"结合。一代治沙人张润元老人接受媒体采访时说，"耐心、苦心、坚持心"是他们与沙漠共生的关键。三代人的坚守，让八步沙蝶变为绿意盎然的沙漠观光林场，让六老汉涅槃为生态文明建设的特色名片。个人敢做梦，时代方能圆梦。在社会各界的关怀、关注、关心和关爱下，六老汉治沙精神在发扬光大，八步沙治沙群体在不断壮大。进入新时代，在新发展理念指引下，坚持工农商学兵全民行动，统筹山水林田湖草系统治理，同心续写治沙传奇，才能真正实现绿色梦想。无论身居何位，想要实现自身价值，必须摆脱周围环境带来的浮躁，必须做到"三心"结合、做好事情。这不仅是成功必备的要素，同时是对自己负责、对他人负责、对社会负责的表现。

　　第三，"八步沙精神"启示我们诚信是做人的基本底线。孟子云："诚者，天之道也。思诚者，人之道也。"[①]"诚者，不勉而中不思而得：从容中道，圣人也。诚之者，择善而固执之者也。"[②]诚者，而后有信，为人处世，诚信是最基本的底线。"无信不立"也是中国传统价值观的重要组成部分。38年前，六老汉约定承包八步沙这片沙漠，被当时的外界、家人看来是破天荒的行为。但是他们不顾外界干扰，毫不犹豫立下了誓言、摁下了"红手印"。"红手印"作为一种起法律效力的行为，对"六老汉"来说凸显的更是一种承诺、一种誓言、一种豪情壮志！首先，"红手印"体现的是党员干部对人民群众

---

　　① 《孟子·离娄章句上·第十二节》。

　　② 《礼记·中庸·第二十章》。

的承诺。一代治沙人郭朝明曾说:"我是共产党员,一不怕苦、二不怕死,党叫我干啥我就干啥!将来给我戴大红花行,树碑立传可要不得,万万要不得!"① 不求功名利禄,只是踏实干事。"第一代治沙人贺发林老人守护八步沙林场时煤烟中毒,家人劝他好好休息,可是他一天也闲不下来,一门心思要去治沙,他说我是个共产党员,说话得算数,身体有个小毛病就打退堂鼓,那不是一个党员的做法!"②"六老汉"中有四人是共产党员,而且他们六人都担任过村组干部,他们立下的誓言、摁下的"红手印"体现的是共产党员、基层领导干部对人民群众的诚信。其次,"红手印"体现的是八步沙"六老汉"三代人对家园、子孙后代的承诺。石满曾说:"我们当了那么多年干部,别的事儿都费心了,出了力,办的差不离,就是没把八步沙治好,这事没办好,对不起子孙后代啊!"③ 一个坚定的承诺,用 38 年时间告诉世人他们实现了对承诺的坚守,没有辜负众人的信任。黄沙不退人不退、绿色不增人不走,这种用三代人坚守承诺的诚信精神值得每个人顶礼膜拜。"君子一言、驷马难追"说到做到,否则非好汉。生而为人,为中国人,我们做人做事最根本的是我们有中国人最独特的精神世界,有百姓日用而不觉的价值观,中国人历来讲求言必行、行必果。"根"的情怀、"心"的坚守、"信"的担当,这均是道德建设的根本,是为人的根本。

---

① 李学辉、杨先:《筑梦八步沙》,敦煌文艺出版社 2019 年版,第 13 页。
② 中共甘肃省委:《八步沙见证一份绿色的承诺》,《求是》2019 年第 16 期。
③ 李学辉、杨先:《筑梦八步沙》,敦煌文艺出版社 2019 年版,第 23 页。

第六章
以"八步沙精神"讲好甘肃故事展现甘肃形象

　　甘肃是一个有故事的地方，更不缺乏生动的故事，关键在于讲好这些故事。以故事启迪思想、引起共鸣、弘扬正能量、培育社会主义核心价值观。八步沙"六老汉"三代人治沙造林精神，是新时代甘肃人民自强不息、苦干实干、奋斗圆梦的精彩动人的故事，是甘肃精神的新时代诠释和陇人品格的新时代风貌展现。学习时代楷模精神，讲好甘肃故事、展现甘肃形象，是深入贯彻落实习近平新时代中国特色社会主义思想和党的十九大精神的现实呼应、是谱写加快建设幸福美好新甘肃，不断开创富民兴陇新局面的时代篇章、是让全国乃至世界认识甘肃的发展与变化了解甘肃对国家的责任和担当的重要时机。

第一节　"八步沙精神"是甘肃精神新时代的诠释

一、甘肃精神的形成

（一）"苦脊甲天下"的背景是甘肃精神形成的社会根源

　　甘肃精神的形成有其深厚的社会根源，第一，近千年间，甘肃这块土地上真可谓烽火连天，战乱不断，环境遭到严重破坏，经济逐渐萧条，生灵涂炭，百姓居无定所，昔日"天下称富庶者无如陇右"的甘肃，最终变成了"陇中苦瘠甲于天下"的贫瘠之地。第二，甘肃省处在蒙古高原、黄土高原、青藏高原的夹道之处，这种特殊的地理环境形成了甘肃省复杂的气候特征。以黄河为界限，河东地区以山区为主，大部分属于季风性气候，夏季雨水较多、冬季也时常降雪。而河西地区地形较为平坦，主要以戈壁滩、沙漠地貌为主，属于干旱性气候、沙漠气候，夏季干旱少雨，冬季干燥少雪，复杂的气候环境对甘肃经济的发展具有很大的影响。第三，甘肃地处内陆，长期封闭落后。近代以来，受旧社会风气的影响，封建思想、文化在甘肃这块狭长的大地上留下了深深的烙印。妇女缠足、包办婚姻、女子不上学等一系列封建思想导致甘肃生产力落后、教育落后、思想落伍，经济生活发展水平长期落后。

（二）"穷则思变"是甘肃精神形成的哲学依据

"穷则思变"是人类由被动转向主动最原始的思考。《周易·系辞下》："《易》穷则变，变则通，通则久。"①《吕氏春秋·博志》："全则必缺，极则必反。"宋·朱熹《近思录》引宋·程颐曰："如《复卦》言七日来复，其间无不断续，阳已复生，物极必反，其理须如此。"司马迁在《史记·田叔列传》写道："夫月满则亏，物盛则衰，天地之常也。"② 主要指事物发展到尽头就要向相反的方向发生变化。马克思主义唯物史观指出：任何事物之间都是有矛盾的，且因内部对立统一的矛盾而发展运动，逐渐由量变引起质变，在一定的条件下走向另一个方面，这是社会发展的基本规律。新中国成立以来，尤其是改革开放之后，甘肃人民在极其"苦"、"穷"的生活条件下，努力寻找出路。为了跟上时代步伐、为了脱贫攻坚、为了让自身的发展能更好地融入整个社会、为了给国家和社会的发展作出杰出贡献，甘肃人民俯下身子、低下头颅认真地往前走着。"功夫不负有心人"，多年来，甘肃人民生活水平迅速提高，生产力水平也迅速提高。改革开放初期，全国约有 1.2 亿贫困人口，甘肃省的贫困人口约占全国贫困人口的 10% 有余。"2018 年甘肃省减少贫困人口 77.6 万人，贫困发生率由 9.6% 降到 5.6%。18 个县区退出贫

---

① 《周易·系辞下》。
② 《史记》卷一百四十《田叔列传》。

困序列，贫困县从 75 个减少到 57 个，这是国家设定贫困县以来甘肃省第一次实现贫困县数量净减少。'两州一县'减少贫困人口 12.75 万人，贫困发生率由 12.57% 降到 7.4%。全省建档立卡人口人均可支配收入由上年的 4800 元增加到 5390 元，增长 12.3%。"① 人民生活水平在很大程度上有了提高，城乡居民在教育、医疗、卫生、文化等方面都有所改善，人民群众的幸福指数明显提升。

（三）提高生活水平、改善人居环境是"甘肃精神"形成的动力源泉

提高生活水平、改善自身所居环境是人类在追求生存发展过程中最原始、最本质的理想。马克思认为："物质生活的生产方式制约着整个社会生活、政治生活和精神生活的过程。"② 人类创造历史的首要前提就是满足自身物质生存的条件，即吃喝住行等问题，然后才能从事政治、教育、艺术、宗教、文化等系列活动。多年来，甘肃人民始终艰苦奋斗，为改善自身以及后代的环境不懈努力。特殊的地形、复杂的气候、自然灾害以及历史上的战乱使甘肃省荒漠化逐渐加重。截至 2014 年，甘肃省荒漠化土地面积 1950.20 万公顷，占监测区面积的 77.1%，占全省土地总面积的 45.8%。其中干旱区荒漠化土地面积 1018.20 万公顷，占荒漠化土地总面积 52.2%；半干旱区荒漠化土地面积 669.58 万公顷，占 34.3%；亚湿润干旱区荒漠化土地面积 262.41 万公顷，占 13.5%。风蚀荒漠化土地面积 1584.42 万公顷，占荒漠化土地总面积 81.2%；水蚀荒漠化土地面积 278.93 万公顷，占 14.3%；盐渍化荒漠化土地面积 71.83 万公顷，占 3.7%；冻融荒漠化土地面积 15.03 万公顷，占 0.8%。另外，沙化面积和趋势也比较大，全省有明显沙化趋势的土地面积 177.55 万公顷，占全省土地总面积的 4.2%。③ 但是，为了抑制沙漠化和土地沙化的进程，甘肃人民，尤其是处于干旱气候区的河西走廊人民，始终为治沙事业不懈奋斗。荒漠化土地

---

① 《2019 年甘肃省政府工作报告》，《甘肃日报》2019 年 2 月 26 日。
② 《马克思恩格斯选集》第 2 卷，人民出版社 1995 年版，第 32 页。
③ 《甘肃省第五次荒漠化和沙化监测情况公报》，《甘肃日报》2016 年 6 月 16 日。

面积由 2009 年的 1969.33 万公顷减少到 2014 年的 1950.20 万公顷，5 年内减少了 19.13 万公顷。甘肃省 2014 年沙化土地面积比 2009 年减少了 7.42 万公顷，年均减少 1.48 万公顷。从程度上看，轻度、中度和重度荒漠化土地呈增加趋势，五年间共增加 30.30 万公顷，极重度荒漠化土地面积减少 49.43 万公顷。① 由此可见，近年来甘肃荒漠化呈现出了"整体遏制，持续缩减"的良好态势。

党的十八大以来，甘肃省在全面深入贯彻和落实习近平生态文明思想方面作出了很大努力，认真践行和诠释了"绿水青山就是金山银山"的科学命题。全省十四个市州根据各自不同的生态条件、地理环境、气候特征等制定不同的方针政策，坚持科学的生态理念，为推动绿色发展新格局而奋战。以武威市为例，经核查武威市 2019 年 1 月至 8 月就在"坚持生态发展、实现绿地倍增、改善人居环境"方面取得了很大成绩。

古浪县是国家集中连片特困地区甘肃 58 个贫困县之一，也是甘肃 23 个深度贫困县之一，县境内干旱少雨，自然条件严酷，脆弱的生态环境一直是制约全县社会经济可持续发展的重要隐患。自从 1978 年三北工程启动以来，到 2018 年时，累计完成投资 7719 万元，其中国家投资 6538.4 万元，省级投资 7.9 万元，市级配套资金 2 万元，地方配套及群众投工投劳折资 1170.7 万元。累计完成人工造林 76.95 万亩（保存面积 60 万亩），封山（沙）育林（草）98.85 万亩，森林覆盖率由新中国成立初期的 1.3% 提高到了现在的 12.2%。基本上控制了 132 公里长的风沙线，初步治理了八步沙、明沙咀、黄沙梁等 20 多个危害比较严重的内陆沙丘和重点风沙口，保护了沙漠前沿 792 个村庄，70 多公里铁路，170 多公里公路，20 多万亩农田免受风沙侵袭，有效遏制了风沙危害。② 在涵养水源、保护农田、防风固沙、改善气候、美化环境、发展经济等方面发挥了重要作用。

---

① 数据来源于《甘肃省第五次荒漠化和沙化监测情况公报》，《甘肃日报》2016 年 6 月 16 日。

② 数据来源于古浪县三北防护林工程建设 40 周年总结，古浪县委办公室提供。

二、甘肃精神的提出与具体体现

一方水土养一方人，一方人撑起一方天地，形成反哺，互为因果关系，相辅相成，构成了一个完整的生存世界。在历史车轮的助推过程中，甘肃人取长补短、发挥自身优势和本地方优势，最终形成了符合甘肃人性格特征和精神面貌的"甘肃精神"。

曾经担任过甘肃省委第一书记的宋平同志曾经说过："甘肃这个地方自然条件比较差，在这儿工作就是要有'人一之，己百之；人十之，己千之'的精神。要付出努力，甘肃就大有希望。"①2007年4月，中国共产党甘肃省第十一次代表大会上的报告明确提出："在长期同严酷自然环境的不屈抗争中，在革命、建设和改革发展的伟大实践中，造就了陇原儿女独特的精神风貌，形成了以'人一之、我十之，人十之、我百之'为核心的甘肃精神。这种精神包含了艰苦奋斗、不怕困难、崇尚实干、不甘落后、坚韧不拔、锲而不舍、奋发有为等含义，具有广泛的群众基础和强大的生命力。"②

"人一之、我十之，人十之、我百之"源自中国古代儒家经典《礼记·中庸》，原文为："博学之，审问之，慎思之，明辨之，笃行之。有弗学，学之弗能，弗措也。有弗问，问之弗知，弗措也。有弗思，思之弗得，弗措也。有弗辨，辨之弗明，弗措也。有弗行，行之弗笃，弗措也。人一能之，己百之。人十能之，己千之。果能此道矣，虽愚必明，虽柔必强。"③ 这句富含哲理的话包含了甘肃人做事的态度、做事的方法，可以说是千百年来，甘肃人改变贫穷落后面貌的"法宝和利器"。在艰苦的环境中，狠下心来、俯下身子，总结经验教训，用别人十倍甚至百倍的力量去奋斗，这种精神是民族精神、时代精神的具体体现。仔细研究，我们发现甘肃精神在陇原大地上具体体现可谓"百花绽放"，并且涉及不同的领域。

---

① 范鹏：《话陇点精——甘肃精神甘肃人》，甘肃人民出版社2019年版，第21页。

② 陆浩：《全面贯彻落实科学发展观　奋力开创甘肃又好又快发展的新局面——在中国共产党甘肃省第十一次代表大会上的报告》，《甘肃政报》2007年第9期。

③ 《礼记·中庸·第二十章》。

1. 革命时期甘肃精神的体现。革命时期甘肃精神主要以"南梁精神"为代表。"南梁精神"是优秀的革命精神。20 世纪 30 年代，刘志丹、谢子长、习仲勋等共产党人在领导陕甘边区，创建陕甘边根据地过程中形成的伟大的革命精神，它与建党时期昭示共产党人初心和使命的"红船精神"一脉相承，在中国共产党整个革命精神谱系中处于承前启后、继往开来的重要地位。"南梁精神"指导下所形成的陕甘边革命根据地是保存革命火种的重要地方之一。同时"南梁精神"是毛泽东早期思想在陕甘边区的重要实践，可以将此概括为："恪守信念、矢志不渝的奋斗精神；勇于创新、锐意进取的开拓精神；忍辱负重、团结协作的大局精神；实事求是、勇于纠错的务实精神；忠诚于党的伟大事业的奉献精神；建设苏区、勤政为民的公仆精神。"① 弘扬"南梁精神"就是弘扬革命的红色基因，纪念先烈，缅怀历史，立足当下，启发未来。

2. 中华人民共和国成立后甘肃精神的体现。新中国成立之后，甘肃精神主要以会宁"三苦两乐精神"、酒钢"铁山精神"和庄浪"梯田精神"为代表。

第一，会宁"三苦两乐精神"是打教育"翻身仗"的精神。会宁地处西北地区，属于国家级贫困县，自然条件异常艰苦，常年干旱。恶劣的自然条件严重制约着生产力的发展、人的思想极其落后。但是会宁教育成绩却非常优秀，每年取得的成绩令人震惊，这源于会宁人在长期艰苦办教育过程中形成的"三苦两乐"，主要指："领导苦抓为教育之要；家长苦供为教育之基；社会苦帮为教育之源；教师乐教为教育之本；学生乐学为教育之魂。"②"一等人忠臣孝子、两件事读书耕田"是会宁百姓推崇的人生信条。千百年来，中国的农耕文化形成了"耕读"文化，一边田间劳作，一边读书。这是一种满足自身需求的同时，追求更高价值的过程。会宁人始终坚持"知识改变命运"的原则，他们认为知识是改变个人、家庭命运和全县的贫穷面貌的唯一途径。多年来，家长、学生、学校他们在"就学、求学、教学"之路上"苦干、苦学、苦教"，最后走出了一条贫困地区自力更生、艰苦奋斗办教育的

---

① 刘治立：《论南梁精神》，《西安干部学院学报》2012 年第 2 期。

② 甘孝礼：《会宁"三苦两乐"教育精神的时代内涵》，《甘肃日报》2013 年 4 月 19 日。

实践之路，创造了薄弱经济基础支撑下的庞大教育体系，成为其他贫困地区办教育的现实榜样。

第二，酒钢"铁山精神"是一种创新的企业文化精神。1958年，酒钢建设开始吹响号角，来自全国各地大约3000名矿山建设者，义无反顾地挺进祁连山深处，在这片荒无人烟、空气稀薄、寒冷不堪、干燥少雨的土地上开始作业。在那个特殊年代里，各种机械设备非常落后，酒钢的矿山职工凭着坚强的毅力，硬是靠双手打眼掘井，靠人背肩扛运送开矿材料，用血汗书写了一幅红色的历史画卷。1984年5月，酒钢公司党委副书记马忠朴到镜铁山检查工作，了解到矿里基本情况，深受感动，提出"铁山精神"，认为应该充分挖掘和提炼这种精神，并在全公司推广。"铁山精神"可以概括为："艰苦奋斗、无私奉献、勇于创新、开拓前进。""铁山精神"是酒钢建厂以来的几代创业者和建设者用勤劳、心血、汗水和智慧经过长期奋斗拼搏、孕育创造和提炼升华的宝贵财富，是酒钢的企业精神、也是冶金系统的六大精神之一，"铁山精神"塑造了矿山工人和钢铁工人的思想、面貌、形象与价值追求。

第三，庄浪"梯田精神"是黄土中铸就的奋斗精神。主要内涵为："实事求是、崇尚科学、自强不息、艰苦创业。"[①]庄浪县地处西北山区，自然条件极差，是出了名的贫困县，1982年，时任庄浪县委书记的李文

图16　八步沙事迹登上《人民日报》头版

---

① 贾晨光等主编：《庄浪史话》，甘肃文化出版社2007年版。

清顶着巨大的压力，提出"宁要干着吃，不能坐着吃。"① 毅然把紧俏的回销粮与修地挂钩，将庄浪的梯田建设由低潮推向新高潮。尽管因为"决策出格"受到批评，但是他还是决然指出："哪怕困难大过天，也要修好咱们的梯田。"②"再苦也要给子孙把地修平哩！"为了这个朴实的理想信念，庄浪县数届领导班子始终坚持密切联系群众，手握修梯田的"接力棒"，带领全县广大群众，接续奋斗、勤劳苦干，用生命和血汗重新塑造了这一方黄土地。庄浪梯田在很多方面改善了群众的种植条件，提高了群众的生活水平，同时也在千沟万壑的黄土高原上创造出了一道亮丽的风景。这个地处六盘山西麓的县修出了全国第一个"中国梯田化模范县"，也修出了令世人称赞的"庄浪精神"，可以说这是一部气壮山河的创业史、奋斗史。

3. 新时代甘肃精神的体现。2019 年 8 月 21 日，习近平总书记亲临古浪县八步沙林场视察时强调，八步沙林场"六老汉"的英雄事迹早已家喻户晓，新时代需要更多像"六老汉"这样的当代愚公、时代楷模。要弘扬"六老汉"困难面前不低头、敢把沙漠变绿洲的奋斗精神，激励人们投身生态文明建设，持续用力，久久为功，为建设美丽中国而奋斗。③2019 年 11 月 3 日，中国共产党武威市第四届委员会第十次全体会议通过了关于将八步沙"六老汉"三代人"困难面前不低头，敢把沙漠变绿洲"的当代愚公精神作为新时代武威精神的决议。"八步沙精神"是新时代初心和使命的统一、责任和意志的结合、挑战和机遇的融合，传承着新时代的精神风貌，讴歌着人民群众为改变家乡面貌和自我生存环境而艰苦奋斗、坚韧不拔、天道酬勤的高尚品质。

纵观甘肃历史，可以说甘肃精神的形成和发展就是甘肃人民的奋斗史、发展史。甘肃精神基本内涵可以概括为：开动脑筋、千方百计、敢想敢干的魄力；坚韧不拔、顽强拼搏、攻坚克难的勇气；求真务实、不等不靠、不怨

---

① 贾晨光等主编：《庄浪史话》，甘肃文化出版社 2007 年版。

② 周斌：《纪事·观察：庄浪：梯田人的故事》，《甘肃日报》2009 年 11 月 9 日。

③ 《习近平在甘肃考察时强调：坚定信心开拓创新真抓实干 团结一心开创富民兴陇新局面》，《人民日报》2019 年 8 月 23 日。

天尤人的气节；大公无私、心怀仁爱的家国情怀。新时代，发展需要这样的精神，改革同样需要这样的精神，创业需要这样的精神，创新同样需要这样的精神。

三、新时代甘肃精神的发展

无论哪一种精神，都会随着时间的推移和实践的深入，不断丰富发展、完善，精神品质本身就是开放的、兼收并蓄的，一旦将它固定起来，就会走向衰败。甘肃精神也不例外，它会随着时代的发展不断更新、不断增加。今天，"八步沙精神"被确定为新时代的武威精神，为新时代甘肃精神增添了活力、丰富了内涵。

1.对原有品质的继承和发展。一种精神的产生并不是偶然的，它具有时代的感召和历史的印记，是对历史发展中其他精神的继承和发展。甘肃省在三北防护林工程建设中，明确提出"治穷必先治山治沙，治山治沙必先兴林"，并号召全省人民要发扬"人一之，我十之；人十之，我百之"的拼搏精神，坚持不懈地植树造林、改善生态。"八步沙精神"是在生态文明建设的伟大实践中对"人一之，我十之；人十之，我百之"的甘肃精神的继承和发扬。八步沙"六老汉"三代人，以"愚公行为"书写了还原绿色的壮举。

　　　　六老汉、两代人，生命还原绿色；
　　　　八步沙、三十载，青春立锁黄龙。

这是2010年为庆祝八步沙林场成立30周年时，国家二级编剧，中国戏剧家协会会员，中国楹联学会会员董汝河①所作的一首诗。对河西走廊人民

---

①　董汝河，1946年生，河北枣强人。国家二级编剧，中国戏剧家协会会员，中国楹联学会会员。曾任张家口市文联协会部主任，张家口市戏剧家协会主席，张家口诗词协会副会长，张家口市楹联学会副会长，等等。1978年开始参加征联活动，曾多次获全国各级各类奖项，获2008年度中国对联创作奖金奖提名。小说及诗联作品入选《中国当代诗词家大典》、《中国当代楹联家大典》等。

而言，保住绿洲、才能保住家园。在同风沙斗争的前进过程中，在建设美丽中国、绿色中国的道路上，需要"八步沙精神"，更需要千万个像八步沙林场这样的典型发展集体。八步沙"六老汉"三代人治沙造林先进事迹已经传遍了整个神州大地，这是全党、全社会树立生态美、产业优、百姓富的美好家园意识的大好时机。

2.对担当与责任的深化。"八步沙精神"背后蕴含着人类对自然界和子孙后代不可推卸的责任与担当。研究甘肃精神，我们发现甘肃精神具体涵盖了革命、企业文化创新建设、教育、梯田（生产资料）等多方面。而"八步沙精神"是甘肃人民在沙漠中寻求生机、寻求发展之路的精神，为甘肃精神增添了新内容，注入了新活力，是符合新时代、新发展理念、顺应时代潮流的"正能量"。八步沙"六老汉"三代人展现了处于沙漠地带的河西走廊人民为了吃上饭、维护家园的担当；实现"经济＋绿色"双赢、造福乡民的担当；科学治沙、创新治沙，走永久发展路子的担当。这背后蕴含的是人类在思考自己在自然界的地位之后，逐渐走向"生态人"的姿态，是对自然界和人类本身的高度负责的体现。

3.对科学与创新的发扬。马克思指出："正象人呼吸需要肺一样，人要在生产上消费自然力，就需要一种'人的手的创造物'，大工业把巨大的自然力和自然科学并入生产过程，必然大大提高劳动生产率。"① 这里的"创造物"就是人根据现有的情况，在工业文化的基础上所发明、创造出来的科学力量。生产力的提高需要人把自身的自然力与创造出来的外力相结合，促进生产力进一步发展，这里就充分体现了创新对于生产力发展的重要性。另外，邓小平关于"科学技术是第一生产力"的科学论断也充分表明了科学的力量在现代社会发展中起着举足轻重的作用，由此可见，科学与创新并举无疑堪比促进人类社会发展进步的"利刃"。八步沙"六老汉"三代人在治沙的过程中始终坚持唯实创新，不断探索、尝试，从治沙造林的方式、肉苁蓉嫁接技术的使用、打井取水的选择、经济作物的种植、"溜达鸡"的养殖、

① 《马克思恩格斯全集》第23卷，人民出版社1972年版，第424页。

八步沙林场长久的发展路子等多方面均有深刻体现，这样的精神是八步沙林场取得丰硕成果的主要原因，也是八步沙林场未来实现长久发展的主要力量。坚持科学与创新的价值观是人类永恒的发展要素，突破现有的状态，探索真理、发现规律才能促进社会生产力与生产关系相适应，推动社会发展。

第二节　"八步沙精神"是陇人品格新时代的风貌展现

一、"陇"、"陇人"及"陇人品格"

"陇"是甘肃省的简称，常指甘肃省内的大陇山，因此而得名。据《后汉书·西羌传》记载，周赧王四十三年（前272年），秦灭义渠国，于其地置陇西郡、北地郡二郡。唐贞观元年（627年），甘肃这一带称为"陇右道"，为十道之一。从此，"陇"作为甘肃这一带的简称被广泛应用。"陇人"是一个地域范畴概念，同时是一个群体概念，即表示长期以来居于甘肃的人口，具有动态性、民族性。马克思认为："人的本质不是单个人所固有的抽象物，在其现实性上，它是一切社会关系的总和。"① 人的品格的形成也不是一蹴而就的，而是在历史的长期发展中，经过现实的考验和自身在磨炼的过程中逐渐形成的。在汉语里"品格"主要是指品性、性格，同时也指文学、艺术作品的质量和风格，物品的质量、规格等。品格是一个人的基本素质，它决定了这个人面对人生处境的模式。与品格相近的有品行、人格、品德、素养等。原甘肃省委书记陆浩②同志曾经在甘肃省省志的总序中对甘肃精神和品格特征作出过最精炼的概括，他说："甘肃是多民族聚集地，在与严酷的自然环境和各种反动势力斗争中，铸就了各族人民淳朴敦厚、诚信友善、性情

---

① 《马克思恩格斯选集》第1卷，人民出版社1995年版，第60页。

② 陆浩（1947年4月—　）男，河北省昌黎县人，研究生学历，兰州大学化学系毕业。原中共甘肃省委书记，甘肃省人大常委会主任。全国人大常委会2011年12月31日经表决决定任命陆浩为全国人大外事委员会副主任委员。

豪放的性格特征,不畏强暴、刚正尚武和勇于牺牲的爱国情操,百折不挠、坚韧不拔和'人一之,我十之'的顽强毅力,这些优秀品质是中华民族伟大精神的重要组成部分。"① 他的言论体现了陇人最优秀、最明显的品质特征。多年来,甘肃一直强调"弘扬甘肃精神,再塑陇人品格"。甘肃精神与陇人品格相互联系,甘肃精神映射着陇人品格,陇人品格铸造了甘肃精神。新时代,培育和弘扬甘肃精神,提升陇人品格对于凝聚人心、鼓舞干劲、促进经济社会发展进步具有重要的意义。

二、"陇人品格"的主要内涵

1. 海纳百川、有容乃大的包容。唯物史观告诫我们社会是人的社会,人是社会的人,人是社会关系的综合。"陇人"最明显的品格特征就是"包容",一方面,陇原大地上曾经生活过众多的少数民族,不同的民族特征、语言、风情、习俗等都留下了痕迹,直到今天甘肃省仍然是一个多民族世居的省份。在历史发展的过程中,民族之间不断交流、融合,使各少数民族之间、汉族和各少数民族之间都相互有了彼此的文化符号。另一方面,古丝绸之路的影响以及张骞出使西域,使东西方文化在甘肃碰撞并留下印记,对甘肃的发展和人的品格也产生过深远影响。今天,我们所使用的某些生产工具、种植的某些作物、沿用的某些习俗都具有千百年前的国际气息,这些客观的历史事实是陇人"包容"品格的重要因素。

2. 不磨不炼、不成好汉的勤劳。人的品格形成同样离不开所在地文化的影响。甘肃,这样一个宛若玉如意一般的地带,以黄河为界,河西地区一切生活用水几乎全靠祁连山供给,河东地区则基本靠天吃饭。每当遇到气候异常的年份,庄稼收成不好,就会造成一系列社会问题。为了改变现状,"陇人"始终依靠勤劳的双手,在这片黄土地上生存着,他们始终相信,只有"勤"才能达到收获的目的,只有"勤"才能实现理想信念,只有"勤"才能不拖

---

① 甘肃省地方史志编纂委员会、甘肃省社会科学志编纂委员会编纂:《甘肃省志·社会科学志》,甘肃人民出版社 2007 年版,第 5 页。

国家后腿。不靠老天、要靠双手成为"陇人"最永恒的理想信念，靠这个简单朴素的理想信念，陇原大地飞速发展，人民群众精神面貌焕然一新。

3.千磨万击、不屈不挠的韧劲。1876年，时任陕甘总督的左宗棠在前往新疆平叛途中，经陇西入会宁，沿途看到土地瘠薄、民不聊生的境况后，便给光绪帝写下了"凋耗殊常，陇中尤甚。弥望黄蒿孤城，人间阒寂……陇中苦瘠甲于天下"的奏章。对陇原大地的生活条件、自然环境、社会发展程度做了盖棺定论。不言而喻，这也是人尽皆知的事实。甘肃贫穷的面貌在近代是出了名的，自然条件的现实、封闭落后的环境都是造成"苦"的重要因素。但是，就是因为这种"苦"造就了苦的人格。在这种"苦"的条件下，人们为了生存生活，不得不更加自觉地发挥主观能动性，不得不与自然抗衡，与自己挑战，最终形成了质朴、勤俭、忍耐的品格。

4.润物无声、只留清气的无私。古人云："随风潜入夜，润物细无声"、"不要人夸好颜色，只留清气满乾坤"。这两句有名的诗句描绘的是春雨无私地滋润着大地和梅花在寒冬时节默默给世间带去芬芳的样子，它们的共同点就是无私、不求索取，这和那些默默奉献社会、不求功名利禄的人是一样的，他们把所有的价值都奉献给了别人，却从未要求回报，这样的精神就是大公无私。

无论是"南梁精神"、"酒钢精神"，还是新时代八步沙"六老汉"三代人治沙造林的"愚公精神"，背后所表现出的人的共性就是"奉献"，敢于奉献、勇于奉献，奉献社会、造福他人，这正是"陇人"的价值体现。当然，还有无数平凡的人，在不同的社会阶层，在不同的岗位上，默默无闻地奉献着自己的一生。就是这些千千万万的奉献者，默默地创造着造福于整个社会的价值，推动着社会的进步。这样的精神是社会主义核心价值观的体现、是新时代物质文明建设和精神文明建设的精神元素、是实现共同富裕和人的全面发展的重要力量。

三、新时代陇人品格的丰富

陇人品格反映的就是陇原儿女对美好生活的追求，对构建和谐美好甘肃的期望。"八步沙精神"是新时代的愚公精神，背后所蕴含的人的品格正是新时代"陇人"品格的充分展现。弘扬"八步沙精神"就是弘扬甘肃精神，充实陇人品格的具体体现。勇挑重任、护卫家园的无私、豪放品质；勇于探索、唯实创新、不畏艰难、苦干实干的勤劳品质，矢志坚守、接续奋斗的坚韧品质，这些品质就是八步沙三代治沙人的品格体现。弘扬"八步沙精神"，提升陇人品格需要将社会主义核心价值观、习近平新时代中国特色社会主义思想，实现中华民族伟大复兴中国梦的目标相融合，最终体现陇人价值，实现陇人理想。

1. 把"小我"和"大我"辩证统一起来。"小我"是指个体的人或者群体的一部分，"大我"则是集体的概念。任何一个社会群体的构建和价值的形成，如果没有各具特色的"小我"，则不可能成就"大我"。因此，"小我"价值的实现是"大我"价值实现的基础，这也符合马克思主义关于"集体和个人"的理论。八步沙对于整个华夏大地来说，就是很小的一分子，八步沙"六老汉"三代人相对整个华夏儿女来说就是"小我"的力量。但是，今天八步沙所实现的价值和精神力量却感动了整个中国。他们的力量就是"小我"力量的汇聚，八步沙今天的价值就是三代治沙人"小我"价值的汇聚。在党的十九大报告中，习近平总书记为中国未来发展提出了新时代"三步走"的发展战略。为了实现发展目标，跟上全国发展步伐；为了展现新时代甘肃精神新面貌，体现陇人品格新状态，需要把"大我"和"小我"的初心与使命结合起来，推动甘肃发展上台阶。

2. 把"智"和"志"结合起来。"智"顾名思义"智慧、力量、智力"，"志"则是"志气、志向、目标"。"八步沙精神"的最核心力量就是"志和智"的结合，即自我发展、内生发展。唯物史观认为内因是事物发展的根本力量，外因则起着加速或者阻碍事物发展的作用。"志"是发展进步的前提，更是催生"智"的源泉。新时期，陇人品格的提升需要将"智与志"结合发展的路子继续推广。在面临全面建成小康社会的紧急关头，大力弘扬"八步沙精神"，坚持独立自主、团结协作，坚持"志与智"相结合，促进社会发展、促进个人发展。

3.把初心使命和价值实现结合起来。古人云："有弗行，行之弗笃，弗措也。"① 这句话的言外之意是说：做一件事情，要么做好、要么不做，这也是君子求学、为学的基本之道，是实现目标、价值的基本保障，也是"八步沙精神"的根本所在，即：坚持理想信念，坚持目标价值。认准了就坚持走下去，瞄准了就坚持干下去，这是八步沙"六老汉"三代治沙人38年的理想信念，实现沙退人进，建设美好家园是他们的价值目标，也是初心和使命。将"八步沙精神"化为新时期陇人品格的一部分，促进我们实现个人梦、甘肃梦、中国梦。不忘初心、牢记使命、方得始终。初心，凝聚力量，使命，催人奋进。无论是对个人而言，还是对整个甘肃而言，在发展进步过程中，只有不忘初心，牢记使命，才能保证不会跑偏。把初心使命和价值实现相结合是弘扬"八步沙精神"提升陇人品格的必备步骤，是向全国、全世界展示甘肃形象的重要时机。

第三节　宣传"八步沙精神"展示甘肃形象、讲好甘肃故事

2019年8月21日，习近平总书记在甘肃省古浪县八步沙林场视察时将"八步沙精神"高度概括为"困难面前不低头，敢把沙漠变绿洲"的新时代愚公精神。可以说这就是"领袖的代言"，向全国乃至全世界推介了甘肃、宣传了甘肃、展示了甘肃。"八步沙精神"的故事就是甘肃的故事，展现的就是甘肃形象。因此，新时代讲好"八步沙精神"的故事是展现甘肃形象、讲好甘肃故事的重要时机、是时代主旋律的要求、同时是一项重大的政治任务。以故事见精神，以成就谈启示，有利于进一步强化广大干部群众对"生态兴则文明兴，生态衰则文明衰"、"绿水青山就是金山银山"的深刻认知，有利于在全社会形成"绿色发展、绿色生活"的浓郁氛围。

---

① 《礼记·中庸·第二十章》。

一、带着信念讲"八步沙精神"的故事

一方面，八步沙"六老汉"三代人治沙造林精神体现了共产党的理想信念。"六老汉"中有四人是共产党员，六人都曾担任村组干部，贺发林、张润元曾任村党支部书记，石满曾任村党支部副书记，38 年前，作为共产党员的石满老汉不畏艰难险阻，第一个站了出来，将全部心血倾注于治理沙漠。他临死之前，叮嘱后代将他埋在曾经奋斗过的沙漠，至死不渝，一生坚守着自己的初心和使命。"38 年以来，以共产党员为骨干的三代人，忠于使命、信守誓言、扎根荒漠、压沙造林，用生命和汗水成功击退了风沙的侵蚀，创造了令人震撼的绿色奇迹。"① 这样的理想信念所创造的奇迹驱使着我们自身必须具有坚定的信念，如此才能把"八步沙精神"的故事讲的透彻，讲的让人"信"而"行"。另一方面，"八步沙精神"是我们向全国展现甘肃形象、讲好甘肃故事的重要时机。对我们甘肃人来说，打造一种适合陇原儿女气质的品格，既可以促进陇原儿女团结奋进，也可以提升陇原大地的形象与知名度。八步沙"六老汉"三代人治沙造林的感人事迹又一次推介了甘肃、宣传了甘肃、代言了甘肃。为此，带着坚定的信念讲好"八步沙精神"的故事是一项政治任务。

二、带着感情讲"八步沙精神"的故事

讲好"八步沙精神"的故事，不仅要身体力行，也要投入真挚的感情，坚持真情投入、身心相融，唯有如此，才能真正直击心灵，打动人心，感染众人。八步沙"六老汉"三代人与沙漠抗争的事迹感人至深，正如《筑梦八步沙》这本书封面上写道："这不仅仅是六个人的故事，也不仅仅是六个家庭的奋斗，更不仅仅是三代人的梦想，这分明是人类探寻生存之路过程中对大自然的敬礼。"② 八步沙治沙斗沙还原绿色的历史是一部感人肺腑

---

① 《中共甘肃省委关于深入开展向"时代楷模"——古浪县八步沙林场"六老汉"三代人治沙造林先进群体学习活动的决定》，《甘肃日报》2019 年 4 月 17 日。

② 李学辉、杨先:《筑梦八步沙》，敦煌文艺出版社 2019 年版。

的历史，在这个过程中有无数个细节故事直击心灵、让人感动落泪。例如治沙接续传承过程中，父辈对后代的叮嘱和嘱托。这里面包含的不仅是父辈治沙的愿望，更是对无数子孙后代的责任和担当。我们常常讲一个人，知识再怎么渊博、理论再怎么扎实，但是做任何事情没有感情，都是苍白无力的，必然不会达到理想的效果。无论是讲述者还是收听者都是有血有肉、有灵魂的人。因此，有感情地讲出来的故事才有灵魂，才能具有号召力。"八步沙精神"需要我们晓之以理、动之以情，认真讲。但是，我们也要切记，必须坚持实事求是，不能夸大其词、虚构乱讲，这是"八步沙精神"持久"保鲜"不变质的前提，"八步沙精神"是实实在在的精神，是党和人民群众认可的精神。任何虚假、浮夸、不切实际宣传"八步沙精神"的行为都是对此的不尊重。

三、结合实际讲"八步沙精神"的故事

一方面，结合实际才能把"八步沙精神"的故事讲得更加完美、透彻。对武威市而言，学习和宣传"八步沙精神"就是要全面落实和贯彻习近平生态文明思想，下"绣花之功"打赢脱贫攻坚战、补齐全面建成小康社会的短板。对整个甘肃而言，学习和宣传"八步沙精神"就是要在全面落实习近平生态文明思想的基础上，为实现建设幸福美好新甘肃、开创富民兴陇新局面不懈奋斗。对全国而言，学习和宣传"八步沙精神"，要以党的领导为核心，以习近平生态文明思想为指导，坚持不怕吃苦、顽强拼搏、勇于创新，努力实现自我"造血"功能，为实现中华民族伟大复兴而奋斗。

另一方面，结合实际讲"八步沙精神"的故事也是将"八步沙精神"持久弘扬下去的前提。精神的生命力在于执行，把"八步沙精神"融入我们生活的细节中，实实在在地讲"八步沙精神"的故事，结合社会主义核心价值观，在各方面去实践是"八步沙精神"永葆活力的基础。对个人来说，我们都是社会的最小分子，家庭则是最小的单元，从自身做起，完善自己然后才能处理好家庭事务、社会事务乃至国家事务。用"八步沙精

神"指导我们干事创业,启迪我们做事不忘初心、牢记使命、主动担当,做忠诚干净担当的"好干部";用"八步沙精神"鞭策我们做合格的人,在社会上、在生活中、在家庭里、在职场上扮演好自己的角色,发扬中华民族爱国爱家、诚实守信、勤劳朴实、艰苦奋斗、敬老爱幼等优秀传统美德。

四、立足学术讲"八步沙精神"的故事

学术研究是一种站在宏观或者微观的角度深层次挖掘和提取真理、展现真相,并且成就崇高的精神修炼和精神境界的过程,是一种存在论、本体论意义上的学术生活方式,它能将追寻真理和自我理想及其实践统一起来。作为深层次的文化交流,它是还原事物本质最佳行为,具有科学性、实际性、理论性。青年作家甫跃辉①认为,写作是作者与世界的对话。同样,学术研究则是思想的碰撞与灵魂的撞击、是理论与实际的交织。高端的学术文章能将事物分析的面面俱到、能使人对同一种事物产生不一样的、全新的认知,还有诸如像学术研讨会、学术论坛等都是讲好"八步沙精神"的举措。2019年9月20日至22日,兰州大学与武威市委联合举办了以"习近平生态文明思想实践与八步沙'六老汉'三代人治沙造林精神"为主题的学术研讨会,受邀的知名专家学者站在不同学科角度纷纷畅谈自己的观点,对八步沙"六老汉"三代人治沙造林英雄事迹全面认识、解读,使其在学术界有了一定的声誉。不仅使"八步沙精神"再一次被宣传和弘扬,而且使"八步沙精神"在很多方面得到升华,并指导实践,为其他学习、传承和弘扬"八步沙精神"的人提供了基础。

---

① 甫跃辉,男,1984年6月生,云南保山人,复旦大学首届文学写作专业研究生。2006年在《山花》杂志发表第一篇小说《少年游》。中短篇小说有《上海文学》、《山花》、《大家》、《花城》、《中国作家》、《青年文学》、《长城》等。小说集《少年游》入选中国作家协会2011年度"21世纪文学之星丛书"。

第四节　综合运用多种媒体宣传"八步沙精神"

八步沙"六老汉"三代人治沙造林的先进模范事迹引起了广泛关注和巨大反响、掀起了广大群众学习榜样的高潮。各种媒介的参与度、宣传度也是空前的，各种视角的报道，使八步沙"六老汉"三代人治沙造林的先进事迹深入人心，学习、宣传和弘扬"八步沙精神"是时代的需要。

一、用平面传媒宣传"八步沙精神"

报纸、杂志等传统平面媒体是一种古老的、大众化的传播媒介。"八步沙精神"的宣传需要大众化、需要深入社会各个层面。因此，以平面媒体作为主要宣传媒介，具有长效性。文学作品作为平面媒体的传播媒介具有很强的影响力和感染力，它是引起思想共鸣、传播价值观的主要平台。习近平总书记强调："任何一个时代的文艺，只有同国家和民族紧紧维系、休戚与共，才能发出振聋发聩的声音。反映时代是文艺工作者的使命。"① 目前关于八步沙的文学作品屈指可数。如 2019 年 5 月由李学辉、杨先合著的文学作品《筑梦八步沙》还原八步沙"六老汉"三代人治沙历程的纪实文学作品，用文学的语言对这一感人事迹进行了艺术性表达。本书总共分 24 章，每章节都是以故事的形式，在纪实的基础上，用饱含感情的辞藻和语言还原了八步沙"六老汉"三代治沙人治沙过程中的点点滴滴。适逢八步沙林场成立三十周年之际，由赵国珍主编、黄海本编辑、郭万刚策划汇编的资料《六老汉筑碑

图 17　纪实文学《筑梦八步沙》

---

① 《习近平谈治国理政》第二卷，外文出版社 2017 年版，第 350 页。

八步沙》一书收录了1988年至2011年关于八步沙的32篇新闻报道和通讯、1990年至2004年各大媒体对八步沙的10篇评论杂谈、1990年至2007年著名作家徐刚以及广大文学爱好者的12篇散文、为庆贺八步沙林场成立三十周年面向全国所征集的优秀诗词歌赋13篇，脚本楹联4篇、附录4篇。陈玉福主编的长篇小说《八步沙》从"脱贫"角度出发，认为八步沙"六老汉"三代人治沙造林是在脱贫攻坚领域里进行的特殊"战役"。书中分析了三代人不同的价值追求，一代治沙人的朴素理想就是为了吃上饭、保护家园；二代治沙人的不懈追求就是为了创造经济效益、造福乡民；三代治沙人的新境界就是机械治沙、科学经营、走绿色致富之路，这本书可以说对三代治沙人的治沙信念和目标做了比较透彻的分析。

《人民日报》、《光明日报》都曾发表过数篇关于八步沙"六老汉"三代人治沙造林先进事迹的文章。《求是》杂志发表的《八步沙见证一份绿色的承诺》，《经济日报》发表的《中国梦实践者——三代人：治八步沙守绿家园》，《学习时报》发表的《初心在这里延续》，《甘肃日报》发表的《中共甘肃省委关于深入开展向"时代楷模"——古浪县八步沙林场"六老汉"三代人治沙造林先进群体学习活动的决定》、《八步沙，绿色何以永驻?》、《致敬八步沙（组图）》等多篇文章，《西部商报》发表的文章《六个老汉治服八步沙人进沙退荒漠变绿洲》、《兰州晨报》发表的文章《古浪：六老汉三代人缚住"八步沙"荒漠变绿洲》、《接力播绿37年三代"愚公"造林贡献不可估量》，《武威日报》发表的系列文章《八步沙治沙故事之一初心：立下愚公志沙漠变林海》、《八步沙治沙故事之二坚守：继承六老精神续写绿色华章》、《八步沙治沙故事之三希望：建设生态文明再造秀美山川》，《文艺报》发表的文章《八步沙：脱贫攻坚领域里的特殊战场》，《南京日报》发表的文章《"八步沙"38年变绿洲的启示》等文章。

对"八步沙精神"的宣传来说，平面传媒的传播者主要是广大文学爱好者和学术研究者。文学作品是时代的号角，可以吹响一个时代的主旋律，它是人民群众最可靠的精神食粮。"社会主义核心价值观是当代中国精神的集中体现，是凝聚中国力量的思想道德基础。广大文艺工作者要把培育和弘扬社会主义核心价值观作为根本任务，坚定不移用中国人独特的思想、情感、审美去创作属于这个时代、又有鲜明中国风格的优秀作品。"①"好的文艺作品就应该像蓝天上的阳光、春季里的清风一样，能够启迪思想、温润心灵、陶冶人生，能够扫除颓废萎靡之风。"② 由此可见，文学作品和学术研究文章对人的思想和价值观的影响较大。

俗话说："诗以言志、歌以抒情"。文学作品是最能传递和传承最真挚的情感的载体，是最永久、最长效的传播载体，而且能把某件事进行深层次、全方位挖掘，这也是其他载体所缺乏的。伴随着文学作品的往往是优美的词句带着真挚的情感，那种直击心灵的文字感是其他载体呈现不出来的。尤其是那些经过亲身体验和实际经历所创作出来的作品更能流芳百世，打动人心。习近平总书记指出："文艺创作方法有一百条、一千条、但最根本的方法是扎根于人民。"③ 因此，动员和号召广大文学爱好者挖掘"八步沙精神"找到灵感，创作诗歌、小说、散文等文学作品是宣传"八步沙精神"的主要途径。

为了认真学习贯彻习近平总书记"绿水青山就是金山银山"的生态文明建设重要思想，引导全国人民大力弘扬"六老汉"治沙精神，努力建设好美丽中国，以优异成绩迎接国庆七十周年，国家林业和草原局（国家公园管理局）于 2019 年 8 月 24 日至 25 日在武威市召开全国林草宣传工作会议。为配合全国林草宣传工作会议的召开，绿色中国行活动组织委员会决定全国林草宣传工作会议期间在武威市举办大型系列主题公益活动"绿色中国行——走进美丽武威"，由扮演周恩来的著名影视表演家刘劲 ④ 和央视主持人朗诵

---

① 《习近平谈治国理政》第二卷，外文出版社 2017 年版，第 351 页。

② 中共中央宣传部：《习近平新时代中国特色社会主义思想学习纲要》，学习出版社 2019 年版，第 149—150 页。

③ 中共中央宣传部：《习近平新时代中国特色社会主义思想学习纲要》，学习出版社 2019 年版，第 149 页。

④ 刘劲，男，1963 年 12 月 7 日出生于四川阿坝，中国内地影视演员，影视戏剧表演艺术家，中国人民解放军总政治部话剧团国家一级演员。1996 年出演《遵义会议》，饰演周恩来，从此成为特型演员。在《长征》、《延安颂》、《建国大业》、《周恩来在上海》等多部影视剧中扮演"周恩来"，颇受好评。

《六老汉和沙》诗歌。

谁能在万亩黄沙中种出绿色，

六老汉像六块倔强的石头

把自己钉在风沙的深处

八步沙，一个人只能迈出八步的生命的禁区

风沙可以吹走村庄、但吹不走故乡

谁说大漠没有水

昨天的泪水

今天的汗水都会变成明天的泉水

六老汉

六头负重的骆驼

38 年，21.7 万亩绿色

六个老汉，六个家庭

复活了一口叫做乡愁的水井

那井里有三代人的盼望

过程虽有些苦涩

最终舀出了甘泉

那片水中的蓝天

一半是结茧的汗滴

一半是幸福的家园

六个老汉

六棵植根于古浪大地的胡杨

站着，是时代不朽的绿色旗帜

倒下，是挺立人间的千年风骨

这种富有感情的朗诵，就有直击心灵的"穿透力"，像这样的诗歌可以作为文学素材，传递给更多的受众，达到的宣传效果非同一般。

　　另外，"八步沙精神"还能以歌谣的方式传播，这是一种较为迅速的传播方式，它渊源于人类劳动的呼声，是一种特殊的文学语言表达形式，是一种有效的宣传方式，从一首歌谣中，我们就能了解整个故事的头尾、能体会到真挚的感情，有效增强了传统传媒方式的灵活性和艺术性。由武威市第六中学音乐教师田佳创作的《追梦八步沙》这首歌以八步沙"六老汉"三代人治沙造林为素材，以打动心弦的节奏和绚丽、富含感情的歌词，向世人们讲述了八步沙的故事。由武威市青年词作家杨玉鹏 [①] 和知名作曲家韩刚 [②] 携手创作的《追着风沙走》就是一首从八步沙故事出发，表现新时代武威精神的赞歌。正如歌词中写道："追着风沙走、再苦不回头、用生命去坚守、一代一代写春秋、唯有梦不朽……。"两首赞歌均以艺术形式展现了"六老汉"三代人薪火相传、久久为功的治沙故事，彰显了他们"誓把沙漠变绿洲"代代相传的奋斗精神，同时充分体现了武威人民干事创业的精神气质和砥砺前行的昂扬斗志。另外，定期开展学习"当代愚公"书法、摄影、剪纸艺术等活动也是宣传的渠道之一，而且摄影和书法本身都具有很大的收藏价值，这些宣传方式都是可以提倡并弘扬的。

二、运用广电传媒宣传"八步沙精神"

　　广电传媒是继平面传播而发展起来的具有科技含量的传媒方式。在21世纪的现实生活中随处可见，如电影、话剧、电视剧等文艺、影视作品。相比平面传媒而言，广电传媒的速度更迅捷，它兼容电影、戏剧、文学、音乐、舞蹈、绘画、造型等现代艺术元素，这种传媒的最大优势就是能将文学作品活灵活现展示给公众，给人最直观的理解和感受，但是它的缺点就是不

---

　　① 杨玉鹏，甘肃武威人，青年词作家、中国音乐家协会会员，中国音乐文学学会理事，甘肃省音乐家协会会员，甘肃省作家协会会员，甘肃省文代会委员。甘肃省中青年"德艺双馨"文艺工作者。代表作有《甘肃老家》、《土豆花儿开》、《小花和小草》等。

　　② 韩刚，中国音乐家协会会员、中国石油音乐家协会副秘书长、中央企业音乐专业委员会会员。曾先后被授予"石油作曲家"、"十佳石油艺术家"荣誉称号，两次提名全国中青年"德艺双馨"文艺工作者。代表作有《哦，妈妈》、《再唱我为祖国献石油》等。

如文字般细腻，尤其是对人物的心理活动难以展现。广电媒体也具有很强的公信力，尤其对文化水平较低的群众来说，广电传媒方式更容易接受。

诸如像大型电视系列访谈节目：早在 1998 年，《东方时空》栏目就推出过关于"八步沙"的节目。《绿色中国十人谈》（武威篇）；"绿水青山看中国——中央媒体武威行"；"学习时代楷模、弘扬八步沙精神"巡回演出宣传活动；《焦点访谈》栏目播出的特别节目"八步沙的斗沙人"、《求是》微视频播出八步沙事迹等都属于广电媒体传播行为，现场聆听的人是最直接的收听者，录制成电视节目重播回放给众人的过程均属于广电传播。

以广电传媒形成对"八步沙精神"的宣传还存在很多空间。电视剧、影视剧、话剧等作品，虽然这些传媒方式往往要耗费很大的人力、物力和资力，但是却能使"八步沙精神"形成永久资料。因为，相比平面媒体而言，这种广电传播媒介一旦形成，就不存在时间和空间上的差异性，可以随时播放。而且能使受众以非常感官、生动地、迅速地了解事物的整个过程和概况。比如关于杨善洲同志先进模范的事迹，就拍成了由著名表演家李雪健饰演的《杨善洲》，如果在完全不了解或者不完全了解杨善洲事迹的情况下，观看《杨善洲》影视作品，短短两个小时，就可以对他的模范感人事迹进行了解。这部影视剧不仅是党员干部进行主题教育的重要文化题材，更值得每个人观看、学习。另外，杨善洲的感人事迹也拍成了电视连续剧，这种富有感染力的作品对人的价值观的影响是非常大的，所达到的效果也非常好。因此，可以把八步沙的故事写成剧本，翻拍成影视剧，形成涉及思想、意识、核心价值观、道德、艺术的综合体。这不仅有助于"八步沙精神"更深层次的传播、更有利于社会主义核心价值观和习近平生态文明思想的传播。习近平总书记认为，文艺创新要下功夫，要积累，要靠细节打动人，真实、感人的细节需要我们去挖掘。你们讲到的电视剧《海棠依旧》就有许多很真实、很感人的细节。① 在多元化社会发展趋势的影响下，

---

① 《为时代画像、为时代立传、为时代明德——习近平看望政协文艺界社科界委员并参加组会侧记》，《人民日报》2019 年 3 月 6 日。

人与人之间、社会不同阶层之间、民族之间价值观的差异性较为明显。而影视剧虽然在传播的过程中摸不着，但是通过收看影视节目会对人的思想、行为方式、价值观产生着潜移默化的影响，对社会主义核心价值观的建设也产生着较大的影响。

三、运用新媒体宣传"八步沙精神"

新媒体亦是一个宽泛的概念，利用数字技术和网络技术，通过互联网、宽带局域网、无线通信网、卫星等渠道，以及电脑、手机、数字电视机等客户终端，向用户提供信息和娱乐服务的传播形态。严格地说，新媒体应该称为数字化新媒体，如数字杂志、数字报纸、数字广播、手机短信、移动电视、网络、桌面视窗、数字电视、数字电影、触摸媒体等。相对于报纸、期刊、广播、电视四大传统意义上的媒体，新媒体被形象地称为"第五媒体"。

我们应该顺应互联网发展大势，增强应用型媒体的能力。就拿数字化阅读方式来讲，"数字化的传媒方式"在一定意义上有助于数字化阅读方式人群增加。相反，随着科学技术的迅速发展，数字化阅读方式人群的不断增加会促进新媒体传播方式的进一步发展。任何一种宣传方式和它的宣传内容都是互相联系、互相依赖的。今天，互联网正在媒体领域进行着一场前所未有的变革，可以说人们的生活已经离不开这些了。

新时代，伴随着科学技术的飞速发展和人的文化水平程度越来越高，人们接受新事物的能力也越来越强，数字化的收看方式已经不再是什么新鲜事儿了。由于生活节奏的加快，越来越多的人选择了这种便捷的学习方式，因此将"八步沙精神"的宣传形成体系纳入数字媒体，是时代的需要。据2018年第十六次全国国民阅读调查显示：近年来，数字化阅读方式的人群覆盖率、普及率越来越高。随着年龄的增长，接受数字传播的能力越差。相比而言，50周岁以下的人对数字化阅读接受率和使用率更高，30周岁以下的人使用率最高，这与年轻人接受新事物的能力有关。

相对传统媒体而言，新媒体传播速度更快、时效性更高、传播方式更便捷。"八步沙精神"的宣传和弘扬需要与时代相结合，与科学技术相结合。诸如微信、微博、博客、论坛、网络公众号、手机报以及网络电视等都是常见的新媒体传播客户端。新时代，我们要扬长避短、坚持和发展"融媒体"发展理念，充分利用媒介载体，把广播、电视、报纸等既有共同点，又存在互补性的不同媒体，在人力、内容、宣传等方面进行全面整合，实现"资源通融、内容兼融、宣传互融、利益共融"。"八步沙精神"和其他正能量的中国精神一样，在宣传和弘扬的过程中要坚持人民群众容易接受、普遍接受的方式方法，真正实现宣传有效。

第七章
"八步沙精神"是甘肃人民对
习近平生态文明思想的实践升华

党的十八大把生态文明建设纳入中国特色社会主义事业"五位一体"总体布局之中，习近平总书记着眼于世界文明形态的演进、中华民族的永续发展、我们党的宗旨责任、人民群众的民生福祉以及构建人类命运共同体的宏大视野，以宽广的历史纵深感、厚重的民族责任感、高度的现实紧迫感和强烈的世界意识，推动形成了具有中国特色的生态文明理论。

2018年5月18日至19日，全国生态环境保护大会在北京召开。这是党的十八大以来，我国召开的规格最高、规模最大、意义最深远的一次生态文明建设会议，习近平总书记发表的重要讲话，标志着"习近平生态文明思想"的正式形成，也是这次会议的最大亮点和取得的最重要理论成果。习近平总书记站在人类文明形态的高度，提出"生态兴，则文明兴；生态衰，则文明衰"；站在中华民族伟大复兴和中华民族永续发展的高度，提出"建设生态文明是中华民族永续发展的千年大计"、"根本大计"；站在党贯彻全心全意为人民服务宗旨的政治责任的高度，提出"生态环境是关系党的使命宗旨的重大政治问题"，"全党上下要把生态文明建设作为一项重要政治任务"；站在把生态文明建设作为满足人民群众对美好生活需要的重要内容的高度，提出我们的人民期待"更优美的环境"，"热切期盼加快提高生态环境质量"；站在把生态文明建设作为为世界发展提供中国道路、中国智慧、中国方案的重要内容的高度，提出中国将和世界各国人民一道，努力建设"山清水秀清洁美丽"的世界，"携手共建生态良好的地球美好家园"。①

习近平生态文明思想是对党的十八大以来习近平总书记围绕生态文明建设提出的一系列新理念、新思想、新战略的高度概括和科学总结，是习近平新时代中国特色社会主义思想的重要组成部分，是新时代生态文明建设的根本遵循和行动指南，也是马克思主义关于人与自然关系理论的最新成果。以习近平同志为核心的党中央以高度的政治自觉和理论自觉，把生态文明建设写入党章并推动全国人大把生态文明建设写入宪法，成为党和国家最根本的思想遵循和行动指南。对于动员全党全国全社会全民行动，推动我国生态文明建设迈上新台阶，具有重大现实意义和深远历史意义。

第一节　遵循了"人与自然和谐共生"的自然法则

习近平总书记指出"人与自然是生命共同体，人类必须尊重自然、顺应自然、保护自然。"② 建设生态文明，要以资源环境承载力为基础，以自然规律为准则，以可持续发展、人与自然和谐为目标，坚定走生产发展、生活富裕、生态良好的文明发展之路，建设美丽中国。人与自然的关系是人类社会最基本的关系。坚持人与自然和谐共生，是马克思主义生态观在当代中国的最新发展，是以习近平同志为核心的党中央深入把握经济社会发展规律、人与自然发展规律的重要理论创新，新时代坚持和发展中国特色社会主义的基本方略之一。这为科学把握、正确处理人与自然关系提供了基本遵循，彰显了对中华民族永续发展和人类未来的责任担当。

一、由生态破坏到因沙而穷

历史上的河西走廊地区，从秦汉开始，游牧民族和农业民族交织生活，

① 习近平：《推动我国生态文明建设迈上新台阶》，《求是》2019 年第 3 期。
② 《决胜全面建成小康社会　夺取新时代中国特色社会主义伟大胜利——在中国共产党第十九次全国代表大会上的报告》，人民出版社 2017 年版，第 50 页。

任何部落、民族要想在自己所处的环境中生存、发展，都得开发、利用当地的水土资源，而且还得要找到适应自己所处地理、气候等环境的开发利用水土资源方式。"伴随着农牧民族交替入主该地区，就必然引起区域内水土资源开发利用方式的更替变迁。即如果农耕民族进入该地区就会大力推行自己所熟悉的农耕这种水土资源开发利用方式，相反游牧民族则大力推行畜牧这种水土资源开发利用方式。这样就形成了河西走廊地区历史上农牧两种水土资源开发利用方式的反复交替推行、采用的现象。"① 明长城贯穿古浪境内永丰滩、黄花滩、土门、泗水、定宁、西靖、大靖、裴家营、直滩、十八里堡、黑松驿等 11 个乡镇，全长 151.1 千米，是北方游牧民族与中原农耕民族的争战之地。明代万历年间之前，蒙古族不断入侵游牧，骚扰破坏。明朝统治者采取"放火烧山"对策，每年冬初派军队在滩川地区和浅山一带放火，焚烧草木，堵塞泉眼，以好使入侵者"无水草可恃"，"不攻自退"，致使滩川、浅山林木全部被毁，地表裸露。民国三十年（1941 年）之前，三马（马麟、马廷勷、马步青）轮番统治，"滥伐大盛，驻军居民，竞相采伐，山中番民，见其苦心保护之林木为人采伐，始则痛心疾首，欲反抗而不能，继亦起效尤，无所顾及，于是，祁连山中仅有之水源林，亦先后破坏，其所存留者，概去悬崖之上，人马交通不使之处，然亦疏落不济，非复昔日葱葱郁郁之天然林可比矣"，生态环境遭到严重破坏。②

腾格里沙漠南缘，腾格里蒙古语为天，意为茫茫流沙如渺无边际的天空，故名。腾格里沙漠形成的两个主要原因，就是干旱和风。加上人们滥伐森林树木，破坏草原，令土地表面失去了植物的覆盖，沙漠便因而形成。八步沙是腾格里沙漠南部边缘向南凸出的一片沙漠，据说，100 多年前，这里只有八步宽的沙口子，所以叫作"八步沙"。还有一种说法是，因为沙粒细小如针尖，脚踩上去后，很容易陷进去，人畜经过时，都得把腿脚往上拖拉出来，一步一步慢慢前行，故名"跋步沙"。八步沙占地 7.5 万亩，随着

---

① 刘兴成：《河西走廊地区民族变迁与生态演变》，硕士学位论文，陕西师范大学，2008 年。

② 古浪县志编纂委员会编：《古浪县志》卷二，甘肃文化出版社 1996 年版，第 387 页。

气候干旱和过度开荒放牧，到 20 世纪六七十年代，这里已是寸草不生、黄沙漫地。沙丘以每年 7.5 米的速度向南移动，严重侵蚀着周边 10 多个村庄和 2 万多亩良田，给当地 3 万多群众的生产生活以及过境公路铁路造成巨大危害。笔者甚至怀疑还有第三种说法就是 7.5 米正好是八步距离，这片沙漠以每年南移八步而得名。据 1978 年至 1987 年资料记载，年平均风沙压埋农田在 5500 亩以上，压埋最多的为 1978 年 11482 亩。① 耕地表土每年风蚀一厘米左右，风口可吹出一米的深沟，使大量含有有机质的表土受风、沙、水的危害，土壤越来越贫瘠低产。1993 年 5 月 5 日，河西特大沙尘暴灾中，古浪下县死亡 23 人，受伤 173 人，成为中国沙尘暴灾害中一次死亡人数最多的县，警示亭至今耸立在八步沙险要位置，教育世人。八步沙毗邻的土门、大靖、黄花滩等几个乡镇，坐落在河西走廊之东大门、古丝绸之路的要道上，得天独厚的地理位置，是古浪县北部的经济中心，土门商业兴盛，是全县商品和农副产品的主要集散地之一。面对步步紧逼的沙丘，一些人上新疆、去宁夏、走内蒙，开始逃离家乡。

二、由靠山吃山到靠沙吃沙

表 7-1　古浪县近代以来人口变化 ①

年份	户数	人口	户均人数
光绪三十三年（1907 年）	4327	19500	4.5
民国八年（1919 年）	6785	21508	3.17
1949 年	13468	89009	6.60
1960 年	31485	181947	5.78
1970 年	39004	237162	6.10
1980 年	49991	283593	5.67

---

① 古浪县志编纂委员会编：《古浪县志》卷六，甘肃文化出版社 1996 年版，第 100 页。

② 数据来源：古浪县志编纂委员会编：《古浪县志》，甘肃文化出版社 1996 年版，第 146—165 页。

年份	户数	人口	户均人数
1990 年	69963	323507	4.62
2000 年	79418	388802	

注：范景鹏制作。

从表 7-1 可以看出，近代一百年来，古浪县人口增长了近 20 倍。民国二十五年（1936 年），全县平均每公里有 18.1 人，1953 年，每平方公里 26.34 人，1964 年增为 35.23 人，1982 年增为 54.34 人，1990 年增为 61.19 人，人口密度在武威地区居于第二位，高于全省平均水平每平方公里 46.26 人的密度。1990 年第四次人口普查可知，土门镇每平方公里 202.31 人，仅次于县城所在地的人口密度。俗话说"民以食为天，食以粮为本"。人口的猛增，伴随滥垦荒地，广种薄收。"1969 年至 1978 年，古浪全县毁林开荒 1051 亩"。[1] 在 20 世纪 80 年代之前，古浪县植被贫乏，三料（饲料、燃料、肥料）俱缺，全县 53% 的耕地是 15 度以上的坡地，其中二分之一属于 25 度左右的陡坡和海拔 2600 米以上的高寒地，过着进山伐木、垦地、放牧的"靠山吃山"的生活方式，生态保护与扶贫开发之间矛盾非常突出，是扶贫开发最难啃的"硬骨头"。"问题最大的最难办的是占人口 38.6% 的浅山干旱区，粮食亩产不过百斤，三料俱缺"。[2]"左看是山，右看是山，靠的是二牛抬杠，盼的是老天下雨，一年到头难解温饱"，这曾经是武威市的天祝、古浪等深度贫困县山区居民生活的真实写照。

随着党和国家对生态环境高度重视，不断加大对生态项目的补助力度，以及多项生态恢复项目。八步沙人凭借多年治沙积累的经验和良好的社会声誉，"'六老汉'治沙不仅取得成功，而且走出了一条政府扶助、群众联

---

[1]　省地县联合调查组：《古浪县停止植被破坏调查报告》，载《甘肃中部地区三年停止植被破坏资料汇编》，甘肃人民出版社 1984 年版，第 152 页。

[2]　省市县联合调查组：《古浪县多种经营调查报告》，《甘肃中部地区三年停止植被破坏资料汇编》，甘肃人民出版社 1984 年版，第 258 页。

户承包的民间治沙新路"。① 引入科学方法，吸收各地的治沙经验，治沙造林逐步走向科学化，逐渐地发展到了工程治沙、科技治沙、产业治沙。从2002年开始，八步沙人走上了市场化治沙之路。先后承接了国家重点工程西油东送、甘武铁路等植被恢复工程、干武铁路复线两侧生态恢复、黄花滩移民开区移民开发区农田林网建设、营（盘水）双（塔）高速公路通道绿化、甘肃内蒙古省界武威段千里沙漠大林带古浪区治沙造林等生态治理工程。2003年跨区域承包治理距离八步沙25公里之外、占地11.4万亩的黑岗沙、双槽沙、漠迷沙三大沙漠。2015年，在治理完黑岗沙后，又继续向北部山区进发，在甘肃和内蒙古交界的麻黄塘，开始治理那里的15.7万亩沙漠，并实施武威市祁连山山水林田湖生态保护修复工程、古浪县2017年北部沙区治沙造林工程项目。同时组织和带动周围及黄花滩山区移民参加压沙造林，每年春秋压沙造林忙碌时，每天组织群众200多人、忙时多达到300多人参加压沙造林，每年支出劳务费800万至1000万元，林场发展到固定资产3000多万元，职工的收入也达到年5万多元，几乎人人都买上汽车了，实现了由最早步行驴拉、骑自行车、骑摩托车再到现在开汽车去工地的变化。八步沙"六老汉"联户经营、长期承包治理沙漠的成功经验，为古浪县219万亩沙漠的治理开辟了广阔的途径。借鉴这一经验，古浪县在《林木、林地经营权属改革方案》中将联户承包作为治理与开发沙漠的主要形式加以推广。截至2019年，全县联户承包体已达13个，承包治理沙漠23.73万亩。沙漠治理有了质的飞越，寻找到了人与沙共生共存的生态平衡点，真正实现了"变害为宝、靠沙吃沙"的转变，进入了良性发展轨道。

三、由竭泽而渔到绿色可持续

中国农耕文明历史悠久，使得生产方式和生活方式长期沿着粮紧增人、粮丰人增、粮紧又增人的怪圈循环。人口膨胀，必然加大垦殖，加大垦殖必

---

① 《八步沙的两代治沙人》，《中国绿色时报》2006年6月23日。

然破坏生态环境，生态环境破坏必然减弱抗灾害和抵御危机能力。政绩上单纯追求 GDP，追求经济的快速增长发展模式的弊端，对资源的无限掠夺和对环境的大规模破坏为代价的发展模式，使得资源的约束和环境的压力日益突出，这是一种竭泽而渔的恶性循环发展方式。2013 年 10 月 7 日，国家主席习近平在印尼巴厘岛出席亚太经合组织工商领导人峰会，并发表《深化改革开放共创美好亚太》的重要演讲，强调："杀鸡取卵、竭泽而渔式的发展是不会长久的。"① 古浪县 1958 年"大跃进"大炼钢铁时，毁林伐木，林区灌丛野草被作为燃料烧毁，林缘蚕食开荒，林区面积逐渐缩小，水土流失严重，自然植被日益恶化。1969 年至 1978 年的 10 年内，毁林开荒 1051 亩，用拔大毛、开林床、推光头的破坏方式，偷盗林木 5.2 万株，折合 1234 立方米。② 本地人畜压力过大，"每百亩草场只能维持 5 个羊单位，而现在每百亩载畜量为 15 个羊单位，超载两倍，导致天然草场退化，草甸草场正在向草原草场和荒漠草场演变，草质低劣，毒草增加，虫鼠害日趋严重，覆盖度减低，生长不良，甚至出现秃斑、裸地、寸草不生的状况，使牲畜瘦弱，畜种退化，死损率高。"③ 毁林开荒，过度放牧，樵柴铲草皮，烧山灰现象十分突出。这种广种薄收，特别是干旱区到处种撞田④，加速了天然植被的破坏，造成水蚀、风蚀严重。"初步统计每人每年砍灌木、挖蒿根、折树枝取柴约 1000—1500 斤，主要用来烧踏灰和生煤火"，"对天然灌木林破坏严重，经济困难的社员无钱购煤，只有向灌木林采樵"。⑤ 被铲草原的恢复周期一般是当年裸露，五年见草，十年才能恢复原样。"人口增长与荒漠化之间的关系是：人口增多→加大需求→过度农垦和放牧→过度消耗水资源及植被资源→土地荒漠化→土地生产力下降→供应人口需求的能力减弱→再度加大需

---

① 《习近平谈治国理政》第一卷，外文出版社 2018 年版，第 345 页。

② 古浪县志编纂委员会编：《古浪县志》卷六，甘肃文化出版社 1996 年版，第 404 页。

③ 省地县联合调查组：《古浪县停止植被破坏调查报告》，载《甘肃中部地区三年停止植被破坏资料汇编》，甘肃人民出版社 1984 年版，第 153 页。

④ 古浪方言，意思是种下后不管，靠天吃饭粗放经营的田地。

⑤ 陈玉琪等：《古浪县二阴山区实现停止生态破坏的剖析》，《甘肃农大学报》1984 年第 3 期。

求→更大面积的土地荒漠化"。①从而长期沿着"越垦越穷，越穷越垦"竭泽而渔的生产生活方式恶性循环，使得农业基础条件薄弱、行路难、就医难、上学难、饮水难、就业难、增收难问题突出。

可持续发展是20世纪80年代提出的一个新的发展观。它的提出是应时代的变迁、社会经济发展的需要而产生的。核心思想是，经济发展、保护资源和保护生态环境协调一致，让子孙后代能够享受充分的资源和良好的资源环境。古浪县深入贯彻落实党中央、国务院关于打赢脱贫攻坚战的工作部署，把"突出抓好脱贫攻坚和生态环保两大基础性底线性任务，大力发展培育绿色生态产业，持续保障和改善民生"。②要实现搬得出、稳得住、能致富、可持续的预期目标，必须注重后续产业培育。理顺经济发展与资源、环境之间的关系，在发展经济的同时着重保护环境，把经济和环境作为一个整体共同发展，以实现整个社会的可持续发展。八步沙人坚持人工造林与封沙育林草、封禁保护相结合，生物治沙与工程治沙相结合，乔灌草相结合，防沙治沙与脱贫攻坚相结合，持续开展沙漠化治理。积极探索黄花滩生态移民沙产业开发项目，打破村组的界限，依托五道沟2578座日光温室产业园发展现代高效农业，以绿洲小城镇搬迁群众为主体，占搬迁农户53%，并辐射带动周边搬迁群众共同参与，通过财政补助和信贷发展"戈壁农业"，日光温室主要种植辣椒、番茄、茄子、黄瓜、西瓜、甜瓜、芦笋等品种，棚均效益在2万元左右，能够带动贫困户增收，实现稳定脱贫。以"按地入股、效益分红、规模化经营、产业化发展"的公司化林业产业经营机制，按照"公司＋基地＋农户"的模式，流转沙化严重的土地1.25万亩，在立民新村、为民新村2个移民点栽植以枸杞为主的经济林基地7500亩，在兴民新村完成梭梭接种肉苁蓉5000亩。民间传说肉苁蓉是天神派神马赐给成吉思汗的神物。又传说先有的苁蓉后有的沙漠，因为苁蓉吸尽了大地的精华，万物的灵气，所以才使大地变成了沙漠。苁蓉顽强的生命力，赋予了它神奇的功

---

①　武威市地方史志编纂委员会编纂：《武威地区志》，方志出版社2016年版，第660页。
②　《古浪县2018年政府工作报告》，2019年3月13日在古浪县第十七届人民代表大会第四次会议上通过。

效。肉苁蓉因为其生长在荒无人烟的沙漠，又蕴含非常丰富的对人体健康有益的微量元素和营养，又被当地人称为"沙漠人参"、"沙漠擎天柱"、"沙漠不死草"，具有极高的药用价值，是中国传统的名贵中药材。为当地绿色可持续发展打下坚实的基础。

王蓉曾于2015年5月30日——6月5日对古浪县黄花滩移民进行了问卷调查，设计问卷120份，有效问卷105份，有效率达87.5%。从105户移民收入水平来看，57户移民认为收入水平提高了，占54.29%。从105户移民前的主要经济来源方面来看，以种地为生的有66户，占调查总户数的62.86%；以打工为生的有24户，占22.86%；以养殖为生的有10户，占9.52%；以个体经营为生的有3户，占2.86%；以其他方式为主要经济来源的有2户，占1.90%。①

从移民后的主要经济来源方面来看，以种地为生的有48户，占调查总户数的45.71%；以打工为生的有35户，占33.33%；以养殖为生的有15户，占14.29%；以个体经营为生的有4户，占3.81%；以其他方式为主要经济来源的有3户，占2.86%。黄花滩由风沙线变成宜居绿洲后，依靠种植业为生的人口下降17.15%，以打工为主的人口比例上升了10.47%，其中很大一部分就是参加压沙造林事业中，初步实现了绿色可持续发展。"八步沙的兴衰再次证明，当人类粗暴掠夺自然时，自然的惩罚必然是无情的；当人类友好保护自然时，自然的回报常常是慷慨的"。②

第二节　贯彻了"绿水青山就是金山银山"的发展理念

2005年8月，时任浙江省委书记习近平同志在湖州安吉首次提出"既

---

① 王蓉：《古浪县生态移民影响及问题研究》，硕士学位论文，西北师范大学，2016年。
② 中共甘肃省委：《八步沙见证一份绿色的承诺》，《求是》2019年第16期。

要金山银山，又要绿水青山"①的发展理念。党的十九大报告指出"必须树立和践行绿水青山就是金山银山的理念"，②"增强绿水青山就是金山银山的意识"③被写进新修订的《中国共产党章程》之中。金山银山和绿水青山的关系，归根到底就是经济发展和生态环境保护的关系，已成为我们党的重要执政理念之一。

一、没有绿水青山，就没有金山银山

曾经大自然赐予了河西大地"绿水青山"。在很长时间里是乌孙、月氏、匈奴与羌等游牧民族生活繁衍的地方，"以畜牧为主，尽河西水草之美，竭力繁殖牲畜"。南部祁连山区，曾是匈奴六畜蕃息的地方，公元前 121 年，汉军击败匈奴打通河西走廊后，匈奴人哭泣"失我祁连山，使我六畜不蕃息"。④两汉时期，"水草宜畜牧，故凉州之畜为天下饶"，⑤"凉州大马，横行天下"。北部曾经有一个面积至少在 1.6 万平方公里，最大水深超过 60 米的巨大淡水湖，史书称"碧波万顷，水天一色"，以潴野泽载入《尚书·禹贡》记载的 11 个大湖之一，西汉时这一带是匈奴休屠王部落游牧的地方，所以又称作休屠泽。

而且这些优质的"绿水青山"也确实为武威大地带来"金山银山"。武威占据河西走廊进出中原的端口，武威在此后很长时间里都是西北地区的军政、商贸和文化中心，《后汉书》"姑臧称为富邑，通货羌胡，市日四合，每居县者，不盈数月，辄致丰积。"⑥因为供需两旺，即使是夜晚，街市上也还在进行着交易。隋唐盛世时，"凉州为河西都会，襟带西蕃，葱右诸国，商

---

① 《干在实处走在前列——推进浙江新发展的思考与实践》，中共中央党校出版社 2016 年版，第 198 页。

② 《决胜全面建成小康社会　夺取新时代中国特色社会主义伟大胜利——在中国共产党第十九次全国代表大会上的报告》，人民出版社 2017 年版，第 23 页。

③ 《中国共产党章程》，人民出版社 2017 年版，第 14 页。

④ 《汉乐府诗集》，《匈奴歌》。

⑤ 《汉书》卷 28《地理志》。

⑥ 《后汉书》卷 61《孔奋传》。

侣往来，无有停绝"。①"凉州七里十万家，胡人半解弹琵琶"，一曲唱尽凉州的繁荣，这里曾经是排在长安和洛阳之后的中国第三大城市。司马先生《资治通鉴》中所说"天下称，富庶者无如陇右"②句，其意指今天的河西地区，而非定西市。"金关银锁"古浪峡"扼甘之咽喉，控走廊之要塞"，自古以来就有"驿路通三辅，峡门控五凉"的区位优势。八步沙毗邻的土门镇和大靖镇一带，是河西走廊之东大门，占据丝绸之路之利，历史上文风兴盛，商贸活动最为活跃。"商业以土门、大靖两地为殷干繁，县城、龙沟次之。光绪末年，全县共有大小商号280多家，其中大靖110多家，资本总额在5万—10万银圆的大字号有10多家；土门有80多家商号，资本总额在5万—10万银圆大字号有七八家，而古浪、龙沟铺只有40多家"③。

　　但在漫长的历史进程中逐渐失去了"绿水青山"。经过千百来，人们在河西大地繁衍生息，人口不断增长，持续地毁林垦荒，大水漫灌，使得地力下降，又得开辟新田地，旧有的田地得不到休整恢复，水土流失严重。粗放的畜牧业，大规模的散养放牧，过度放牧，被畜群多次踩踏和啃食的植被，及时得不到恢复，久而久之便裸露出土地，风吹日晒，逐渐沙化、荒漠化和盐碱化。落后的生产生活方式长期恶性循环，生态环境日渐恶化，生态失衡加剧，宜耕农田减缩，土地沙漠化严重。据2014年全国第五次荒漠化和沙化监测结果显示，全县荒漠化面积达476.80万亩，占国土总面积的63%，其中沙化土地总面积达239.75万亩，占国土总面积的32%，有132公里的风沙线，每年7级以上的大风，出现频繁。④

　　最终也失去了"金山银山"。特别是在春夏之间，风吹沙起，对春播和农作物的苗期生成危害最大，常造成刮走地皮、埋压禾苗和渠道的不良后果。有时出现特大黑风、强沙尘暴，黄沙蔽天，拔树揭屋致死羊只，风沙日多出现在3—5月，据资料，20世纪80年代，古浪县北的海子滩年沙尘暴

---

① （唐）慧立彦悰：《大慈恩寺三藏法师传》，中华书局1983年版，第11页。

② 《资治通鉴》卷216。

③ 古浪县志编纂委员会编：《古浪县志》卷六，甘肃文化出版社1996年版，第387页。

④ 《古浪县荒漠化和防沙治沙情况汇报》，内部资料，古浪县林业和草原局提供。

日达 47 天，年平均风速 3.5 米 / 秒，最大风速 21.7 米 / 秒，又据 1978 年至 1987 年资料记载，年平均风沙埋农田在 5500 亩以上，压埋最多的 1978 年为 11482 亩，最少的 1985 年为 900 亩。① 全县年平均被风沙埋压农田在 267 公顷以上，最多的为 1993 年的 765 公顷，最小的为 1998 年的 60 公顷，是全国荒漠化重点监测县之一。已经严重威胁到当地的生产，生活日益贫困，所以有"八步沙不治，土门子不富"的谚语。

二、宁要绿水青山，不要金山银山

习近平总书记指出："宁要绿水青山，不要金山银山，而且绿水青山就是金山银山。我们绝不能以牺牲生态环境为代价换取经济的一时发展"。② 这是实现可持续发展的内在要求，是坚持绿色发展、推进生态文明建设首先必须解决的重大问题。沐浴着改革开放的春风，人们都忙于"以经济建设为中心"，政绩上追求 GDP，但"六老汉"在"金山银山"和"绿水青山"之间选择了"绿水青山"，吃在八步沙，住在八步沙，管在八步沙。自 1985 年开始收到经济效益：出售平茬花棒、树种等，1985 年收入 5100 元，人均 850 元；1986 年收入 8100 元，人均 1350 元；1987 年收入 10400 元，人均 1736.7 元。③ 经过十年树木，六老汉以满头华发给 4 万多亩沙丘披上绿装，蓬勃地长出花棒、红柳、沙米和苦豆子，保护了周围 7800 亩土地和 4 个村镇，一篇《六老汉的头白了　八步沙的树绿了》的消息获得首届中国新闻奖报纸消息类三等奖。开始让世人知道在西北有六位老汉在大沙漠建"绿水青山"。别人获得致富能手的"金山银山"奖的时候，1991 年石满老汉却捧回了全国治沙劳动模范称号，八步沙林场先后被甘肃省委、省政府授予"造林绿化先进单位"等的"绿水青山"的奖项。

八步沙越来越绿，六老汉越来越老，可"绿水青山"的事业还没完成，六家约定，谁要是干不动了，每家出一个人继承"绿水青山"事业。第二

---

① 古浪县志编纂委员会编：《古浪县志》卷二，甘肃文化出版社 1996 年版，第 100 页。
② 《习近平关于全面建成小康社会论述摘编》，中央文献出版社 2016 年版，第 171 页。
③ 梅生虎、尚可元：《染绿八步沙的人》，《武威报》1988 年 3 月 16 日。

代人在"金山银山"和"绿水青山"的选择之间也犹豫过、彷徨过，最终选择了庄重的承诺，选择了"绿水青山"失业。六老汉中郭朝明年龄最大，体力不支种树时一头栽到沙丘上，含着泪被驴车拉着离开这片渐渐泛绿的沙丘，让儿子郭万刚放下了当时红得发紫的供销社工作走进八步沙建设"绿水青山"。

1990 年 9 月上旬，全国 23 家林业新闻采访团来八步沙考察，面对一片绿意葱茏的林木，贺发林抱着一棵碗口粗的树连说："好树"，乡上一位同志开玩笑说："老贺啊，它长大了就留给您做棺木吧！"贺发林闻言泪光闪动，说："舍不得！舍不得！"①1991 年，老贺强忍着肝硬化晚期的疼痛种了两年树后昏倒在树坑旁，他是第一个离开人世的老汉，去世前还惦记着"绿水青山"事业，对儿子贺中强说："娃娃，爹这一辈子没啥留给你的，就这一摊子树你去种吧"。

石满老汉也忍着肝硬化晚期的痛坚持在八步沙建设"绿水青山"，一次黄昏晚饭前，大伙发现石满骑着毛驴来了但不见人，大家沿着驴蹄印走了十多里发现了昏倒在沙岗上的石满，他被强行拉回家。但他放心不下"绿水青山"的事业，让 22 的儿子石银山顶替自己走进八步沙继续建设"绿水青山"事业。临终前执拗不进祖坟，要把他埋到能看到八步沙的地方，他要在那儿看着八步沙变成"绿水青山"。据石银山讲，虽然父亲石满曾经获得全国治沙劳动模范，但 1992 年去世时，连料理后事的费用都不够，是郭万刚及时送来 2000 元帮助他处理完后事的。

20 世纪 90 年代中期对他们来说是最困难的时期，郭万刚他们决定筹集几十万元资金在八步沙打一眼机井。据林业专家测算，当时八步沙林区治沙造林已见成效，栽植的各类树木达 2 万多立方米，经济价值超过 1000 余万元。有人曾建议砍伐一些 5 到 10 年生的杨树，就可凑够打井的几十万元钱。这一建议遭到郭万刚等人的坚决反对："树是两代人的心血，一棵都不能动！"

---

① 刘剑荣：《六老汉的头白了　八步沙的树绿了》，《甘肃日报》1990 年 9 月 13 日。

三、守住绿水青山，才有金山银山

保住绿水青山才能换来后来的金山银山。几十年来，八步沙人以誓将沙漠变绿洲的决心，逐渐摸索出治理沙漠与发展沙漠经济相结合的产业化治沙道路。在产生良好社会效益和生态效益的同时，产生经济效益。比起第一代治沙的六老汉，第二代的治沙人从当年"义务治沙"保家园，逐渐开始转变成如今"工程治沙"富家乡。八步沙三代治沙人迎难而上，勇于创新，在筑牢绿色防护带同时，积极发展以沙产业为主的生态经济，有效解决"钱从哪里来"、"利从哪里得"、"如何可持续"的问题，实现压沙造林到培育沙产业、发展生态经济的有机结合。随着国家对生态治理力度的加大，具有丰富治沙经验的第二代八步沙治沙人承担了更多的治沙任务。他们抓住一些国家重点工程在林区实施的机遇，热情服务项目单位，先后参与了干武铁路八步沙段防沙治沙工程，银川双塔高速公路及省道308线八步沙段通道绿化工程，西气东输、西油东送八步沙段水土保持暨生态恢复工程，金川—武威高速公路通道等绿化工程。2015年，又承包了甘肃内蒙古交界的麻黄塘治理任务，管护面积15.7万亩。不仅扩大了治沙队伍，也增加了林场职工及周边农民的收入。如今的八步沙，生态环境越来越好，对生产要素的集聚力越来越强，2009年，他们成立了古浪县八步沙绿化有限责任公司，建立"公司＋基地＋农户"的产业发展模式和"按地入股、效益分红、规模化经营、产业化发展"的公司化林业产业经营机制，投资1300万元，在黄花滩移民区流转1.25万亩土地，栽植梭梭、枸杞、红枣，并在梭梭上嫁接肉苁蓉等沙生作物。同时，引进资金建成了大型土鸡养殖场，冠名"八步沙溜达鸡"销售，销量可观，招聘当地贫困农户就近务工，实现生态保护与脱贫致富的双赢。

现在八步沙林场管护面积达31.75万亩，封沙育林（草）21万亩。累计栽植各类沙生苗木2700万株，林木蓄积量达到3万多立方米，林业专家估算价值早已超过亿元，完全是一个沙漠"绿色银行"。截至2019年，林场固定资产由原来的200多万元增加到3000多万元，职工年收入由年均不足3000元增加到现在的5万多元。彻底改变了贫苦落后的面貌，实现了沙漠变绿、治沙人致富的理想。莽莽林带还使古浪县风沙线后退了 15 公里。按每亩农田每年增加收入 50 元，每亩林地每年生产鲜草及薪柴 300 公斤计算，八步沙林场的生态价值和社会价值更是难以估量！渐渐地，一个乔、灌、草结合的荒漠绿洲在八步沙不断延伸，实现从"沙逼人退"到"人进沙退"的渐近式发展。治理后的沙漠也开始发挥经济效益，可以大面积种植肉苁蓉、枸杞、红枣等，示范带动当地群众积极发展沙产业、增加收入、脱贫致富。一个以沙漠绿化为基础的生态修复、生态农业、生态旅游等融合发展的观光景区在八步沙逐步形成，沙漠在变成绿洲的同时，也实现了绿水青山就是金山银山的华丽转身。

第三节　践行了"良好生态环境是最普惠的民生福祉"的宗旨意识

习近平总书记立足发展新阶段和人民新期待，提出良好生态环境是最公平的公共产品，是最普惠的民生福祉。生态环境是关系民生的重大社会问题，人民群众从以往的关注"吃饱穿暖"，发展到现在对良好生态环境的要求越来越高。建设生态文明，既是民意，也是民生，既能增进民生福祉，也能让群众公平享受发展成果。创造良好的生态环境，提供更多的优质生态资源，满足人民群众对美好生活的需要，彰显了中国共产党改善民生、造福人民的初心和使命，也是践行党的使命宗旨的重大政治问题。在我国经济社会发展的新形势下，"建设生态文明，实质上就是要建设以资源环境承载力为基础，以科学规律、自然规律为准则，以可持续发展为目标的资源节约型、环境友好型社会"。① 生态文明建设是与经济建设、政治建设、文化建设、社会建设相并列的实现文明形式之一，着重强调人类在处理人与自然关系时达到的文明程度。是推进全面建成小康社会的应有之义，推动生态文明建设

---

① 曾晨、符晓冬：《生态公民及其法律信仰的培育》，《法律与伦理》2019 年第 1 期。

是全面建成小康社会的必由之路。按照党中央的部署和要求，通过加强顶层设计，牢固树立尊重自然、顺应自然、保护自然的基本理念，坚持节约优先、保护优先、自然恢复为主的基本方针。把生态文明的理念、原则、目标等全面贯穿到经济决策、社会管理和各项规划中予以统筹考虑，努力建设产业美、环境美、人居美、生活美的美丽城乡，建成人口、经济、社会、生态等协调发展的全面小康。生态文明建设涉及生产、生活方式的根本性变革，要坚持以生态文明建设和来促进经济社会发展各个领域的改革和发展，为全面建成小康社会奠定坚实的基础。

一、迎沙而进，生态为民

古浪县境内地貌特征明显，山、川、沙各占国土面积的约 1/3，境内沙漠化土地面积达到 239.8 万亩，风沙线长达 132 千米，重点风沙口 20 多个，由于境内常年盛行西北风，北部沙漠成为偏西及西北路径沙尘暴的主要策源地和加强区，是全国荒漠化重点监测县之一。生态环境极其脆弱，治理任务非常艰巨。新中国成立后 20 年间，就有 3 万多亩农田被流沙掩埋，还有 5 万多亩农田继续受风沙的威胁，在风沙线上 500 多户农户中，就有 300 多户处于"沙骑墙，驴上房"的状态。使得很多农民不得不另选宅地，迁居别处。从大漠吹来的干热风，常常把正在浇灌的庄稼吹得变了色。西风打死苗，东风吹秕粒，这是地处风沙线上所有沙区人民共同面临的灾害。分布在沙区的 26 万多亩水地、68 万多亩旱作地，所有种植的农作物常常无保障，其中主要灾害，一是风暴，二是沙蚀沙埋，三是热干风，即使在正常年景下，农作物也减少 20% 以上。公路受沙害更为严重。土门至大靖，大靖至海子滩，海子滩至裴家营的几条主要公路，常被流沙阻断。其中一条公路就从他们门口通过，每刮一次大风，一条条"黄龙"就纵横在沥青公路上。干武铁路线从二咀子到元墩子一段，每年都要动用大量民工，付出巨大代价，清理流沙，设置风墙，以保证大动脉畅通。面对步步紧逼的沙丘，一些人上新疆、去宁夏、走内蒙，开始逃离家乡。

改革开放之初，各地的人们都忙于"以经济建设为中心"，唯独"六老汉"为每年南移侵蚀良田的八步沙忧心忡忡，石满老汉站出一呼："多少年都是沙赶着人走，这次我们要迎着沙进"，其他几位老汉都纷纷响应。他们为了"一方水土养育一方人"，挺进一望无际的沙漠，吃在八步沙、住在八步沙、管在八步沙，挖一条壕沟铺上被褥算住房，放3块砖头支一口锅，日出而作，日落而息，累了抽几口旱烟，冷了生一堆火暖身。经过八步沙六老汉三代人的接力奋斗，从1981年至2002年底，昔日承包的7.5万亩已经全部治理完了，让土门镇解除了沙患危险。流动的沙丘披上了绿装，草木葱茏，鲜花芬芳，形成一条南北长10余公里、东西宽8公里左右绿意盎然的林场，行走在八步沙，要是不刻意区别，很难将它与昔日漫漫荒漠联系在一起。八步沙、黑岗沙、五道沟、七道沟、十道沟及北部沙区十二道沟一道道绿色屏障逐渐树立起来，使得风沙线节节后退，保护住了土门等3乡镇5万人家园及10万亩良田，周边农田亩均增产10%以上，人均增收500元以上。9个戈壁农业生产基地，有效带动4640户贫困户发展产业。

二、治沙而富，生态利民

八步沙"六老汉"三代人从开始最原始的人背驴驮，一个坑一棵树一瓢水的压沙种树方式，到2002年八步沙得到了彻底根治。经过二十年两代人的接力治沙，积累了丰富的治沙经验，掌握了成熟的技术，也开始了思想转变，他们深知，林场要发展，就不能守摊子。当年"六老汉"按下手印承包沙漠是为了守住家园，继承发扬老一辈无私奉献的情怀，也开始考虑劳动创造财富价值，开始探索如何从治沙中取得经济效益。六老汉以前种的是纯生态林草，无经济效益，第二代治沙人在20世纪90年代开启的"以农促林、以副养林、综合治沙"的路子，"使治理后的荒漠开始发挥经济效益。他们这一模式现在开始被后来的治沙者纷纷效仿"，"六老汉治理沙漠的勇敢精神和成功经验，感召着更多沙区人汇入治沙者行列"。[①]1999年底，借助给八

① 马维坤、姚笛：《"八步沙"精神感召沙区人》，人民网2002年3月19日，http://www.people.com.cn/GB/huanbao/56/20020319/690620.html。

步沙六老汉立碑纪功掀起的学习热潮，古浪县顺应沙区群众的意愿，出台了《古浪县林木、林地经营权属改革方案》，建立资源，在全县迅速掀起了承包治沙热潮，截至 2002 年初，全县已出现了 60 户千亩以上的承包治沙大户，总承包治沙面积达到 30 万亩。[①]

2002 年 7 月，辽河油田公司实施的西气东输一线工程试验段正式开工建设，线路经过八步沙，他们并没有紧紧盯在有限的苗木赔偿费，凭着过硬的治沙技术和团结合作的精神，以及在自己地盘上施工交通成本低的优势，拿下了生态植被还原工程，这是八步沙林场发展史上一个具有里程碑意义的事情，从此开始了市场化治沙之路。经过精心施工，认真操作，保质保量，第二年顺利通过验收，攫取了市场经济的第一桶金。罗兴全曾经回忆，自己弟兄四个，他排行最小，三个哥哥已经成家，他和父亲一起生活，当年他接替年迈体衰的父亲走进八步沙林场，正是"黎明前的黑暗"时刻，工资微薄，工作辛苦，起码有六七个月静不下心来，一心想出去打工挣大钱，正是这次承包工程机遇，让他体会到了劳动创造财富的幸福，于是安下心来和大家一起治沙。诚信重诺，行胜于言，本就是"六老汉"的传世家风，他们把这种家风融入到治沙事业中。无论工程大小，八步沙人都要做到优质工程，凭着良好的社会信誉，越来越多地方的绿化工程都愿意交给他们来做。之后又承接了国家重点工程西油东送、干武铁路复线两侧生态恢复、黄花滩移民开发区农田林网建设、营（盘水）双（塔）高速公路通道绿化、甘肃内蒙古省界武威段千里沙漠大林带古浪区治沙造林等 6 项生态治理工程。

2003 年，八步沙人作出了重大决定，开始防沙治沙的"二次创业"——跨区域承包治理距离八步沙 25 公里、占地 11.4 万亩的黑岗沙、双槽、漠迷三大沙漠，这是他们第一次一次性大规模地治沙造林。该地段是腾格里沙漠在古浪县境内的五大风沙口之一，每年 5 至 10 级以上的大风要刮 100 多天，

---

① 马维坤、姚笛：《"八步沙"精神感召沙区人》，人民网 2002 年 3 月 19 日，http://www.people.com.cn/GB/huanbao/56/20020319/690620.html。

严重侵害着黄花滩数万移民的生产生活。如果不治理还会对退入风沙口第二线的八步沙生态环境重新构成威胁。在第一年里，种栽了7000亩白榆、沙枣、红柳、柠条等沙生植物，成活率很高，秋季，县林业部门负责人来验收，非常满意，马上兑现了造林经费。春去秋来，寒来暑往，一年又一年，第二代治沙人伴随着沙漠日出、风暴、热浪、寒霜，几十万亩农田家园守住了，贯穿沙漠的两条交通动脉保护好了，三十多万亩沙漠管护区成为绿色海洋，人与自然同相守，劳动创造和谐美。

党和国家对生态环境高度重视，不断加大对生态项目的补助力度，启动多项生态恢复项目，各种项目的实施让八步沙林场治沙人有了回报，整个集体也有了一定的资金和经验的积累。2009年，八步沙林场通过引进市场机制，完善经营管理，开始了企业化转型，正式成立八步沙绿化有限责任公司，在林场的基础上，大家又相应地增加了一些股份，六家人的心更齐了。2015年，在治理完黑岗沙后，又继续向甘肃和内蒙古交界的15.7万亩的麻黄塘进军。在治沙过程中，他们引入科学方法，吸收各地的治沙经验，治沙造林逐步走向科学化，逐渐地发展到了工程治沙、科技治沙、产业治沙。林场发展也由此迎来了新的机遇，进入了良性发展轨道，截至2018年底，林场固定资产已达3000多万元，职工的年收入也达到5万多元，[①] 几乎都人人买了汽车。如今的八步沙从最初的义务治沙保家园，到如今的工程治沙富家乡的转变。

提起沙漠，人们就会想起那一望无际的黄沙和死一般的荒凉。想到绿洲，是死亡之海中的生机盎然，代表希望。"绿洲"是干旱地区特有的农业地理现象，是自然和人为共同作用的产物，是沙漠地区居民经济活动的中心枢纽。把沙漠绿化一直是一个难题，然而在中国，沙漠变绿洲却在成为现实。

据2014年全国第五次荒漠化和沙化监测结果显示，古浪县北部是面积达到239.8万亩沙漠化土地，不宜人居，由于境内常年盛行西北风，每

---

① 数据由八步沙林场提供。

年在长达 132 公里的风沙线上经常出现 7 级以上的大风。特别是在春夏之间尤甚，风吹沙起，对春播和农作物的苗期生成危害最大，常造成刮走地皮、埋压禾苗和渠道的不良后果。有时出现特大黑风、强沙尘暴，黄沙蔽天，拔树揭屋致死羊只，已经严重威胁到附近几个乡镇人们的生产和生活。同时，"当前山区生态失调的根本原因，主要是人口失控，地少人多"，"本地区只能维持现有 60% 的人口"，"移民是一项长期复杂的工作，近期难以付诸实现"。[①] 以八步沙"六老汉"三代人为代表的治沙人的接力奋斗，初步治理了北部沙区八步沙、明沙咀、黄沙梁等 20 多个危害比较严重的内陆沙丘和重点风沙口，在沙漠前沿形成了乔、灌、草结合的防风固沙林体系，基本上控制了 132 公里长的风沙线，沙区前沿林草植被由治理前的 20% 恢复到 60% 以上，实现了把风沙线变成后花园的根本性扭转。在八步沙林场大门两侧写着"想四十年险阻黄沙似海敢问谁人多壮志，看数万亩苍茫绿树成洲方知历代有愚公"，豪迈之情跃然纸上。在 20 世纪 90 年代之前，八步沙周围没有一户人家，经过六老汉十年的治理，八步沙由黄变绿，生态环境也带来生活环境的改善。自 1989 年以来林场周边地区新打机井 14 眼，开垦土地 5000 亩，新建千亩规模果园 1 个，安置山区移民 1000 多人，为解决古浪县城镇居民再就业和山区移民的温饱问题作出了巨大贡献。这些移民的户口还是山区所在原村社的，笔者建议应该把这个依八步沙而形成的村落取名"八步沙村"。林场职工刘万成就是这个移民村的村民，1991 年，22 岁的他就开始进入林场负责西南区的管护工作，到如今伴随着八步沙走过 28 年历史，也是"元老级"人物了。南部山区生活在海拔 2500 米以上、无水浇地、缺乏基本生存条件的贫困群众搬迁到改良好的黄花滩。黄花滩最迟在乾隆初年时就是一片沙漠。经过几十年的治理，昔日的风沙线变成了宜居的后花园。2012 年以来，古浪县先后在黄花滩移民区开工建设 12 个移民点，2016 年 6 月开工建设绿洲生态移民小城镇，三年建成住宅 173

---

① 陈玉琪等：《古浪县二阴山区实现停止生态破坏的剖析》，《甘肃农大学报》1984 年第 3 期。

幢 4790 套，安置群众 1.77 万人，是目前全国最大的易地扶贫搬迁安置点。截至 2018 年底，黄花滩移民区和绿洲小城镇搬迁移民已经达到 6.24 万人，实现横梁、干城、新堡 3 个乡镇整乡搬迁，①市县两级着眼于破解易地扶贫搬迁区的水资源短缺、耕地沙化难题，在以习近平总书记"两山理论"和以人民为中心发展思想的指引下，坚持节水节地培育脱贫产业思路建设的规模化发展、标准化生产、品牌化经营的产业园，注重人与自然的协调关系，维护区域生态平衡。坚持把培育特色富民产业作为贫困群众增收致富的首要任务，以创新、协调、绿色、开放、共享五大发展新理念为指导，以推进农业供给侧改革为方向，黄花滩的生态环境越来越好，风沙的困扰越来越小，移民区特色富民产业发展蒸蒸日上，"戈壁农业"、特色林果和肉牛、羊等特色种养业在当地均得到了快速发展。在黄花滩镇马路滩生态绿洲移民区由三所贫困山区学校合并组建成古浪四中，古浪的老百姓都说"这是全县最好的中学"。"一是因为它升学率高，普通高中一次性上线率可达 80% 以上；二是教学设施好，高标准建设的教学楼、宿舍、操场、餐厅一应俱全"。②

第四节　运用了"山水林田湖草是生命共同体"的系统思维

习近平总书记强调，山水林田湖草是一个生命共同体。"统筹山水林田湖草系统治理，归根到底是用什么样的思想方法对待自然、用什么样的方式保护修复自然的问题。"③大自然是一个相互依存、相互影响的系统。统筹山

---

① 《古浪县防沙治沙情况汇报》（2019 年 9 月 3 日），中共古浪县委、古浪县人民政府提供。

② 宋喜群：《让农村娃能接受最好教育》，《光明日报》2018 年 12 月 26 日。

③ 《深入学习贯彻习近平新时代中国特色社会主义思想建设美丽中国》，《新湘评论》2018 年第 20 期。

水林田湖草系统治理，需要把加快推进生态保护修复作为一项重点任务。坚持保护优先、自然恢复为主，深入实施山水林田湖草一体化生态保护和修复。党的十九大报告明确指出："开展国土绿化行动，推进荒漠化、石漠化、水土流失综合治理，强化湿地保护和恢复，加强地质灾害防治"。[①] 实施生态修复治理工程是我国生态退化地区开展生态保护的重要举措，植树造林是生态修复治理工程的重要途径，荒漠化地区生态条件恶劣，历史欠账多，生态不可逆转退化，即使完全封闭保护，人类不再破坏、干扰，自然恢复也几无可能，避免以工程化的植树造林来开展生态修复，坚持自然修复与人工治理相结合，先通过人工修复，经过三五年的系统稳定时间再依靠自然恢复。防沙治沙的关键在于修复被破坏的生态系统，在对生态退化地区实施生态修复的过程中，需要因地制宜，依据不同的修复目标科学制定修复措施。纵观武威地形地貌，南部是祁连山水源涵养林区重要生态屏障，是滋润中部绿洲的重要绿色水库，中部是绿洲区，是工农业生产的精华地带，北部是防沙治沙区，自然降水量少，植被稀疏，沙多林少，生态环境极为脆弱，处于全国荒漠化最前沿。武威市编制完成《武威市祁连山山水林田湖草生态保护修复工程实施方案（2017—2019）》，其中林业工程计划总投资 13.54 亿元。八步沙的治沙造林融入"南护水源、中保绿洲、北治风沙"的整体布局，发挥重要作用，山水林田湖草是生命共同体的系统思维的具体运用。

一、汲取教训，遵循规律

八步沙治沙造林属于三北防护林工程一部分。三北地区是我国荒漠化、沙化最为严重的地区，长期以来一直被列为我国生态建设的重点，先后实施了以三北防护林工程为代表的生态建设工程。由于忽视了不同区域生态自然演变的特殊规律，有些地区的生态建设不仅没能快速恢复植被从而改善生态环境，甚至还留下了一些后患。有不少地方，造林后林木生长衰弱，表现出

---

① 《决胜全面建成小康社会　夺取新时代中国特色社会主义伟大胜利——在中国共产党第十九次全国代表大会上的报告》，人民出版社 2017 年版，第 52 页。

主干矮小、分枝多、萌条丛生、树冠平顶、根系发育不良、枯梢、病虫害严重等缺点，虽经多年生长，也难以成林成材，老百姓形象地称其为"小老头树"。中华人民共和国成立后，古浪县曾尝试在八步沙植树造林，但失败了，春天种的树苗，到秋天都成了干柴，活的树也都是"小老头树"。1973年秋，土门公社成立植树压沙总指挥部，以群众运动的方式在八步沙组织造林压沙大会战。当时的八步沙红旗招展，立在各大队醒目处的宣传标语上，写着一米见方的大字：愚公移山，战天斗地。公社文化政治宣传组的大喇叭响彻云霄，反复广播各大队"治沙造林"表决心的挑战书，数百成千社员精神振奋，斗志昂扬，在沙丘间植树造林，力争完成上级下达的任务。此后，每年深秋初春造林季节，八步沙旁边的漪泉、台子、和乐、土门、二墩等大队的壮劳力，天蒙蒙亮就出发，揣上一块黑面饼，提上一瓶白开水，扛上铁锹，以大队或生产队为单位，参加八步沙大会战。但因风吹、日晒、沙打、羊啃，树的成活率不高，年年植树年年死，年年老地方挖窝窝。县上先后向八步沙投资20多万元，几年下来只有在沙地上匍匐的植被残根，稀稀拉拉的"小老头树"。

这种群众运动性的生态恢复失败的原因就是生态治理过程中缺少系统性、整体性规划，忽略了各生态要素的有机联系，"种树的只管种树"，没有针对当地自然灾害频发、水资源不足等主要生态问题开展"梁、塬、坡、沟、川"共治、"水、土、林、田、人"共利综合治理的直接后果。生态系统自然恢复，要充分尊重自然规律和生态系统演替规律。古浪县地处年均降水量不足300毫米的半干旱、干旱地区，不能强求恢复成森林生态系统，应尊重当地自然条件，逐步恢复草原或灌丛生态系统。对草原封育、沙化土地封育等封育恢复，对封育方式、封育时间长短以及封育前退化草场的本底背景等进行全面科学评估。

二、总结经验，因地制宜

六老汉承包后，顺应自然规律，走生态系统演替道路，从裸地——草地——灌丛——乔木的自然演替道路出发，从种草开始逐步增加植被。用科学的修复技术手段,将山水林田湖草按照生态系统耦合原理联通起来,分阶段、有序实施综合治理与生态修复,最终实现生态系统功能的整体提升。他们采取了"一分种,九分管"的新办法,通过整体保护、系统修复、综合治理,通过减少人类活动促进自然恢复,使被割裂的生态系统逐渐连接起来,使原有的自然生态廊道恢复起来。生态退化是一个逐渐累积而形成的历史欠账,解决生态退化问题也不是一朝一夕、短期即可见效的,需要时间和耐心。"一般人都认为树木是:三分栽,七分护。在八步沙这儿,则将管护提到空前的高度:一分栽,九分护。八步沙里最难的不是种树种草,而是看管养护种植下的草木。好不容易种下的草和树,一夜之间就会被附近村民的羊毁坏。因此,防偷牧、防畜啃等成为他们的基本功课,他们像疼爱自己的子女及眼睛一样,万分珍爱这儿的每一棵沙生植物,精心呵护着它们茁壮生长。"

八步沙属于防风固沙区,以封为主,封造结合,本着因地制宜、因害设防、先近后远、先易后难的原则,采取以灌木为主、乔灌草相结合,封沙育草和固沙造林相结合,生物措施和工程措施相结合,造和管相结合等方式方法,以期达到绿洲内部沙地基本绿化。在固定的沙丘用围构筑立体固沙体系、在林场建设经济林、在活动沙丘上种植饲草灌木、在风沙前沿栽植防风固沙林、在农田地带营造大网格农田防护林,辖区草木成活率达到90%以上,将侵袭土地的沙丘变成土地的绿色屏障。"八步沙的生态系统通过整体保护、系统修复、综合治理得到恢复,完成从荒漠黄沙向绿水青山的转变,构建起沙、水、林、田、动物、人和谐相处的整体生态系统,这是与生态系统发展的自然周期和规律相适应的"。①减少沙尘天气,改善生态环境,曾经的风沙线变成了绿洲,拓展了当地的生态空间、生态容量及生态承载能力。以绿洲涵养水源,增加降水,保护和丰富了生物多样性。黄羊、金雕、野兔、野猪等野生动物时常出没在沙漠附近,"封禁保护区"变成了"动物乐园",形成了沙、水、林、田、动物与人和谐相处的生态系统。

---

① 李学辉、杨先:《筑梦八步沙》,敦煌文艺出版社 2019 年版,第 41 页。

三、综合治理，严防虫火

有害生物被称为林业的"无烟森林火灾"，因为生物灾害自身的特殊性和治理上的长期性、艰巨性，对林业的健康发展具有严重的危害性和毁灭性，在世界范围内都是影响森林健康和林业产业最严重的威胁之一。森林虫害防治是林业工作的重要组成部分，也是减灾的重要组成部分。最早在八步沙栽种的林木，主要是白榆、花棒、沙枣树、柠条、红柳等，由于树龄单一、缺乏天敌等原因，很容易受到有害生物的侵袭。第一年种下的树第二年成活率不足四成，就这样也远远超过以往任何年份。他们向县林业局技术员请教，一同发现问题，解决问题，在技术员的指导下，对自己的治沙方法进行改进，在固定沙丘周围构筑固沙体系，在活动沙丘上种植饲草灌木。经过辛勤改进，到1984年春，经过黄风数次严格检验后，成活率达到78%。1984年的夏初，他们在巡沙时，发现沙枣树上生了头上长角的蛆，他们捉到5只幼虫装到纸盒里，到县林业局请教科技人员，经过技术人员辨认，确认5条虫子中，4条是天蛾的幼虫，1条是尺蠖蛾的幼虫。春季这两种害虫成灾，可造成八步沙种下的沙枣树叶残损，树枝枯萎，沙枣树就此停止生长，降低防风固沙效益。林业局领导和技术员来到八步沙林场调研，沙枣树天蛾、尺蠖蛾和白花苦豆大青虫虫灾，由于发现及时，均为轻度灾害。在县林业局的技术指导下，经过三天的打药防治，半个月后，县林业局领导带着技术员前来评估灭虫效果，得出的初步结论：八步沙林场发生的虫害杀灭率高达95%以上，虫害的蔓延被成功地控制。

树木多了，防火风险也增多了，八步沙林场确立了"预防为主、积极消灭"的森林防火工作方针，切实做好各项应急处置重要森林火灾工作，正确处置因森林火灾引发的紧急事务，确保林场在处置重要森林火灾时反应及时、准备充分、决策科学、措施得力。开展经常性的森林防火宣传教育，提高全民的森林防火意识；规范生产、生活用火行为。严格控制和管理林区野外火源；加强对高火险时段和危险区域检查监督，消除各项火灾隐患；有计划地烧除可燃物，开设防火阻隔带；加强森林防火基础设施建设，全面提高预防森林火灾的综合能力。八步沙里坟墓多，防火是大事，他们划片包干，严格责任，把防火防虫害摆在极其重要的位置，每逢清明节、农历十月初一及春节前后，祭奠先人、走亲访友的人很多，就在坟墓附近严防死守，看着村民祭奠完先人，踩灭了火种，才敢松口气离开。冬季气温降到零度以后，虽然压沙造林暂停，但气候干燥，北风强劲，是防火的重要季节，每天各个护林站都要冒着风寒巡回数十公里。据统计，38年来，八步沙林场没发生过一次火灾。

四、融入大局，整体施策

武威市被国家林业局确定为全国防沙治沙综合示范区，按照"南护水源、中保绿洲、北治风沙"的总体方针，实施祁连山山水林田湖草生态保护系统修复工程，分祁连山生态修复与保护、北部防风固沙造林、水环境保护治理三大类工程。古浪县列为沙化土地封禁保护试点县，坚持把生态文明建设摆在全局工作的突出位置，县委完善绿色发展考核体系，切实树立绿色发展鲜明导向，严格执行武威市委年度政绩考核中生态文明建设指标占20%的硬约束任务。统筹生态建设、环境保护和经济社会协调发展。按照"南护水源、中保绿洲、北治风沙"的总体方针，大力推进国土绿化递增行动和北部沙区防沙治沙，治沙造林是古浪县历届县委、县政府长期性全局性工作之一。八步沙"六老汉"三代人接力奋斗38年，始终把自身的事业融入到国家和地方生态建设全局中。截至2018年5月，累计完成国家三北防护林建设任务13.7万亩，工程治沙1万亩，封沙育林（草）21万亩，约占古浪县同期总量的1/3。经过八步沙"六老汉"三代人38年的接力奋斗，使得北部风沙线成为后花园，风沙肆虐的荒漠成为宜居绿洲，吸引了更多农民来此落户。古浪县统筹推进脱贫攻坚与乡村振兴，绿洲小镇、黄花滩12个移民新村和南部山区10个行政村内就近安置点基本达到"四化六有"标准。加快实施山水林田湖草生态保护修复工程，总投资9.4亿元的12个子项目完工8个。为实现贫困移民"搬下来、稳得住、能致富、可持续"的目标，2018年八步沙林场在古浪县委县政府的鼓励下开始探索将防沙治沙与产业富民、精准扶贫相结合，在黄花滩移民区流转了 2500 多户贫困户的 1.25 万亩土地，种植梭梭嫁接肉苁蓉 5000 亩，还有枸杞、红枣 7500 亩。2019 年以黄花滩移民区为重点发展戈壁农业 1000 亩、梭梭嫁接肉苁蓉 5000 亩、山药 1000亩、芦笋 5000 亩、食用菌 500 座、肉鸽养殖万羽，建成年产 3000 万个食用菌袋全产业链基地。① 八步沙人把人工造林与封沙育林草、封禁保护相结合，生物治沙与工程治沙相结合，乔灌草相结合，防沙治沙与脱贫攻坚相结合，持续开展沙漠化治理。在"山——川——沙"整体治理中体现了系统思维，起到了很好的衔接作用。对于持续强化祁连山自然保护区古浪段生态保护治理，高标准高质量实施祁连山山水林田湖草生态保护修复工程起到了重要作用。

第五节 体现了"最严格制度最严密法治保护生态环境"的责任意识

习近平总书记反复强调："在生态环境保护问题上，就是要不能越雷池一步，否则就应该受到惩罚"。② 我国生态保护建设中因为体制不完善、机制不健全、法制不完备等原因导致很多问题难以解决。只有实行最严格的制度、最严厉的法治，把制度建设作为推进生态文明建设的重中之重，加快生态文明体制改革，着力破解制约生态文明建设的体制机制障碍，才能为生态文明建设提供可靠保障。

武威处于全国生态格局青藏高原生态屏障和北方防沙带的中心地带，生态地位特殊，东西北三面被巴丹吉林沙漠和腾格里沙漠所包围，在地理环境梯度上处于全国荒漠化最前沿，生态环境脆弱，是全国荒漠化最严重的地区之一。防沙治沙工作得到党中央、国务院和省委、省政府的高度关心。武威

---

① 以上数据由八步沙林场提供。
② 《习近平谈治国理政》第一卷，外文出版社 2018 年版，第 209 页。

市委出台生态文明建设规划、生态屏障行动实施方案等文件，编制了《武威市防沙治沙总体规划》，市人大出台《武威市防沙治沙条例》，开展常态化防沙治沙执法检查。市县区层层签订责任书，落实防沙治沙责任。古浪县始终把防沙治沙作为全县林业的重点和长期战略任务来抓，把防沙治沙任务分解落实到各乡镇、单位，成立协调领导小组督促检查全县防沙治沙工作。

一、责任到人，加强管护

20世纪六七十年代，古浪县曾经以群众运动的形式治理八步沙，靠着组织群众会战治理生态修复，效果不尽如人意。除了违背自然修复的规律外，还与缺乏监管和责任制度不健全有关，有人种，无人管。曾经安排生产队上了年纪的社员去管护，每天记十个公分，相当于一个壮劳力在生产队挣的工分，但过了几个月，没人愿意去挣这十个工分，因为条件太艰苦，见不着人，人都待不住。

1981年，六老汉以联产承包责任制的形式承包了八步沙，改革了以前群众运动式的大呼隆模式。在沙漠里植树，一分种九分管，管护是重中之重，承包之后，为了进一步提高植树量和存活率，他们实行"定任务、定标准、定报酬、定奖罚、定人员"的责任制，把造林、护林同每个人的经济收入挂钩，从而进一步调动了每个人的积极性。[①] 每天早上披星戴月出发巡护，夜里十一点多才进家门，每天巡护步行近30公里，其艰苦常人难以体会。《筑梦八步沙》的作者之一杨先回忆："石满老人的威名在我们小伙伴当中那是如雷贯耳，他处理潜进八步沙放牧的人一点也不留情面。我和另一个小伙伴抱着侥幸心理前去，但结果是碰壁而归。"石满每周都要到每个人负责的林区巡视一遍，发现不到位的地方就不客气的指出，和其他老汉都吵过嘴，红过脸，磕磕碰碰过，但为了共同的绿色梦想，六老汉最终都能互相体谅、化解。贺中强回忆道："为了保证栽下的树管得住，八步沙林场实行划片管理，父亲分管了眼窝子沙林区。这片林区离场部远，周边农户的牛羊经

---

① 梅生虎、尚可元：《染绿八步沙的人》，《武威报》1988年3月16日。

常毁坏草木，管护起来难度很大。自从分管这片林子后，父亲就和羊倌们较上了劲，每天天不亮就来到林区巡查，等天黑了才回去，羊倌们根本没机会把羊群赶到林子里。为此，他们对父亲多有埋怨，说父亲是个死脑筋、老倔头。一次刮风下雪夜里巡护，在沙漠里迷了路，大家提着马灯集体寻找，最后在一个羊圈里找到快冻僵的他。"①1993年轰动全国的"5·5"特大沙尘暴来临时，59岁的罗元奎正在八步沙最北段巡护，被大风卷跑20多米，迷失了方向，当晚9点多，四处寻找的乡亲们在一崖边发现灰头土脸几乎不能动弹的罗老汉，手中还紧紧攥着那根从不离身的护林用的木棍……到如今八步沙林场"一场六站"管护着20多万亩的封育面积，防盗伐、防偷牧、防火情成了他们每天必做的功课。为了责任到人，林场与护林站职工层层签订责任书，将管护区划分到每个护林站，实行造林管护网格化管理，坚决不允许发生任何管护林草区安全事故。2003年，八步沙人开始转战25公里之外面积更大的黑岗沙，为了加强管护，石银山一个人在面积11.6万亩的黑岗沙护林站的小屋子里度过了6个春节。

二、立规定约，教育群众

早在1976年10月，古浪县革委会就发布了关于保护山林和北部防沙林带的布告，严禁在北部防风固沙林带、封沙育草区、人工幼林区内刨柴、拔草、放牧。1981年，尽管八步沙承包给了六老汉，可周边部分群众的生活及思想状况没有变，仍然遵循以前的习惯，将羊赶到八步沙，让羊群去啃食林间沙丘间的沙蓬、刺蓬、沙冰草等，一日不落，以期羔羊尽快膘肥体壮卖个好价格，补贴家用。一边操心着封沙育林，一边还要死死地盯着那些脆弱的沙生苗木，春秋两季刚育的苗根系不稳，最怕放牧的羊群践踏。1985年冬上的一天，有几个羊倌把羊群赶到林区里放牧，看着小树苗被羊群毁坏，贺发林心疼得不得了，就跟人家理论，谁知放羊人态度很不好，还说老天爷长下的大沙窝，我们祖祖辈辈都在这里放羊，凭什么你们栽上几棵树，就不

---

① 贺中强演讲稿《就是拼了命，也要把沙治住》。

叫放羊了？贺老汉就跟人家讲道理、做工作，经过耐心劝说，那些羊倌才意识到保护树木的重要性，就把羊群赶到别处去放牧了。

为此八步沙林场在石满的主持下，起草了"土法律"，由张润元执笔，你一言，我一语，写成《八步沙护林公约》，张贴在十里八乡教育群众，给他们定规矩定制度，内容如下：

为加强保护八步沙林草资源，根据古浪县《关于保护山林和北部防沙带的布告》，结合本林场实际情况，经集体讨论研究，制定出以下护林公约：

一、本林场一草一木都属本场集体所有，凡在本场人员及其亲属，不得私自砍伐树木，不得私自放牧铲草，不得私自进行其他生产活动。

二、其他非本林场人员不得擅自进入八步沙林场，不得擅自砍伐树木，不得擅自放牧铲草。

三、如有违反者，一律按滥伐树木论处，没收原物，并处以原物价值的十倍罚款。

四、本林场内严禁擅自用火，对造成火灾损失，由起火者承担一切损失赔偿，情节严重者交林业主管部门惩处。

五、对破坏本林场草木检举揭发有功者给以奖励，按照罚金的60%奖励给举报人。

六、护林员应认真履行管护职责，不得徇私舞弊。若造成所管护林木损失的，视情节轻重，处以100—500元的罚款。

七、对殴打护林人员、阻挠护林人员工作，轻者处以50—200元罚款，重者交行政公安机关惩处。

八步沙林场

1982 年 4 月 1 日

"土法律"首先对自家的亲戚朋友约法三章，秉公办事，目的是"杀鸡给猴看"。至于后面的罚款，不过是吓唬村民的幌子。他们买了十多张红纸，请袁良玺、石麟山、程暇年等当地有名的书法家，誊写"土法律"，请村干部把"土法律"到八步沙附近的村庄张贴布告，进行宣传。

三、依靠政府，依法惩处

制度制定了，"土法律"公布了，群众如果还是不听，怎么办？经过一番讨论，总的想法是向上级反映，必须把八步沙"封"起来，才能找到植树造林的办法。省上作出决定，要采取有效措施，防止干旱县的植被被破坏，10月9日，武威地区行政公署制定颁布了《甘肃省武威地区行政公署关于加强林木植被管护的布告》，指出："为了保护森林资源、保护自然植被，巩固造林成果，加快林业建设和植被建设速度，特布告如下"，"坚决制止乱砍滥伐和偷盗滥伐，禁止对祁连山水源涵养林采取任何形式的砍伐，违者除收回木料外，按林木价格处以三至五倍的罚款；情节严重的，追究刑事责任"，"严禁在人工林、天然林、幼林地、划定的封禁地段内放牧牲畜，违者，对放牧人员进行罚款。罚款数额，以牲畜头数计，大畜每头三元，羊每只五角。牲畜啃伤未成材幼树的每株罚款五元，啃伤已成材林木的处罚三倍价款"，"保障护林人员的职权和人身安全，对违反护林法令和《水土保持条例》不听劝阻，殴打护林人员的，除负担被打人员的医疗、生活费外，并处以罚款五十至一百元，情节严重的，予以法律制裁"，"护林有功者，及时进行表彰奖励"。古浪县立即执行上级决定，制定了有效措施。首先作出封闭几片沙漠灾害严重的决定，其中包括八步沙。护林这一步，县乡镇出面帮忙，封闭沙区，撤走牲畜，停止破坏。"他们几个人将力量凝聚在一起，发挥了凸透镜聚光与一点的作用，经过数十年如一日锲而不舍的管护，不论是周围的羊倌还是放牲口的孩童，都知道八步沙的这些人难缠，慢慢寻思别的地方或者寻找别的出路了"。①曾经，贺中强在巡沙护林时，发现七棵大白杨树被砍伐了，循着足迹找到那户人家，但对方藏匿起来，拒不承认，最后到派出所报案，依靠警方迫使对方认错认罚，以严格的制度形成的震慑力，保护

① 李学辉、杨先：《筑梦八步沙》，敦煌文艺出版社2019年版，第50页。

了护林的成果。2001 年，曾经有一个村民与贺中强熟悉，仰仗老关系不顾劝阻，把 100 多只羊赶进林地里放牧。贺中强劝阻不住，就坚持原则把此事反映到了林业部门。林业部门经过实地调查了解事实，给予那位村民 200 元的罚款处理。这位村民怀恨在心，在一天深夜里翻进贺中强家企图行凶，没有得逞。后在林场领导和村干部的耐心教育下，这位村民从此再没有在林子里放过羊。贺中强以认死理在八步沙护林出了名。1991 年贺发林老汉去世时交给贺中强的 25 万株树木，2006 年经林业部门核查时发现他管护的 5000亩林地没有少一颗，因为管护得当，大部分林木都长到 20 至 40 厘米粗，成了八步沙林场的宝贵财富。2007 年冬天一夜里，一辆外地车从 308 线经过时冲出路面，压断了路旁 5 棵护路杨树，郭万刚要求赔偿，却被司机痛打一顿……为了守护林草，他们都受到威胁和恐吓。

生态文明建设功在当代、利在千秋。紧密团结在以习近平同志为核心的党中央周围，依靠党的坚强领导和组织优势，充分发挥社会主义制度能够集中力量办大事的政治优势，坚持节约资源和保护环境的基本国策，"弘扬践行八步沙'六老汉'三代人治沙造林和民勤防沙治沙精神，推动全域生态文明建设向纵深发展"。① 坚定走生产发展、生活富裕、生态良好的文明发展道路，推动形成人与自然和谐发展现代化建设新格局，让中华大地天更蓝、山更绿、水更清、环境更优美。

---

① 《武威市 2018 年政府工作报告》，2019 年 3 月 6 日在武威市第四届人民代表大会上第四次会议上通过。

第八章

八步沙"六老汉"三代人治沙造林先进事迹是"不忘初心、牢记使命"主题教育的现实典型

习近平总书记指出:"一切向前走,都不能忘记走过的路;走得再远、走到再光辉的未来,也不能忘记走过的过去,不能忘记为什么出发。"①2017年10月,中国共产党第十九次全国代表大会在北京胜利召开。本次大会以"不忘初心、牢记使命,高举中国特色社会主义伟大旗帜,决胜全面建成小康社会,夺取新时代中国特色社会主义伟大胜利,为实现中华民族伟大复兴的中国梦不懈奋斗"为主题。党的十九大报告中明确指出,"中国共产党人的初心和使命,就是为中国人民谋幸福、为中华民族谋复兴。"② 强调:"弘扬马克思主义学风,推进'两学一做'学习教育常态化制度化,以县处级以上领导干部为重点,在全党开展'不忘初心、牢记使命'主题教育,用党的创新理论武装头脑,推动全党更加自觉地为实现新时代党的历史使命不懈奋斗。"③

1921年,在民族危亡、国将不国之际,中国共产党诞生了。从嘉兴南湖的红船走来,革命的火种撒遍神州大地,为民族复兴和中华崛起举起了正义的"拳头",踏上了革命与斗争的漫漫征途。经过不屈不挠、前赴后继的浴

---

① 《十八大以来重要文献选编》(下),中央文献出版社2018年版,第345页。

② 《决胜全面建成小康社会 夺取新时代中国特色社会主义伟大胜利——在中国共产党第十九次全国代表大会上的报告》,人民出版社2017年版,第1页。

③ 《决胜全面建成小康社会 夺取新时代中国特色社会主义伟大胜利——在中国共产党第十九次全国代表大会上的报告》,人民出版社2017年版,第63页。

血奋战，推翻了压在中国人民头上的三座大山（封建主义、帝国主义和官僚资本主义）。1949 年 10 月 1 日，中华人民共和国宣告成立。中国共产党带领中国人民完成了新民主主义革命的胜利，奠定了社会主义社会的制度基础。1978 年召开的党的十一届三中全会，吹响了改革开放的号角，我国集中力量进行了轰轰烈烈的经济建设。经过四十年的不懈努力，中国一跃成为继美国之后全球第二大经济体，积累下了坚实而丰厚的经济基础。从 1921 年成立以来，中国共产党始终坚守初心，为所担负的光荣而伟大的使命前赴后继。

为了用习近平新时代中国特色社会主义思想武装全党，推进新时代党的建设，保持党同人民群众的血肉联系，实现党的十九大确定的目标任务。2019 年 5 月 13 日，中共中央政治局召开会议，决定从 6 月开始全党自上而下分两批开展"不忘初心、牢记使命"主题教育。按照党中央的部署和要求，全党严格按照"守初心、担使命、找差距、抓落实"的总体要求，认真开展了第一批、第二批"不忘初心、牢记使命"主题教育，并取得了实实在在的效果。2019 年 5 月 20 日至 22 日，在江西省考察调研的习近平总书记，专门来到赣州市于都县参观了中央红军长征出发纪念馆。并在考察期间召开的中部地区发展座谈会上专门就"不忘初心、牢记使命"主题教育再次作出要求。在第一批"不忘初心、牢记使命"主题教育即将接近尾声之际，习近平总书记赴中央红军三大主力部队胜利会师的甘肃省进行视察。2019 年 8 月21 日，在甘肃视察的习近平总书记来到古浪县八步沙林场时说，八步沙林场"六老汉"的英雄事迹早已家喻户晓，新时代需要更多像"六老汉"这样的当代愚公、时代楷模。要弘扬"六老汉"困难面前不低头、敢把沙漠变绿洲的奋斗精神，激励人们投身生态文明建设，持续用力，久久为功，为建设美丽中国而奋斗。任何事业都离不开共产党员的先锋模范作用。只要共产党员首先站出来、敢于冲上去，就能把群众带动起来、凝聚起来、组织起来，打开一片天地，干出一番事业。①

---

① 《习近平在甘肃考察时强调——坚定信心开拓创新真抓实干　团结一心开创富民兴陇新局面》，《人民日报》2019 年 8 月 23 日。

图 18　国家林草局在"不忘初心、牢记使命"主题教育活动中举行八步沙"六老汉"三代人先进事迹报告会

中国共产党和中国共产党人坚守初心，担负伟大使命，书写了一部波澜壮阔的中国革命史、建设史和改革史。同时，也有那么一个个普普通通的群体和个人，他们坚守自己的初心和使命，在平凡的岗位上攻坚克难、不屈不挠，取得了非凡业绩、筑起了一座座丰碑。古浪县八步沙"六老汉"三代人治沙造林先进群体，坚守"绿色誓言"接续奋斗了 38 年，守护了古浪人民赖以生存的家园，成为保护环境、推动生态文明建设鲜活生动的先进典型。2018 年 5 月 16 日《武威日报》以《八步沙的故事》为题，以"不忘初心筑梦前进"为副标题进行连载报道，第一篇报道就是《初心：立下愚公志，沙漠变林海》。文中称"他们不忘父辈初心，牢记使命，筑绿前行。他们一年接着一年干，一代接着一代干"。诗以言志，歌以抒情，郭万刚只有初中文化程度，但长期的治沙造林事业使得他思想丰富，经常写一些诗歌作为表达思想、抒发情怀和打发寂寞的方式。2019 年 9 月初，武威市、古浪县相继发出通知，部署了全市、全县第二批"不忘初心、牢记使命"主题教育活动。"只有回看走过的路、比较别人的路、远眺前行的路，弄清楚我们从哪儿来、往哪儿

去，很多问题才能看得深、把得准。"① 古浪县八步沙林场"六老汉"三代人治沙英雄群体，38年来坚守初心、不辱使命，让一片浓绿在滚滚黄沙中不断延伸、拓展。他们的初心，就是搏击风沙，守护好古浪人民赖以生存的美好家园；他们的使命，就是不畏艰难，让八步沙这片黄沙滚滚的不毛之地变成郁郁葱葱的生态绿洲。

第一节　学习"八步沙"奋斗精神，坚守党员干部的初心

八步沙在视觉上是绿色的，在精神上是红色的。八步沙林场"六老汉"三代人治沙造林先进群体，是荒漠变绿洲的接续奋斗者，是习近平新时代生态文明思想的践行者，是弘扬"人一之我十之、人十之我百之"甘肃精神的典型代表，是古浪人民坚持走生态优先、绿色发展之路的生动范例和重大典型。2019年4月，中共甘肃省委印发了《中共甘肃省委关于深入开展向"时代楷模"——古浪县八步沙林场"六老汉"三代人治沙造林先进群体学习活动的决定》。号召全省各级党组织和广大党员干部学习"时代楷模"——八步沙林场"六老汉"三代人治沙造林先进群体勇挑重担、守卫家园的担当精神，不畏艰难、实干苦干的拼搏精神，勇于探索、唯实创新的进取精神，矢志坚守、接续奋斗的愚公精神。②

"守初心，就是要牢记全心全意为人民服务的根本宗旨"。③ 不忘初心、牢记使命，首先要坚定为共产主义不懈奋斗的理想信念，以全心全意为人民服务为根本宗旨。在"不忘初心、牢记使命"主题教育中，党员干部特别是

---

① 《习近平谈治国理政》第三卷，外文出版社2020年版，第70页。
② 《中共甘肃省委关于深入开展向"时代楷模"——古浪县八步沙林场"六老汉"三代人治沙造林先进群体学习活动的决定》，《甘肃日报》2019年4月17日。
③ 《在"不忘初心牢记使命"主题教育工作会议上的讲话》，人民出版社2019年版，第6—7页。

党员领导干部，在深入学习习近平新时代中国特色社会主义思想、习近平总书记视察甘肃时的重要讲话和指示精神，深入学习党史和新中国史的同时，把"八步沙精神"作为身边鲜活生动的先进典型进行重点学习。结合理想信念、宗旨意识、工作实际学习"八步沙精神"。《中共中央关于在全党开展不忘初心牢记使命主题教育的意见》要求："通过扎实认真的学习，达到理论学习有收获、思想政治受洗礼、干事创业敢担当、为民服务解难题、清正廉洁作表率的目标。"

几千年来，人类在繁衍生息的历史过程中，不管是对于个体而言，还是对于一个群体来说，都有其本身的初心所在，使命所当。八步沙"六老汉"就是看到田地和家园被风沙侵蚀，不忍生存环境一步步恶化，为了一个"绿色的誓言"坚守自己的初心和使命，取得了可喜的成绩。38 年前，正值改革开放的浩荡东风拂遍大江南北，联产承包责任制的实施，充分调动了全国广大农民群众的积极性。精耕细作于田间地头，努力向土地要效益，中国农村呈现出一派农业大生产的勃勃生机。与同处在风沙线上的兄弟乡镇、村组一样，当时古浪县土门公社所辖的土门、漪泉、台子三个行政村，地处一片黄沙的八步沙周围，因风沙侵蚀而农田被毁，家园存危。土门公社领导班子几经讨论，决定张贴告示，诚招治沙人，计划将八步沙 7.5 万亩流沙承包出去，有效解决当地农业生产和农民生活中的沙害问题。六老汉揭榜立誓、联户承包，开启了挺进沙漠、艰难播绿的漫漫征途。

第一代治沙人张润元于 2018 年在接受央视《焦点访谈》采访时，谈到三代人接续奋斗治沙造林时说："这就是个苦力活，这就是得有耐心、有苦心、有坚持心"，"耐心、苦心、坚持心"就是八步沙人对初心最朴实的表达。充分利用八步沙"六老汉"治沙纪念馆这个教育资源，通过举办主题党日活动，重温入党誓词，开展形势政策教育，引导党员干部正确认识和准确把握形势、提振干事创业精气神。组织党员干部沿着习近平总书记视察古浪时的路线，到富民新村、富民小学、八步沙治沙现场等考察调研点，感受脱贫攻坚、基础教育、生态文明建设等工作取得的成绩，进一步坚定打好打赢脱贫攻坚战、加快社会事业发展、加强生态治理的信心和决心。

一、为守护家园所具有的耐心

漫漫治沙路，悠悠播绿心。八步沙"六老汉"三代人治沙造林先进群体，在平凡的岗位上取得非凡的业绩，靠的就是他们坚忍不拔、默默无闻的耐心。有了他们的坚守努力、有了他们的接续奋斗，才有了今天八步沙郁郁葱葱的绿色，才有了今天水绿山青、风平沙静的新古浪。

从种下第一棵树苗起，八步沙"六老汉"就与风沙为伴了。他们住进地窝铺、啃着窝窝头，白天种草植树战风沙，晚上闲下来了吼上几嗓子解解乏。有时他们也在泛光如豆的油灯下读一读旧报纸，侃大山、谈天论地、聊一聊曾经历过的一些事故人情，总之，就是要在荒无人烟的沙漠中排遣和打发一下夜晚的时光。偶尔，他们也会烧水做饭，改善一下长期冷水就馍馍的艰苦生活。但做饭用水金贵的要命，一般都是从十余里开外的地方通过畜力拉运回来的。"六老汉"尽量节约生活用水，争取给栽植的树苗和播撒的草种所用浇灌用水多一些，确保它们在严酷生存环境里的成活率。以免白熬了工时、白出了力气、白吃了苦头。就这样，他们精心根植和呵护着一棵树、一棵苗，让绿色在黄色的沙丘、沙窝、沙沟、沙梁、沙滩里不断扩展、延伸。

1995 年国家政策调整，1996 年县级财政困难。此时的八步沙拿不到财政补贴，一度陷入发展困境，走向濒临破产与散伙的边缘。但八步沙第一代治沙人"六老汉"和他们子承父业的第二代治沙人东奔西走、贷款打井，平田整地、以农养林。他们在平整出的 400 亩农田里种植农作物 300 亩，夏粮开镰时就获得了丰收，为八步沙风沙治理和林场的后续发展积累了丰厚的第一桶金。走出生存困境的八步沙"六老汉"第一、第二代治沙人又开启了传统治沙模式，他们仍凭人扛畜驮往沙窝里运树苗、草种，运固沙秸秆、稻草，运浇灌用水、生活用品、充饥干粮。继续投入到固沙植树、固沙种草的艰苦劳作中。

二、与风沙侵蚀抗争的决心

1934 年 10 月至 1936 年 10 月这两年时间里，中国工农红军第一、第二、第四方面军和第二十五军进行了伟大的长征，先后到达陕甘宁边区，实现了我军主力部队的胜利会师。"长征的胜利，靠的是红军将士压倒一切敌人而不被任何敌人所压倒、征服一切困难而不被任何困难所征服的英雄气概和革命精神。长征向全中国、向全世界庄严宣告，中国共产党及其领导的人民军队，是用马克思主义武装的、以共产主义为崇高理想和坚定信念的。长征路上的苦难、曲折、死亡，检验了中国共产党人的理想信念，向世人证明了中国共产党人的理想信念是坚不可摧的。"① 中国工农红军二万五千里长征的胜利，靠的就是中国共产党人坚不可摧的理想信念。这个理想信念其实就是中国共产党为了夺取新民主主义革命胜利的决心。

世上无难事，只怕有心人。只要有了决心和毅力才能干成一件事、干好一件事。1965 年，中共古浪县委、县人民委员会就认识到防沙治沙的重要性，动员群众采取"因地制宜，因害设防，工程措施和生物措施相结合，草、灌、乔相结合，带、片、网相结合，造与营并举"的综合措施，治沙的效果还是非常好的。自 1968 年起，在政府部门的参与和带动下，古浪已经有农民自发的小规模防沙治沙行动，通过边边角角、零零碎碎的沙漠化治理，对沙害危及农田和村庄、影响农民日常生活的问题进行了初步探索。但当时的农民个体防沙治沙活动，都处于各自为阵、维护自我利益为目的的状态之下。

土门公社的宣传动员，方圆数十里没有人能主动站出来，接下八步沙7.5 万亩黄沙治理的"大工程"。在生产工具落后、人民生活水平相对较低的20 世纪 70 年代，仅凭肩扛背驮、锹挖手刨的人力完成如此大面积的沙漠治理谈何容易。风沙区严重缺水、蒸发量又大，面对成功与否的不确定因素，势必将把六个家庭拖入无米下锅、难以为继的境地。当地的村民们都精耕细作于自家的承包地；富余劳力走出家门，赴外务工，以期提高土地产量、增加家庭经济收入，迅速改变贫困生活的现状。而六老汉经过再三斟酌、反复思量，最终决定将这 7.5 万亩的一片黄沙联户承包下来，坚决在《土门乡固

---

① 《在纪念红军长征胜利 80 周年大会上的讲话》，人民出版社 2016 年版，第 4 页。

沙造林承包合同书》上摁下了六个鲜红的指头印。俗话说："开弓没有回头箭"。一纸合同的签订，联户承包八步沙治理的六个老汉再也没有回头路可走了。但他们还是毅然决然挑起了这个防风固沙、守护家园的"大梁"。

三、不达目的誓不罢休的恒心

38 年来，八步沙"六老汉"三代人治沙造林先进群体在长期实践和不断探索中，总结和积累了多种治沙模式和治沙流程。比如，埋压草方格，固沙植树种草保墒情；一棵树，一把草，压住沙子防风掏；先治窝、后治坡，最后治沙梁岗等一系列的经验和办法。近四十载风风雨雨，他们边治沙边摸索总结，边摸索总结边治沙。运用总结出来的成功经验和有效措施，取得了喜人的成绩。据林业专家评估，八步沙林场建成的防风固沙林带，目前活木蓄积量在 2 万立方米以上，林中每年产鲜草 500 多万公斤，产薪柴 200 多万公斤，其经济价值在千万以上。其更大的生态价值是，保护了境内 10 万亩良田，创造了林进沙退的治沙奇迹。

"幢幢民居拔地起、片片沃野展丰姿。"有了八步沙三代人治沙先进群体所取得的成就，才为古浪县易地移民扶贫搬迁创造了宜居环境。如今八步沙以东，感恩、阳光、惠民、为民、新民、富民、立民、爱民、富康、康乐、绿洲小镇等 11 个移民新村拔地而起，整齐有序的农宅如一个个待阅部队方阵般排列在省道 316 南北两侧。在这方圆近 50 平方公里的平坦土地上，古浪县南部山区 7 个乡镇的 6 万贫困人口先后从高深山区整村搬迁下来，穿插住进政府为他们建起的新家。一条条通衢纵横交错，一所所学校书声琅琅，就近而便捷的村卫生室，有个头疼脑热、小病小情的，随时瞧个大夫、吃个药也不在话下。从此，这些告别世代休养生息的故土，积极响应党和政府实施易地搬迁脱贫号召，来到新家园的古浪南部山区 7 个乡镇的村民将在这片土地上安居乐业了！古浪县南部山区 7 个乡镇整村搬迁的绝大部分村民已搬到村容整洁、优美宜居的黄花滩移民新村里。而他们曾生活过的旧址上，已呈现出一派水绿山青、鸟语花香的动人画卷。

八步沙"六老汉"三代人治沙造林先进群体勇于担当、不怕困难、百折不挠、接续奋斗的精神，是我们党员干部的榜样和值得学习的生动典型。通过对"八步沙精神"的深入学习，进一步深刻领会不忘初心的丰富内涵和精神实质，坚守党员干部的初心，情系人民、服务人民，及时了解和掌握人民群众生产生活实际情况，把人民群众的所思、所想、所盼作为自己工作的出发点和落脚点。

第二节　对照"六老汉"先进事迹，勇于承担自己肩负的责任

习近平总书记指出："担使命，就是要牢记我们党肩负的实现中华民族伟大复兴的历史使命，勇于担当负责，积极主动作为，用科学的理念、长远的眼光、务实的作风谋划事业；保持斗争精神，敢于直面风险挑战，知重负重、攻坚克难，以坚忍不拔的意志和无私无畏的勇气战胜前进道路上的一切艰难险阻；在实践历练中增长经验智慧，在经风雨、见世面中壮筋骨、长才干"。① 八步沙"六老汉"困难面前不低头、敢把沙漠变绿洲的感人事迹，是"不忘初心、牢记使命"主题教育中党员干部学习的鲜活生动事例。八步沙"六老汉"被喻为矢志不渝的当代"愚公"，为了一个绿色的誓言，守得住寂寞、耐得住清苦，用 38 年时间在风沙肆虐的大地上书写了华丽篇章。他们始终牢记自己所肩负的使命，克勤克俭、战天斗地，把全部精力都投入到防风固沙、植树造林、种草播绿上。新时代党员干部，特别是县处级以上党员领导干部，以八步沙"六老汉"三代人默默无闻的使命担当为活教材，深刻认识新时代中国共产党的伟大历史使命、自己在所处工作岗位上的职责所在和使命所向、把兢兢业业履职尽责作为有担当有作为的根本要求，在平凡的工作岗位上，时刻以一个共产党员的标准严格

① 《在"不忘初心牢记使命"主题教育工作会议上的讲话》，人民出版社 2019 年版，第 7 页。

要求自己，坚守初心、牢记使命，提高宗旨意识、锻造干事本领、胸怀伟大梦想、为民谋求福祉。

一、新时代党员干部的初心使命

幸福在不同的时代、不同的地方有不同的内涵。民以食为天，食以粮为本，土地是庄稼人的命根子。20世纪80年代之前的土门人，吃饱饭是农民最大的幸福。要吃饱饭就得庄稼丰收，而影响庄稼丰收的最大威胁就是步步紧逼、侵蚀田园的八步沙。"八步沙不治，土门子不富"，治住八步沙可谓"打蛇打七寸"，就是最好的为民谋福。没有共产党就没有新中国。回顾中国共产党的历史，让我们更加明白：有了中国共产党人的接续奋斗和不懈努力，才营造了今天和平有序发展的国内环境。中国共产党的诞生，使革命的火种撒遍神州大地，经过不屈不挠、前赴后继、浴血奋战，取得了新民主主义革命的胜利，迎来了中华人民共和国。1978年召开的党的十一届三中全会，吹响了改革开放的号角，我国集中力量进行了轰轰烈烈的经济建设。经过四十年的不懈努力，中国一跃成为继美国之后全球第二大经济体，积累下了坚实而丰厚的经济基础。中国共产党第十八次全国代表大会之后，以习近平同志为核心的党中央审时度势，确立了"两个一百年"的奋斗目标，作出"五位一体"和"四个全面"的战略布局，提出了"中国进入了新时代"的历史方位。

坚持以人民为中心的发展思想。发展为了人民，这是马克思主义政治经济学的根本立场。"过去的一切运动都是少数人的或者为少数人谋利益的运动，无产阶级的运动是绝大多数人的，为绝大多数人谋利益的运动"。[①] 从革命斗争并取得新民主主义革命胜利，到新中国成立后社会主义基本政治制度的建立和完成，再到现代化建设的全过程，中国共产党始终把为人民服务作为自己的出发点和落脚点。党的十八届一中全会新当选的中共中央政治局常委中外记者见面会上，习近平总书记指出，人民对美好生活的向往，就是

---

① 《共产党宣言》，人民出版社2014年版，第39页。

我们的奋斗目标。① 我们沐浴在新时代的阳光下，坚持以人民为中心，坚定不移走群众路线，深入贯彻"创新、协调、绿色、开放、共享"的新发展理念，是新时代党员干部坚守的初心和使命。

二、本职工作岗位上要坚守初心使命

习近平总书记指出，我们千万不能在一片喝彩声、赞扬声中丧失革命精神和斗志，逐渐陷入安于现状、不思进取、贪图享乐的状态，而是要牢记船到中流浪更急、人到半山路更陡，把不忘初心、牢记使命作为加强党的建设的永恒课题，作为全体党员、干部的终身课题。② "多年来，八步沙三代愚公已经累计完成治沙造林 21.7 万亩，管护封沙育林草 37.6 万亩，八步沙林场发展成为古浪唯一一家由农民联户组建的生态公益性林场，也成为甘肃省农民联户承包治沙造林的典型之一。"③ 八步沙"六老汉"有一个共同的约定，无论治沙造林有多艰苦，无论有多大的困难，各自一定要动员子女，当好治沙继承人，把八步沙治沙造林的事业继续干下去。三代人38 年如一日，一代接着一代干，始终坚持着治沙造林的接力赛。从承包治理八步沙，到苦战黑岗沙、漠迷沙、大槽沙三大风沙口，再到向古浪北部沙区挺进。

奋战在各条战线上的党员干部特别是党员领导干部，都因岗位的不同，所担负的职责和使命也各不相同。职责与分工不同，但实现共产主义的远大理想和为中华民族谋复兴的共同理想是一致的、相同的。不管是间接的还是直接的，归根结底都是以为人民服务为根本宗旨。"伟大梦想不是等得来、喊得来的，而是拼出来、干出来的。我们现在所处的，是一个船到中流浪更急、人到半山路更陡的时候，是一个愈进愈难、愈进愈险而又不进则退、非

---

① 《十八大以来重要文献选编》上，中央文献出版社 2014 年版，第 70 页。

② 《习近平在第十九届中央政治局第十五次集体学习时强调全党必须始终不忘初心牢记使命　在新时代把党的自我革命推向深入》，《人民日报》2019 年 6 月 26 日。

③ 宋喜群：《用愚公精神创造生命奇迹——古浪六老汉播绿八步沙的故事》，《光明日报》2019 年 3 月 29 日。

进不可的时候。"① 在平凡的工作岗位上，党员干部要同八步沙"六老汉"三代人治沙造林先进群体一样，对待事业和工作永不言弃、一干到底，以功成不必在我的胸怀和滴水穿石的恒心，一张蓝图绘到底，全心全力促发展，奋力书写实现中华民族伟大复兴中国梦的华丽篇章。

三、履好职尽好责就要有担当有作为

"当黄沙肆虐的时候，八步沙人抱着护庄稼、保饭碗的质朴愿望，扛起共产党员应有的担当，不畏恶劣环境，无惧艰苦劳作，默默地用生命和汗水抵抗风沙的侵蚀，浇灌出了葱葱绿荫，不仅保住了自己的小家园，也守护了古浪的大家园。他们的朴素情怀、坚定信念、勇往直前，点亮了治沙造林的希望之光，谱写了让沙漠披绿的生态壮歌"。② 六老汉中四人是共产党员，六人都曾担任过村组干部。面对家园被风沙侵蚀的严峻形势，他们立下"活人不能让沙子欺负死"的治沙誓言，带头承包治理荒漠。38 年来，八步沙"六老汉"三代人，坚守初心使命，与肆虐的风沙搏斗，用坚强的毅力创造了令人震撼的绿色奇迹，以实际行动彰显了共产党员的先进性。当前，我们正处在脱贫攻坚的决胜时期。为顺利实现现行标准下到 2020 年农村贫困人口全部脱贫，贫困县全部摘帽，全省上下正以尽锐出战的决心和滚石上山的恒心，为全力打赢、打好脱贫攻坚的这场硬仗付出不懈努力。党员干部在重要关头要勇挑重担，吃苦在前、奋战在先，投入火热的脱贫攻坚第一线。大力宣传好党的富民、惠民政策，帮助贫困人口提高技能、发展产业，不断拓宽增收渠道，为顺利实现脱贫致富奔小康打下坚实的基础。

各级党组织要切实增强"四个意识"、坚定"四个自信"、做到"两个维护"，全面落实习近平总书记视察甘肃重要讲话和"八个着力"重要指示精神，坚定不移走生态优先、绿色发展之路，奋力开创高质量发展新局面。牢固树立"绿水青山就是金山银山"的理念，坚决打好污染防治攻坚战，扎实

---

① 《在庆祝改革开放 40 周年大会上的讲话》，人民出版社 2018 年版，第 42 页。
② 中共甘肃省委：《八步沙见证一份绿色的承诺》，《求是》2019 年第 16 期。

推进国土绿化递增行动、科学防沙治沙、国家节水行动等工作，促进全域生态文明建设迈上新台阶。"党的群众路线生动体现于唯物史观与中国国情相结合的历史进程之中，表现为真心实意相信群众、依靠群众、帮助群众创造幸福生活的历史实践之中，统一于党领导人民群众推动社会前进的历史奋斗之中"。① 深入贯彻落实习近平总书记对甘肃"精准扶贫、精准脱贫"工作的重要指示，切实增强扶贫攻坚的责任感、紧迫感和使命感，时不我待、凝心聚力，坚决打赢打好甘肃脱贫攻坚战，确保与全国人民同步建成小康社会，为顺利实现"两个一百年"奋斗目标不懈努力。

第三节　发扬"三代人"优良作风，主动检视整改存在的问题

作风，事关党的形象、事关事业成败、事关发展大计。实现中华民族伟大复兴的中国梦需要有扎实工作作风做保障。走向生态文明，建设美丽中国，需要弘扬"八步沙精神"，以忠诚使命为内核，以绿色发展为追求，以艰苦奋斗为底色，持之以恒，久久为功，让老百姓感受到生态文明带来的实实在在的效益。在"不忘初心、牢记使命"主题教育中，党员干部特别是党员领导干部，大力弘扬八步沙"六老汉"三代人接续奋斗、不畏艰难、吃苦耐劳的优良作风。对照先进典型，不断拓展检视问题的渠道，通过自己找、群众提、交流谈，开展批评与自我批评等多种方式，对存在的各类问题进行全面细致的梳理和归类，建立整改台账，制定科学、合理、操作性较强的整改措施，彻底进行问题整改。

一、深入基层认真开展调查与研究

习近平总书记指出"调查研究是做好各项工作的基本功。不了解真实情

---

① 范景鹏：《自觉同人民想在一起、干在一起》，《光明日报》2019 年 9 月 24 日。

况,担脑袋做决定,是做不好工作的。"① 同时,调查研究,是理论与实际有效结合的过程,也是理论与实践相互转化的有效方式和主要途径。实践出真知,郭朝明、贺发林、程海等人在20世纪六七十年代就在附近新墩岭开始了治沙造林的初步探索,才有了后来承包八步沙的想法和信心。八步沙"六老汉"三代人历经风雨,在大地上书写华丽篇章。他们一边干,一边观察,一边总结经验;"一棵树,一把草,压住沙子防风掏",正是一次次失败、试验中的经验总结,把这种经过实践检验行之有效的成功经验运用到治沙造林中去,取得了显著成效,达到了预期目标,实现了个人梦想,呈现出沙退人进的良好局面。

深入基层,才能有效掌握改革与发展的第一手资料;走近群众,才能切身感受到老百姓生产生活中的实际情况。各级领导干部围绕贯彻落实党中央决策部署和习近平总书记重要指示精神,围绕党建、民生、扶贫攻坚等结合工作实际,精心选择若干专题开展调研。在确定好调研专题的基础上,认真做好调研前期准备。深入基层开展调研针对性要强,而且要深要细,不是走马观花匆匆而归,而是要走近群众,多和群众说上些暖心窝子的话,实实在在掌握群众所思、所想、所虑、所需和经济社会发展的翔实数据。

八步沙"六老汉"三代人接力奋斗把沙漠变绿洲,彰显了群众智慧和群众力量。"要拜人民为师、向人民学习,放下架子、扑下身子,接地气、通下情,深入开展调查研究,解剖麻雀,发现典型,真正把群众面临的问题发现出来,把群众意见反映上来,把群众创造的经验总结出来。"② 根据调研主题合理确定调研地点,多到矛盾问题突出和矛盾问题集中的地方,多到帮扶的贫困村、贫困户和联系的项目建设现场开展蹲点调研。领导干部深入贫困农户调研解决教育扶贫、健康扶贫、危房改造、饮水安全、易地扶贫搬迁、兜底保障等方面的突出问题。为调查研究取得实效,领导干部带头深入村组

① 《习近平关于"不忘初心、牢记使命"论述摘编》,党建读物出版社、中央文献出版社2019年版,第222页。

② 《习近平关于"不忘初心、牢记使命"论述摘编》,党建读物出版社、中央文献出版社2019年版,第143页。

农户，深入基层单位，认真解剖麻雀，全面准确掌握第一手材料，真正把情况摸清楚、把症结分析透，并研究提出解决问题、改进工作的办法措施。调研结束后对调研情况进行及时梳理，形成高质量的调研成果并互相交流学习。

二、广泛征求意见并深刻检视反思

批评与自我批评是中国共产党建党以来的优良传统。开门纳谏，才能更好地正视自我。只有通过他人的视角，才能从客观上洞悉自己的短板弱项和存在问题。结合调查研究，通过实地走访、召开座谈会、一对一谈心谈话、发放征求意见表、设置征求意见箱、开设网格平台、开通专线电话等形式，充分听取各方面意见建议。尤其是要走近八步沙"六老汉"三代人治沙造林先进群体等，深切感受这些先进典型艰苦的工作环境、淳朴的家风、务实的作风，还要感受他们干事创业中所展现出的坚韧毅力、无私品格、无畏精神。

着眼贯彻落实习近平总书记对甘肃重要讲话精神，经济社会发展要求和群众期盼，打好打赢脱贫攻坚战，立足职能、履职尽责、担当作为，严格按照相关要求进行问题检视，把职责摆进去、把自己摆进去、把思想摆进去、把工作摆进去，主动深入查找自身存在问题和不足。注重从工作问题中找思想问题、作风问题。防止"大而全"、"小而碎"，防止"自我循环"、只出题不答题，不以上级指出的问题代替自身查找的问题，以班子问题代替个人问题，以他人问题代替自身问题，以工作业务问题代替思想政治问题，以旧问题代替新问题。

党员领导干部要以刀刃向内的自我革命精神，联系思想工作实际，实事求是检视自身差距，把问题找实、把根源找深，并明确努力方向。领导班子要对照习近平总书记视察八步沙林场时对生态文明建设作出的重要指示，聚焦党的政治建设、思想建设、作风建设存在的突出问题深刻进行检视反思，并从思想、政治、作风、能力、廉政方面特别是从主观上、思想上进行深入分析。

三、对照问题清单要从严抓好整改

八步沙"六老汉"三代人治沙造林先进群体在艰难的创业历程中表现出与风沙侵蚀作斗争所具有的决心、为守护家园作斗争所具有的耐心、不达目的誓不罢休的恒心；在漫漫的治沙造林征途中历练成创业的务实、干事的踏实、待人的诚实、对党的忠实。这"三心"、"四实"就是我们党员干部，特别是党员领导干部对照问题清单全面整改的目标。

八步沙的生态变化是党员群众听从党的召唤、响应国家号召赓续奋斗中结出的甜美果实。以八步沙"六老汉"三代人治沙造林先进群体为标杆进行彻底整改，重点整治对贯彻落实习近平新时代中国特色社会主义思想和党中央决策部署置若罔闻、应付了事、弄虚作假、阳奉阴违的问题；整治干事创业精气神不够、患得患失，不担当、不作为的问题；整治违反中央八项规定精神的突出问题；整治形式主义、官僚主义，层层加重基层负担，文山会海突出，督查检查考核过多过频的问题；整治领导干部配偶、子女违规经商办企业，甚至利用职权或者职务影响为其经商办企业谋取非法利益的问题；整治对群众关心的利益问题漠然处之，空头承诺，推诿扯皮，以及办事不公、侵害群众利益的问题；整治基层党组织软弱涣散，党员教育管理宽松软，基层党建主体责任缺失的问题；整治对黄赌毒和黑恶势力听之任之、失职失责，甚至包庇纵容、充当"保护伞"的问题。

对照八步沙人在利益选择和诱惑上表现出的世界观、价值观和人生观。党员干部对照党章规定的党员条件和义务权利，对照《中国共产党廉洁自律准则》、《关于新形势下党内政治生活的若干准则》、《中国共产党纪律处分条例》，对照群众提出的意见建议等，查找党员意识、担当作为、服务群众、遵守纪律、作用发挥等方面的差距和不足，设岗定责、承诺践诺。同时要结合专项整治，整顿软弱涣散基层党组织，深化巩固后进党组织"学习、整顿、提高"专项行动成果，大力推行党支部建设标准化，打牢主题教育组织基础。

四、注重成效转化进一步强化落实

八步沙"六老汉"三代人治沙造林先进群体，面对艰巨的治沙造林任务，毅然决然揭榜立誓，向沙患下达"战书"；在事业屡屡受挫之后，坚忍不拔、攻坚克难，最终渡过最困难的关口。他们探索过开垦农田、以农养林的途径，也走过发展沙生产业，增加经济效益的路子。总之，只要用了心、发了力，再难的难关都能渡得过，再苦的日子都能熬到头，再妙的办法都能想得到。开展主题教育的一个重要目的就是促进事业发展。在拓宽增收渠道上、抓好工作落地见效上，八步沙"六老汉"三代人治沙造林先进群体为我们提供了新思想、新方法、新举措，同时也为我们树立了一个坚持不懈、取得事业成功的生动典范。

各级党组织统筹推进主题教育和重点工作，切实做到两手抓、两促进，同部署、同推进，以工作业绩体现主题教育成效。在聚焦"两不愁、三保障"标准，把主题教育的成效体现在打赢打好脱贫攻坚战上。实现现行标准下贫困农户全部脱贫，贫困县全部摘帽，如期全面建成小康社会。要顺利实现这一目标，必须拿出尽锐出战的决心和爬坡过坎、滚石上山的恒心。这次习近平总书记在甘肃考察期间，进一步对"两不愁、三保障"作出重要指示，强调要在普遍实现"两不愁"的基础上，重点攻克"三保障"方面的突出问题。聚焦机关党建，把主题教育的成效体现在推动全面从严治党向纵深发展上。要牢固树立抓好党建是最大政绩的理念，认真落实新时代党的建设总要求，把党的政治建设摆在首位，严格遵守政治纪律和政治规矩。要严格落实意识形态责任制，牢牢掌握意识形态工作领导权，加强网络舆情管控。要认真落实好干部标准，加强领导班子和干部人才队伍建设，注重提升能力素质，营造干事创业的良好环境，提升党员干部的精气神。要持之以恒正风肃纪，坚决全面彻底肃清王三运、火荣贵等流毒和影响，持续净化政治生态。

突出抓好扶贫产业、全力补齐短板弱项，推进乡村振兴与脱贫攻坚有机衔接。提升发展现代农业、大力发展现代工业、加快发展文化旅游业、积极发展生态环保产业、着力发展通道物流产业。用工业化思维谋划现代农业，强化龙头企业、农民专业合作社、大户能人的引领带动作用，规划建设一批特色产业园，促进土地适度规模集约经营、壮大产业规模、提升农业发展水平。推动传统产业转型升级，培育发展新能源、先进制造、数据信息、生物医药等绿色产业，为生态工业发展注入新动能。深入实施全域旅游和乡村旅游发展规划，促进旅游与文化、体育、科普、康养、节会等深度融合。围绕低碳节能、污染防治、资源综合利用、清洁生产、清洁能源等重点领域，谋划实施一批重点项目，筑牢绿色发展根基。积极主动融入国家"一带一路"建设，加快陆港基础设施建设，完善口岸通关功能，提升进出口贸易实体化运营水平。咬定生态文明建设目标，以"前人栽树，后人乘凉"的远见，以"功成不必在我"的胸襟，艰苦奋斗、攻坚克难，才能实现经济社会发展与生态环境保护的共赢，走向生态文明建设美丽中国。历史见证了八步沙人的奋斗与传奇，也终将记录下我们这代人的信念和辉煌。

第四节 根据"好干部"示范标准，寻找差距并提升综合素质

最早承包八步沙的六老汉中，四人是党员，其余两人也都担任过村队干部，"有这样一种人，他们没有文化没有理论，却充满了行为的高尚，在很大程度上是思与行"。[①]"信念坚定、为民服务、勤政务实、敢于担当、清正廉洁"是新时代"好干部"的五条标准，新时代党员干部一定要对标这五条标准，以八步沙"六老汉"三代人治沙造林先进群体为示范引领，寻找自身存在的差距并着力抓好工作落实。当前，党员干部思想认识、工作作风上主流是好的，但在各方面也不同程度存在一些问题和不足，迫切需要在"不忘初心、牢记使命"主题教育中切切实实解决好这些存在的差距和不足的问题。在学习贯彻习近平新时代中国特色社会主义思想上，还

---

① 徐刚：《八步沙之梦》，载《风沙漫笔》，安徽教育出版社 2005 年版，第 132 页。

存在一些差距和不足。比如，有的党员干部学习不认真、不上心，学习的自觉性、主动性不强；有的满足于一知半解，学习不系统、不深入，入脑入心不够；有的学用脱节，结合思想、工作实际深入思考不够，转化为分析解决问题的能力不足；等等。这些问题，反映出一些党员干部在真学、真懂、真信、真用上下功夫不够，离学懂弄通做实的要求还有差距。"不忘初心、牢记使命"主题教育，就是要进一步提高党员干部对思想建党、理论强党重要性的认识，真正把学习贯彻习近平新时代中国特色社会主义思想作为加强党性锻炼的锐利思想武器，坚持全面系统学、深入思考学、联系实际学，以理论滋养初心、以理论引领使命，在增强"四个意识"，坚定"四个自信"，做到"两个维护"上，立场更坚定、行动更自觉。要把生态文明建设作为一项重要政治任务，把重视生态环境作为检验领导干部"四个意识"的重要标尺，以真抓实干、务求实效的政治品格，把美丽中国一步步变为现实。

从总体情况来看，在落实党要管党、从严治党方面，主责主业意识不够强，"两个责任"落实还不到位；全面从严治党主体责任传导压力不足，存在时紧时松、压力层层递减的情况。开展"不忘初心、牢记使命"主题教育，就是要按照新时代党的建设总要求，坚持问题导向，找出差距、抓住症结，采取有力措施，坚决彻底整治影响党的先进性和纯洁性的问题，努力把各级党组织建设得更加坚强有力。

但必须看到，党员干部宗旨意识树得不牢，为民服务不实在、不尽力，对群众的诉求和困难用心用力解决不够；有的做群众工作能力不足、方法简单。开展"不忘初心、牢记使命"主题教育，就是要教育引导党员干部牢记为民服务的根本宗旨，把以人民为中心的发展思想落实到具体行动中，多到基层一线去，多听群众的意见和呼声，着力解决好群众最关心最直接最现实的问题，教育引导广大干部群众由衷感党恩、始终听党话、坚定信念跟党走，筑牢党的执政根基。

一、夯实思想基础，激发建设美丽中国热情

党的十九届四中全会指出中国特色社会主义十三个方面的制度优势。中

国特色社会主义制度就是能集中力量办大事。"一方有难，八方支援。""九八"洪涝灾害、非典疫情肆虐、"5·12"汶川大地震等灾情发生后，人民子弟兵第一时间开赴灾区，迅速展开抢险救援行动，最大限度保护人民生命财产安全。全国人民立即行动起来，献出自己的爱心，投入大量人力、物力和财力，帮助灾区人民渡过难关。

当今世界很不安宁，虽然"和平、发展、合作"仍然是世界主题，但国际环境波谲云诡。世界经济增长不稳定不确定因素增多，全球发展不平衡加剧。地缘政治因素更加突出，局部动荡此起彼伏，霸权主义、强权政治和新干涉主义有所上升，全球局势依然复杂多变。一些国家处在激剧动荡之中，甚至深陷战争泥潭而民不聊生。如：伊拉克、利比亚、叙利亚等。相比一些外部环境而言，我们处在一个安定有序的发展环境中，正赶上经济社会快速发展的新时代。在全面深化改革的今天，我们将共享改革取得的丰硕成果。

八步沙"六老汉"三代人治沙造林先进群体坚守一个信念：只要付出努力，沙进人退的局面一定会改变；只要长期坚持，一定会守护好古浪人民赖以生存的美好家园。他们在几十年治沙造林的艰辛历程上，没有被多元的思想所浸染，也没有被物欲横流的世界所动摇，为干好一件保护生态环境、惠及家乡父老的事业而默默坚守着。更加自觉地增强道路自信、理论自信、制度自信、文化自信，是摆在我们面前的一项首要任务之一。处在中国特色社会主义制度下的新时代，党员干部一定要摈弃思想杂念，鼓足干事创业的勇气，集中精力搞建设，一心一意谋发展，努力为美丽中国建设增添力量。

二、转变工作作风，永葆共产党人生机活力

八步沙是由西北基层干部群众开创的事业，从 20 世纪 80 年代末开始誉满陇原，90 年代开始闻名全国，到如今成为"时代楷模"、"最美奋斗者"，习近平总书记视察时曾赞，八步沙林场"六老汉"的英雄事迹早已家喻户晓，新时代需要更多像"六老汉"这样的当代愚公、时代楷模。"只有永葆初心

生机活力，才能始终保持永不懈怠的精神状态和一往无前的奋斗姿态。"①
在党的七届二中全会上，毛泽东同志告诫全党："务必继续地保持谦虚谨慎、
不骄不躁的作风，务必继续地保持艰苦奋斗的作风。"②作风问题，事关人民
群众拥护与否；作风问题，事关党执政地位的进一步巩固；作风问题，事关
党和国家事业长足发展；作风问题，事关中华民族伟大复兴中国梦的如期实
现。八步沙"六老汉"三代人治沙造林先进群体具有艰苦朴素、戒骄戒躁，
不畏艰难、勇于担当，唯实创新、与时俱进的优良作风。在实现中华民族伟
大复兴中国梦的征程上，有效转变党员干部工作作风，夯实筑牢党和国家事
业发展基础。

　　中国共产党从诞生之日起，就把作风建设牢牢抓在手上。不管是革命战
争年代，还是社会主义建设时期；不管是改革开放大潮中，还是在全面建成
小康社会的征途上，中国共产党领导中国人民从站起来、富起来到强起来所
经历的波澜壮阔的奋斗历程，始终把作风建设摆在党的建设的重要位置，常
抓不懈。中国共产党第十八次全国代表大会的召开，成为中国进入新时代的
历史节点和重要标志。党的十九大报告指出，实现伟大梦想，必须进行伟大
斗争；实现伟大梦想，必须建设伟大工程；实现伟大梦想，必须推进伟大事
业。这"四个伟大"中，伟大梦想就是实现中华民族伟大复兴的中国梦；伟
大斗争就是中国共产党团结带领全国各族人民有效应对重大挑战、抵御重大
风险、克服重大阻力、解决重大矛盾，进行的具有新的历史特点的伟大斗
争；伟大工程就是正在深入推进的党的建设新的伟大工程；伟大事业就是始
终坚持和发展中国特色社会主义事业。

　　八步沙"六老汉"三代人治沙造林先进群体，38年为了干好一件事，
保持良好作风，保持了防沙治沙、造林播绿的生机和活力。现在的林场依旧
是平房、板房，办公室、客厅在一起，场长与职工同吃同住同劳动。见过大
人物、大世面的场长郭万刚房间无任何奢华物件，最大不同之处就是书报

　　① 范景鹏：《砥砺初心使命克服精神懈怠危险》，《光明日报》2018年11月12日。
　　② 《十六大以来重要文献选编》上，中央文献出版社2005年版，第257页。

多。普通得像乡间老汉，人不离林场，身不离劳动，心不离群众。郭玺、陈树君、董涛树、王讷等新一代八步沙人，都工作在各自的岗位，没有丝毫的娇气和傲气。中国人民在中国共产党的领导下进行伟大斗争、建设伟大工程、推进伟大事业、实现伟大梦想，不断走向复兴、走向辉煌，需要共产党人扎实的作风、过硬的本领，以昂扬向上的斗志、永不懈怠的精神状态，着力凝聚起同心共筑中国梦的磅礴力量。

三、强化理论武装，提高干事创业能力水平

八步沙绿色奇迹产生于波澜壮阔的改革开放事业之中，是中国特色社会主义理论的实践转化，是习近平生态文明思想在甘肃大地的践行。"理论修养是干部综合素质的核心，理论上的成熟是政治上成熟的基础，政治上的坚定源于理论上的清醒。"① 因此，强化理论武装，对于一个党员干部来说至关重要。要采取有力措施，运用好教育资源，不断用理论武装好党员干部头脑，指导好党员干部具体工作实践。在集中学习习近平新时代中国特色社会主义思想，深入钻研业务所需各类知识学习的同时，抓好党员干部自学。并充分发挥干部理论武装主渠道作用，运用好党校这个重要阵地，把干部理论教育和党性教育有机结合起来。通过集中理论教育、课外实践教育等教育方式，着力提高党员干部理论水平。在实践教育上，把八步沙作为实践教育的重要基地，用八步沙"六老汉"三代人治沙造林先进事迹和经验成效，引领党员干部思想，锤炼党员干部党性修养，着力提高党员干部对生态文明建设的认识，深刻理解和把握习近平生态文明思想。

打好蓝天碧水净土保卫战、推进国土绿化递增行动、强化节水措施，是有效解决祁连山生态环境问题的有效举措，同时也是甘肃省各级党委政府和党员领导干部所面临的当务之急。八步沙防沙治沙和植树造林的成功经验，为祁连山片区生态文明建设提供了有力参考。以八步沙实践教育推动党员干部理论教育，通过鲜活生动的八步沙现场实践教学，不断拓展党员干部用

---

① 《习近平关于全面从严治党论述摘编》，中央文献出版社2016年版，第67页。

图19　场长郭万刚的宿舍（范景鹏摄）

马克思主义世界观和方法论分析问题、解决问题的思路，用党的最新理论成果和习近平新时代中国特色社会主义思想武装头脑、指导实践、推动工作的能力和水平。

"实践是检验真理的唯一标准"。八步沙"六老汉"三代人治沙造林先进事迹告诉我们，只有勇于实践、甘于实践、大胆实践、创新实践，就能取得理论和实践的统一性。八步沙防沙治沙所取得的成功经验和非凡业绩，是对"创新、协调、绿色、开放、共享"新发展理念和"绿水青山就是金山银山"的生动实践。在"不忘初心、牢记使命"主题教育中，充分运用八步沙"六老汉"三代人治沙造林先进典型，通过对党员干部特别是党员领导干部的学习教育，进一步提高思想认识、强化理论武装、锤炼党性修养，达到理论学习有收获、思想政治受洗礼、干事创业敢担当、为民服务解难题、清正廉洁作表率的目的。并以八步沙"六老汉"三代人治沙造林先进典型为示范引领，对标对表找差距，切实整改抓落实。

第九章
弘扬"八步沙精神"全面落实
习近平总书记视察甘肃重要讲话精神

习近平总书记对陇原大地和甘肃人民具有深厚和特殊的感情。老一辈无产阶级革命家习仲勋同志，从青年时代就长期在陇原大地领导革命斗争，先后领导了两当兵变，与刘志丹、谢子长等一起创建了陕甘革命根据地，成为土地革命后期全国硕果仅存的革命根据地，为党中央和中央红军长征提供了落脚点，也成为八路军开赴抗日前线的出发点。在此基础上发展形成的以延安为中心的陕甘宁边区，成为党中央指挥全国革命的大本营。担任中共西北局书记、西北军区政委及党和国家领导职务期间，习仲勋同志始终情系陇原，对甘肃的革命、建设和改革开放事业作出了巨大贡献。2002 年 5 月 31日，在八宝山革命公墓举行的习仲勋同志遗体告别仪式上，引人注目的是摆放在习仲勋同志灵柩前的"南梁黄土"和"环县小米"，既包含了习仲勋同志对陇原大地的思念，也寄托了陇原人民对习仲勋同志的深切哀思。习近平总书记秉承家风，不忘初心，踏着父辈的足迹在 2009 年 6 月视察甘肃，深入庆阳、陇南、天水、兰州等地考察调研。党的十八大后，习近平总书记把西部视察的第一站放在了甘肃，于 2013 年 2 月开启了第一次春节慰问，赴定西、临夏、兰州等地，走村入户，访贫问寒。2019 年 3 月 7 日，习近平总书记参加十三届全国人大二次会议甘肃代表团审议时，对甘肃的扶贫工作作出了重要指示。在"不忘初心、牢记使命"主题教育中于 8 月 19 日至 22日，再一次考察甘肃，先后来到酒泉、嘉峪关、张掖、武威、兰州等地，深入文物保护单位、农村、学校、草场林场、革命纪念馆、防洪工程、文化企业等，提出了一系列重要指示，这是努力谱写加快建设幸福美好新甘肃、不断开创富民兴陇新局面重要行动指南。

第一节　以八步沙"六老汉"三代人的干劲韧劲坚决攻克最后的贫困堡垒

习近平总书记曾强调："反贫困是古今中外治国理政的一件大事。消除贫困、改善民生、逐步实现共同富裕，是社会主义的本质要求，是我们党的重要使命。"[①]脱贫攻坚始终是习近平总书记放在心中的头等大事、是国家治理体系中的重要组成部分。解决贫困是一项艰巨的政治任务。1992年初，邓小平在南方谈话中提出："社会主义的本质，是解放生产力，发展生产力，消灭剥削，消除两极分化，最终达到共同富裕。"[②]坚持以人民为中心的发展思想、改善人民生活水平、增进人民福祉、走共同富裕的中国特色社会主义道路是我国国家制度和国家治理体系的显著优势之一。在90多年的发展历史中，党和国家始终致力于解决人民群众生活问题，对甘肃来说，贫困问题一直是人民群众最现实的问题，也是甘肃实现全面建成小康社会的最大"瓶颈"，必须以"铁板钉钉"的决心和勇气面对。

一、坚定信心，深化脱贫攻坚

党的十八大以来，脱贫攻坚力度之大、规模之广、影响之深是史上前所未有的。过去很长一段时间，人们一提到甘肃扶贫，首先想到的是定西，想到的就是左宗棠"陇中苦脊甲天下"那句论断。八步沙"六老汉"三代人治沙造林事迹作为甘肃实现"脱贫+"效应的代表，他们的精神振奋了甘肃人心，牢牢把握时机，以新时代"愚公精神"为动力攻克最后的贫困堡垒，着

---

①　《十八大以来重要文献选编》，中央文献出版社2018年版，第31页。

②　《邓小平文选》第三卷，人民出版社1993年版，第373页。

图20　2019年8月23日"四报"头版配图报道习近平总书记视察八步沙林场

力增强思想自觉、政治自觉和行动自觉，真正把习近平总书记的重要指示和要求转化为推动甘肃发展的实际行动。

甘肃贫困深得习近平总书记关怀和挂念，早在2009年6月，时任中央政治局常委、国家副主席的习近平踏上陇原大地，深入庆阳、陇南、天水、兰州等地考察调研。2013年2月，习近平当选中共中央总书记之后再次来到甘肃，赴定西、临夏、兰州等地看望和慰问贫困地区的干部群众。2019年8月，习近平总书记再次来到甘肃视察，在这次视察中习近平总书记对十八大以来甘肃发展取得的成绩给予了充分的肯定，并且对甘肃的发展再提新要求。

八步沙所在的土门镇是甘肃省贫困地区的一个代表，土门镇的脱贫和八步沙的发展息息相关，八步沙的脱贫有效地带动了土门镇的经济发展。同时，对黄花滩移民区的生态、经济、交通、就业等都起到了积极作用，这样一种典型的脱贫辐射效应模式是当前贫困地区应该借鉴的地方，坚持一鼓作气，全省上下拧成一股绳，实现"带动效应"，形成长效发展机制，全力以赴攻下最后的贫困堡垒，夺取最后的胜利，不拖全国人民的后腿。第一，始终坚持把握"精准"原则。党的十八大以来，习近平总书记认为要牢牢把握"精准"二字含义，对深度贫困区和特殊贫困区一针见血施策，才能真正啃得动贫困的"硬骨头"。第二，要牢牢把严脱贫关口。习近平总书记曾指出："'出水才见两腿泥'，扶贫工作必须务实，脱贫过程必须扎实，扶真贫、真扶贫，脱贫结果必须真实，让脱贫成效真正得到群众认可、经得起实践和历史检验，绝不搞花拳绣腿，绝不摆花架子"。① 不要急功近利，为了应付检查而搞"虚假式"脱贫、"数字化"脱贫、"算账式"脱贫、"游走式"脱贫。这样不仅不能改善人民群众生活面貌，而且会挫伤人民群众对党和国家的信心与信任。对搞"虚假式"脱贫、"数字化"脱贫、"算账式"脱贫、"游走式"脱贫的现象，要严厉查处，给予严厉惩罚。第三，脱贫之后要坚决贯彻和落实"四不摘"政策。2019年3月7日，习近平总书记在参加甘肃代表团审议时提道：贫困县摘帽后，也不能马上撤摊子、甩包袱、歇歇脚，要继续完成剩余贫困人口脱贫问题，做到摘帽不摘责任、摘帽不摘政策、摘帽不摘帮扶、摘帽不摘监管。② 贫困群众脱贫是第一步，接下来确保群众稳定脱贫、不返贫是第二步。解决贫困问题对甘肃而言，要比其他省份下更多功夫、使更多劲。安全住房要压实责任，责任到县区，确保按既定进度建设，按预期时限入住；义务教育要继续实施"两免一补"政策，加大资金扶持，抓好控辍保学；基本医疗保障上也要下狠手，要紧盯农村卫生室建设、村医配备、提高医疗报销比例、完善大病医疗保障体系，补齐短板空缺；安全饮水要多措并举，解决好老百姓用水困难、用水质量问题。

二、群众主体，激发内生动力

"深度贫困地区问题"是习近平总书记最关注的问题，解决"深度贫困地区问题"是目前甘肃乃至全国其他贫困地区全面建成小康社会的核心问题。2017年6月23日，山西省太原市召开了深度贫困地区脱贫攻坚座谈会，会上提出了深度贫困地区"三区三州"，大部分是少数民族聚居的地区。甘肃自古以来是一个多民族聚居的地方，据2010年第六次人口普查统计显示：

---

① 中共中央党史和文献研究院编：《习近平扶贫论述摘编》，中央文献出版社2018年版，第117页。

② 《习近平 李克强 栗战书 汪洋 王沪宁 赵乐际 韩正分别参加全国人大会议一些代表团审议》，《人民日报》2019年3月8日。

各少数民族人口为241.05万人，占全省人口的9.43%。有甘南藏族自治州和临夏回族自治州2个自治州，张家川回族自治县、天祝藏族自治县、肃北蒙古族自治县、肃南裕固族自治县、阿克塞哈萨克族自治县、东乡族自治县和积石山保安族东乡族撒拉族自治县7个自治县，还有35个民族乡（镇），其中回族乡16个、东乡族乡8个、藏族乡7个、裕固族乡1个、蒙古族乡2个、土族乡1个。其中的"两州一县（天祝）"都位于深度贫困区"三区三州"之列。

大部分民族地区自然条件恶劣、经济基础薄弱、发展起点低下、资本积累能力差，长效发展机制落后的现象；有的民族地区资源相对丰富，包括旅游资源、矿产资源、生态资源等，但是却出现"捧着金饭碗讨饭"的尴尬现象，归根结底是由于"内生动力不足"。习近平总书记指出："幸福不会从天降。好日子是干出来的。脱贫致富终究要靠贫困群众用自己的辛勤劳动来实现。要尊重扶贫对象主体地位，各类扶贫项目和扶贫活动都要紧紧围绕贫困群众需求来进行，支持贫困群众探索创新扶贫方式方法。"[1] 八步沙"六老汉"三代人治沙造林先进集体是典型贫困地区基层群众依靠自身智慧和力量激发内生动力走出困境脱贫致富的典型，他们"困难面前不低头"，不但自己"敢把沙漠变绿洲"，还带动周围群众脱贫致富。

习近平在深度贫困地区脱贫攻坚座谈会上说："我常讲，扶贫要同扶智、扶志结合起来。智和志就是内力、内因。我在福建宁德工作时就讲'弱鸟先飞'，就是说贫困地区、贫困群众首先要有'飞'的意识和'先飞'的行动。没有内在动力，仅靠外部帮扶，帮扶再多，你不愿意'飞'，也不能从根本上解决问题。"[2] 八步沙三代治沙人38年来治沙的背后，最明显的品质特征就是坚持"自力更生、自我创新"，现在，八步沙逐步形成了"治沙＋产业发展"双管齐下的发展模式，这是全省民族地区最应该学习和借鉴的地方。第一，"授人以鱼不如授人以渔"，党和政府应该增强对深度贫困地区政策疏

---

① 《习近平关于社会主义经济建设论述摘编》，中央文献出版社2017年版，第229页。
② 《在深度贫困地区脱贫攻坚座谈会上的讲话》，人民出版社2017年版，第16页。

导功能，引导和促进深度贫困地区利用自身优势，输出高附加值的产品，打造地域特色产业，形成产业链，增强产业附加值。第二，深度贫困地区自身应该加强人才培养，认识到人才引领的强大作用，打造一支有干劲、有思想、有活力、有理想信念的脱贫干部队伍，成为带领人民群众脱贫致富的"主心骨"，能深入基层，实实在在为群众出谋划策。第三，深度贫困地区要积极主动向发达地区或者已经脱贫的典型地方"取经"，并且及时调整、制定适合本地发展的路子。第四，深度贫困地区要始终坚持党的领导，牢牢把握党和国家的政策机遇，充分调动群众发展的主动性、积极性，在培养贫困群众自力更生的意识和价值观方面下深功夫，积极引导当地群众依靠智慧和双手实现脱贫致富。

三、真抓实干，努力改善民生

"民生"一词最早出现在《左传·宣公十二年》，所谓"民生在勤，勤则不匮"。在中国传统社会中，民生一般是指百姓的基本生计。到了20世纪20年代，孙中山给"民生"注入了新的内涵，并将之上升到"主义"、国家方针大政以及历史观这样一个前所未有的高度。孙中山对民生问题较为经典的解释是："民生就是人民的生活——社会的生存、国民的生计、群众的生命。民生就是政治的中心，就是经济的中心和种种历史活动的中心。"① 民生问题不是多么高大上的问题，它是最接地气、最实实在在的问题，民生问题关系到每一个老百姓的吃喝住行等一切问题。马克思主义政党区别于其他政党最大的优势就是人民性。在毛泽东同志的书法中，出现最多的两个字便是"人民"二字，"为人民服务"是毛泽东同志关于人民性最深刻的价值观。土地革命战争时期，毛泽东指出："真正的铜墙铁壁是什么？是群众，是千百万真心实意地拥护革命的群众。这是真正的铜墙铁壁。"② 改善民生是党和国家长久的政治问题，民生问题关系到社会稳定、国家长治久安。2013

---

① 《孙文选集》中册，广东人民出版社2006年版，第297页。
② 《毛泽东选集》第一卷，人民出版社1991年版，第139页。

年习近平总书记来甘肃视察时提出"八个着力",其中有一项就是着力保障和改善民生,努力让人民过上更好的生活。① 追求幸福的美好生活是人类创造历史过程中永恒的主题。可以说,民生问题是最大的政治问题,它连着民心,凝聚着民力,是社会稳定和谐的根本。民生问题无小事、老百姓的利益大于一切。民生问题涉及老百姓生活的方方面面,如何从根本上改善民生,提高老百姓的生活水平,党和政府在这个过程中扮演着很重要的角色,党员领导干部也扮演着很重要的角色。

2019 年 8 月,习近平总书记在甘肃视察时强调:要保障和改善民生,坚持公共服务项目优先安排,解决好人民群众反映强烈的上学难、看病难、行路难等问题,关心关爱受灾群众和城乡困难群众,深入推进民族团结进步创建工作,深入推进矛盾纠纷排查化解工作,维护社会和谐稳定。② 目前,甘肃在住房、教育资源、医疗保障、就业、社会服务等多方面还存在差距。党员领导干部要加强深入基层、真真实实了解群众疾苦和群众困难。坚持抓重点、补短板、强弱项的原则;从政策制定到政策实行始终坚持一切以人民为中心,不要总是"纸上谈兵"、"办公桌上搞调研"。习近平总书记在十九届四中全会上指出:必须健全幼有所育、学有所教、劳有所得、病有所医、老有所养、住有所居、弱有所扶等方面国家基本公共服务制度体系,注重加强普惠性、基础性、兜底性民生建设,保障群众基本生活。③ 在决胜全面建成小康社会的关键时期,一定要强化时间观念,倒排作战工期,坚持把各项工作往深处抓、往实处抓、往细处抓,坚定信心,迎难而上。

---

① 马克利等:《甘肃省践行习近平总书记"八个着力"重要指示精神纪实》,《甘肃日报》2017 年 10 月 12 日。

② 《习近平在甘肃考察时强调——坚定信心开拓创新真抓实干　团结一心开创富民兴陇新局面》,《人民日报》2019 年 8 月 23 日。

③ 《中共十九届四中全会在京举行》,《人民日报》2019 年 11 月 1 日。

第二节　弘扬"八步沙精神"夯实甘肃高质量发展

实现高质量发展，是保持经济持续健康发展的必然要求，适应我国社会主要矛盾变化和全面建成小康社会、全面建设社会主义现代化国家的必然要求，是遵循经济发展规律的必然要求。改革开放以来，和全国一样，甘肃也从各方面实现了飞跃式的发展。但是，还存在发展不平衡、发展缓慢等严峻问题。因此，深刻认识本省省情，抓住机遇推动甘肃高质量发展是时代的需要、发展的需要。

一、以解决甘肃发展不平衡为总目标

建设美好新甘肃、不断开创富民兴陇新局面，这就要求甘肃充分认清自己的省情和发展过程中存在的矛盾、不平衡，找准发展方向、走正确的发展路子。党的十八大以来，甘肃在经济发展、脱贫攻坚、生态文明建设、政治生态建设等方面都取得了显著成效，但是仍然存在很多方面的不平衡。

表 9-1　2017—2018 年甘肃省各市(州) GDP

地区	2017 年 (亿元)	2018 年 (亿元)	2017 年末常住 人口（万）	名义增速（％）
兰州市	2523.54	2732.90	372.96	8.30
嘉峪关	210.99	299.62	24.98	42.01
金昌市	224.30	264.29	46.92	17.79
白银市	449.89	511.60	172.93	13.72
天水市	614.96	652.10	333.98	6.04
武威市	439.58	469.27	182.53	6.75
张掖市	404.10	407.70	122.93	0.88
平凉市	388.91	395.20	211.28	1.62
酒泉市	580.27	596.90	112.36	2.87
庆阳市	618.97	708.20	225.66	14.42

续表

地区	2017 年 （亿元）	2018 年 （亿元）	2017 年末常住 人口（万）	名义增速（%）
定西市	347.12	356.36	280.84	2.66
陇南市	355.28	379.20	262.31	6.73
临夏州	238.80	255.30	204.41	6.89
甘南州	136.60	155.70	71.62	13.99

以上数据来源：中华人民共和国国家统计局、甘肃发展年鉴、甘肃省国民经济和社会发展统计公报。

从表 9-1 的数据来看，甘肃发展存在城乡之间发展不平衡、产业之间发展不平衡、各区域之间发展不平衡等多重矛盾。这些矛盾并非是一朝一夕形成的，而是与各地州历史文化、矿产资源、人文资源、地理环境等息息相关，因此，要转变传统的经济发展方式，坚持新的发展理念，制定符合时代以及当地情况的具体措施，寻求新的发展突破口。

党的十九大报告将"坚持人与自然和谐共生"纳入新时代坚持和发展中国特色社会主义的基本方略，我国经济已由高速增长阶段转向高质量发展阶段，正处在转变发展方式、优化经济结构、转换增长动力的攻关期，产业发展逐步走向高端化、智能化、信息化，消费需求持续增长、消费结构加快升级，释放出了很多的红利和强大的动力。早在 2013 年 2 月，习近平总书记视察甘肃时指出：着力转变经济发展方式，推进经济结构战略性调整；着力推进科技进步和创新，增强经济整体素质和竞争力；着力发展现代农业，增强农产品供给保障能力。[1] 这就要求，甘肃在发展的过程中，要始终坚持以"五位一体"的总布局为导向；以政治生态持续好转为保障，坚持把全面从严治党向纵深推进；以经济发展有突破为动力，实现产业发展，扭转传统发展模式，实现经济转型；以生态屏障有保障为重点，坚持生态修复、保住生态"红线"，抓住机会，释放生态"红利"；以文化、旅游发展逐渐繁荣为方

---

[1] 《紧密团结在以习近平同志为核心的党中央周围 为加快建设幸福美好新甘肃而努力奋斗——在中国共产党甘肃省第十三次代表大会上的报告》，《甘肃日报》2017 年 6 月 3 日。

向，深刻挖掘红色文化资源、历史文化资源，着力打造旅游品牌，实现"生态＋旅游＋"等综合效应；始终坚持以人民为中心的发展思想，以民生问题解决、社会稳定和谐为总目标，抓住主要矛盾，解决人民群众最关心、最直接、最现实的问题。

俗话说：没有比人更高的山，没有比脚更长的路。无论是一个人还是一个地区或者国家，想要发展、进步，首先必须具备"决心、耐心、恒心"，坚持"三心"相结合，敢于担当、不怕吃苦、敢于艰苦奋斗、勇于创新。紧跟时代步伐，认真落实党和国家相关方针政策，解决发展不平衡的矛盾，给人民群众交上满意答卷。八步沙"六老汉"三代人用时间和汗水向世人证明了一切。没有白费的努力，也没有白流的汗水。我们要发扬"八步沙精神"，发扬敢干、敢做、敢吃苦的决心，不放弃、不退缩的恒心，自主创新的勇气；其次，学习八步沙脱贫致富的路径。八步沙成功践行了习近平总书记"绿水青山就是金山银山"的科学理念，实现了"脱贫＋产业＋旅游"的致富之路。对于处于沙漠、戈壁环境中的河西走廊人民来说，八步沙的成功典范有很多值得学习的地方，治沙的方式、产业发展方法、未来逐渐走向市场的道路、带动周边地区发展的方式等。

二、以新发展理念为主攻点

发展作为永恒的主题，是人类创造历史的根本。《中共中央关于制定国民经济和社会发展第十三个五年规划的建议》指出，用创新、协调、绿色、开放、共享五大发展理念为"十三五"谋篇布局，这是管全局、管根本、管长远的发展导向、发展思维、发展策略，具有战略性、纲领性、引领性。新发展理念，指明了"十三五"乃至更长时期我国的发展思路、发展方向和发展着力点。

新发展理念是甘肃发展的指挥棒、红绿灯。全省上下要努力提高统筹贯彻新发展理念的能力和水平，对不适应、不适合、违背新发展理念的思想认识要及时调整、坚决纠正，在这一点上，要有壮士断腕的勇气。创新发展着重解决的是发展动力问题，是"走出高效、节约资源、环境友好、安全生产"

的捷径。协调发展着重解决的是发展不平衡问题，是解决发展不平衡、不充分矛盾的主要抓手。绿色发展着重解决的是人与自然和谐问题。开放发展着重解决的是发展内外联动问题，是建设高层次经济发展模式的渠道之一。共享发展着重解决的是社会公平正义的问题，是解决社会矛盾的主要举措。学习"八步沙精神"助力各地区加强自我创新、实现创新促进生产力的发展。促进人与自然和谐共生，构建科学合理的城市化格局、农业发展格局、生态安全格局、自然岸线格局，推动建立绿色低碳循环发展产业体系和发展理念。《中共中央关于制定国民经济和社会发展第十三个五年规划的建议》中明确指出："绿色是永续发展的必要条件和人民对美好生活追求的重要体现。必须坚持节约资源和保护环境的基本国策，坚持可持续发展，坚定走生产发展、生活富裕、生态良好的文明发展道路，加快建设资源节约型、环境友好型社会，形成人与自然和谐发展现代化建设新格局，推进美丽中国建设，为全球生态安全作出新贡献。"①

八步沙林场所在的古浪县地处祁连山东段、河西走廊咽喉、"一带一路"黄金节点上，在新时代推进西部大开发形成新格局中，八步沙林场区位优势、生态优势十分突出，以新发展理念为支撑，以"八步沙精神"为力量，把展现西部生态文明建设新作为、实现新突破作为推动甘肃实现高质量发展的杠杆具有深远的现实意义。首先，加强党的领导，运用党的创新理论成功指导实践。真正从思想上意识到新发展理念的重要意义。其次，把握甘肃发展的大局、找准发展定位、谋划发展蓝图、明确发展方向、深刻把握"时"和"势"，抓住"一带一路"发展机遇。2013 年，习近平总书记提出共建"丝绸之路经济带"，甘肃作为"丝绸之路经济带"的重要组成部分，在推动丝绸之路发展、深化各领域合作中具有广阔的空间，在提升中国文化软实力、扩大中国文化国际影响力方面具有重要作用，有望成为建设繁荣丝路、人文丝路、绿色丝路、和谐丝路的中坚力量和重要支撑。近年来，甘肃省积极融入"一带一路"建设，致力于抢占文化、枢纽、技术、信息、生态"五

---

① 《生活更美好：解读"十三五"规划纲要草案全文》，《人民日报》2016 年 3 月 7 日。

个制高点"，八步沙林场作为甘肃省抢抓的生态制高点之一，在推动经济发展、助力脱贫攻坚、建设生态文明方面凸显出了具有甘肃特色，在内陆欠发达地区趟出了一条经济转型升级的新路子。最后，坚持生态惠民、共建共享治理模式。随着社会的发展进步，38 年来，八步沙已经逐渐走上了防沙治沙与脱贫攻坚、乡村振兴相结合的道路上，逐步实现了民生建设与生态建设同频共振，实现在治沙中致富、在致富中治沙。甘肃发展需要大力推广像八步沙林场这样的生态实践模式，采取因地制宜、科学规划、精准施策的方式方法，完善"林场＋合作社＋贫困户"、"公司＋基地＋农户"等经营模式，建立多方位、多渠道利益联结机制，鼓励引导广大农民发展特色种植养殖产业脱贫致富。为不断实现经济突破、人文和谐、生态优美、产业优化付出实际行动。

三、以完善基础设施为支撑点

基础设施指为社会生产和居民生活提供公共服务的物质工程设施，是用于保证国家或地区社会经济活动正常进行的公共服务系统。完善的基础设施能带来数倍的社会效应和国民收入，从某种程度上来说具有"乘数效应"，一个地区的基础设施是否完善，是其经济社会发展可以持续稳定发展的重要基础。农村基础设施包括生产性、生活性、发展性基础设施，如饮水安全、道路交通、电力网络、卫生、教育、公共文化等。八步沙从多方面改善和维护了八步沙附近的道路交通线路、古浪县移民区黄花滩生态安全，也在一定程度上涵养了水源，给当地人民群众带来了不少福祉。当下，对甘肃来说，尤其是甘肃西北沙漠地带，不仅要大力弘扬"八步沙精神"，希望有多个像八步沙林场一样的地方，不仅能使黄沙退去，还能发展绿色循环经济，造福一方人民群众。而且要在各个领域弘扬"八步沙精神"，使"八步沙精神"入脑、入心，使每个党员干部在干事创业上、为民办事上下一番真功夫。

习近平总书记曾说："中国共产党是为中国人民谋幸福的政党。为人民谋幸福，是中国共产党人的初心。我们要时刻不忘这个初心，永远把人民对美好生活的向往作为奋斗目标"。① 人类对美好生活的追求既包括物质方面的追求，也包括精神方面的追求，这两方面的追求均与基础设施建设有密切关系。基础设施建设是否能够满足人民群众日益增长的需求在很大程度影响着人的幸福指数，影响着人的全面发展。近年来，甘肃在基础设施建设方面成绩显著，但是相比其他省份仍然有很大差距，仍然不能满足人民群众日益增长的需求。对甘肃省来说，首先，政府应该加大基础设施建设投资力度，把基础设施建设资金向农村倾斜，助力乡村振兴。其次，加大调研力度，坚持"按需施策"。根据不同的地区发展程度、群众分布特征完善基础设施建设。盲目乱投，只会导致事倍功半。例如，目前很多基础设施使用率不高甚至闲置、废弃。这不仅造成财政资金浪费的现象，也没有让群众感受到获得感、幸福感。最后，突出地方文化特色。争取实现"留得住记忆、记得住乡愁"，这是乡村振兴建设的需要，尤其是民族地方，突出民族特色、民族文化也很重要。完善基础设施建设也是补齐民生短板的重要部分。

四、以文化旅游发展为突破点

甘肃是一片红色土地，在革命历史进程中曾经发挥了不可替代的作用。同时，甘肃也有很多历史遗迹、宗教文化基地。例如敦煌文化、西路军纪念基地、南梁革命遗址、西夏文化馆、崆峒山道教文化、西王母文化等。充分挖掘、利用这些资源，打响品牌，集聚文化"软实力"效应，增强文化旅游效益，全力打造文化旅游强省。

在加强文化旅游建设方面，应重点学习"八步沙精神"探索创新、苦干实干的精神，在甘肃省打造文化旅游品牌方面，大力学习和借鉴八步沙的经验，根据实际情况打造生态当头的文化旅游项目。八步沙从最初的单纯治沙到"经济＋治沙"双赢，再到今天逐步实现"治沙＋经济＋旅游"，

---

① 《习近平关于"不忘初心、牢记使命"论述摘编》，党建读物出版社、中央文献出版社2019 年版，第 13 页。

始终坚持一张蓝图绘到底的原则，带动了八步沙周边旅游，逐步形成了以"八步沙"为核心的人文旅游、观光、学习带，这种模式应该持久弘扬和传承，靠勤劳的双手，靠苦干、实干、坚持干的决心和勇气，靠不畏艰险、不断地创新、探索的精神。根据甘肃省人民政府办公厅于 2018 年 6 月 3 日印发的关于《甘肃省文化旅游产业发展专项行动计划》规划，到 2020 年，甘肃省文化产业、旅游产业增加值分别达到 5%、9%。到 2025 年，基本建成文化旅游强省，文化旅游产业成为甘肃绿色发展崛起的支柱产业。据统计,2018 年"甘肃省文化产业增加值达到了 178.16 亿元，同比增长 8.9%，文化旅游产业在全省 GDP 的占比已达到 7%，在甘肃省十大生态产业中居于首位。"① 但是，同其他省份相比，甘肃省在挖掘文化旅游产业方面还存在很大差距、在文化旅游方面的发展还存在很大空间。第一，加大投资高质量文化旅游项目的力度。甘肃省地带狭长，地域跨度大、文化多样、地貌特征复杂，应该抓住"一带一路"战略机遇，着力打造河西走廊国际旅游通道建设，使之成为甘肃省文化旅游发展转型的主阵地。第二，加强陇东地区农耕文化、红色文化片区的发展。同时，加强陇南、甘南地区特色文化旅游打造力度；加强黄河流域文化旅游产业投资力度。第三，加快资源整合力度，提高旅游基础设施建设和旅游服务水平，确保"留得住客人、记得住特色"。第四，加强主力文化旅游产业的带动作用，形成文化旅游产业链，实现，"文化旅游 +"效应，例如在河西走廊地区，将八步沙融入河西走廊区域旅游发展综合体，形成旅游带，实现文化、生态资源的有效转化。

第三节　弘扬"八步沙精神"建设山川秀美新甘肃

习近平总书记非常重视甘肃的生态环境保护，早在 2013 年 2 月，他视察甘肃时就对甘肃未来发展的目标和方向做了明确指示，其中很重要一项标

---

① 王霖:《甘肃文化与旅游融合发展报告》,《新西部》2019 年第 19 期。

准就是要实现"山川秀美",当时总书记提出了"八个着力"的主攻方向,其中第五个着力就是"着力加强生态环境保护,提高生态文明水平"。2019年8月,他再次视察甘肃时又作出"加强生态环境保护,努力构筑国家西部生态安全屏障"的重要指示。8月21日,习近平总书记视察八步沙林场,不仅显示出对生态环境保护的重视,同时也是对"八步沙精神"的一种认可,他强调,要弘扬"六老汉"困难面前不低头、敢把沙漠变绿洲的奋斗精神,激励人们投身生态文明建设,持续用力,久久为功,为建设美丽中国而奋斗。① 因此,加快建设山川秀美、幸福美好新甘肃必须要弘扬和传承"八步沙精神",扛起生态保护的政治责任,着力解决突出的环境问题,严守生态保护红线和底线,树牢持续用力久久为功的思想。

一、扛起生态保护的政治责任

习近平总书记强调,生态环境是关系党的使命宗旨的重大政治问题,也是关系民生的重大社会问题。保护生态环境就是保护生产力,改善生态环境就是发展生产力。② 甘肃省地处黄土高原、青藏高原、蒙古高原三大高原交会处,是黄河、长江上游的重要水源补给区,是国家"两屏三带"生态安全屏障的重要组成部分,生态环境具有多样性、脆弱性和战略性特征,在全国生态安全战略和发展稳定大局中具有极为重要的地位,这就决定了保护好甘肃的生态环境不仅是一项社会责任,更是一项重要的政治责任。生态文明建设是必答题,不是选答题。1981年,八步沙"六老汉"作为几名普普通通的农民,面对日益严峻的黄沙肆虐,他们主动站出来,自觉担起了护卫家园的职责,坚守初心不改,精神令人钦佩,为我们树立了榜样。

祁连山生态破坏事件对于甘肃而言,是一次极其深刻的警示和教育。"亡我祁连山,使我六畜不蕃息;失我焉支山,使我妇女无颜色"。纵贯河西走廊的祁连山,是黑河、石羊河、疏勒河三大内陆河的发源地,同时阻挡了腾

---

① 《习近平在甘肃考察时强调——坚定信心开拓创新真抓实干 团结一心开创富民兴陇新局面》,《人民日报》2019年8月23日。

② 习近平:《推动我国生态文明建设迈上新台阶》,《求是》2019年第3期。

格里、巴丹吉林、库木塔格三大沙漠的汇合和南侵，千百年来维系着沙漠绿洲的生态平衡。国家早在 1988 年就批准设立了甘肃祁连山国家级自然保护区。但是，长期以来，祁连山局部生态破坏问题十分突出，到 2017 年 2 月，保护区内有 144 宗探采矿项目，建有 42 座水电站，其中不少存在违规审批、未批先建，导致局部生态环境遭到严重破坏。习近平总书记高度重视祁连山生态破坏问题，2014 年到 2016 年多次对此作出重要批示，然而期间甘肃省并没有真正落实。2016 年底中央巡视组进驻甘肃开展巡视回头看，发现王三运作为省委书记，对祁连山环境问题不重视、不作为，对中央决策阳奉阴违。

古语讲："其身正，不令而行；其身不正，虽令不从"①。甘肃祁连山生态破坏事件的发生，虽有工作不实、监管不力的因素，但根子上还是思想认识不到位，政治意识、大局意识、核心意识、看齐意识不强，不作为、不担当、不碰硬，实质上是违反政治纪律和政治规矩的严重问题，是落实"两个维护"不够坚决有力的严重问题。对于甘肃祁连山生态破坏事件问题的处理，充分体现了以习近平同志为核心的党中央对全面从严治党、维护党的政治纪律的严肃性和权威性的坚定态度。2019 年 8 月 20 日，习近平总书记在听取祁连山生态修复工作汇报后指出，这些年来祁连山生态保护由乱到治，大见成效。甘肃生态保护工作体现了新发展理念的要求，希望继续向前推进。我们发展到这个阶段，不能踩着西瓜皮往下溜，而是要继续爬坡过坎，实现高质量发展，绿水青山就可以成为金山银山。因此，对于甘肃而言，当前要以案为鉴、举一反三，弘扬八步沙"六老汉"勇挑重担、护卫家园的担当精神，提高政治站位，树牢"四个意识"，从"两个维护"的高度，全面加强党对生态文明建设的组织领导，切实担负起生态文明建设的政治责任，严格执行环境保护"党政同责、一岗双责"，做到在思想上不落伍，在行动上不掉队，充分发挥环境保护考核评价的"指挥棒"作用，加大对突出环境问题的问责力度。要"紧跟'六老汉'三代人治沙造林先进群体足迹，用顽强的意志迎

---

① 《论语·子路》。

接挑战，用扎实的行动破解难题，一步一个脚印地推进工作，始终把建设生态文明、保护生态环境作为必须担好的政治责任和底线任务，不断提升生态文明建设水平"。① 引导全社会树立和践行生态文明理念，推动党中央生态文明建设各项重大决策部署在甘肃落地见效。

二、着力解决突出的环境问题

习近平总书记指出，良好生态环境是最普惠的民生福祉，坚持生态惠民、生态利民、生态为民，重点解决损害群众健康的突出环境问题，不断满足人民日益增长的优美生态环境需要。②"2017 年，全国 388 个地级及以上城市中环境空气质量达标的仅占 29.3%，重点时段重污染天气仍然高发、频发。各地黑臭水体整治进展不均衡，环境污染治理基础设施薄弱，城市污水管网建设严重滞后，仍有大量污水直排。"③ 全国"两会"反映社情民意，2018 年全国"两会"提案中关于生态文明建设的提案 403 件，占比达到 9.08%，聚焦的议题主要包括打好污染防治攻坚战、打赢蓝天保卫战、整治农村人居环境等。

甘肃是一个农业占比大、农村人口多的省份，长期以来经济发展相对落后，致使甘肃农村基层设施欠账较多，农村环境和生态问题比较突出，乡村发展整体水平不高。改善农村人居环境，建设美丽乡村是实施乡村振兴战略的一项重要任务，事关广大农民的获得感和幸福感。就甘肃省而言，农村人居环境整治还处于起步阶段，行路难、如厕难、环境脏、村容村貌差等，仍是影响农民群众生活质量的主要痛点。因此，全面推进农村人居环境整治，顺应农民群众对美好生活的向往，满足农民群众对良好生态环境的期待，是各级党委政府义不容辞的责任。因此要大力弘扬八步沙"六老汉"三代人敢闯敢拼、实干苦干的斗争精神，坚持问题导向，继续抓好农村"清垃圾"的基础工作，让农村环境首先"净起来"。加快推进农村厕所、垃圾、风貌"三

---

① 中共甘肃省委：《八步沙见证一份绿色的承诺》，《求是》2019 年第 16 期。

② 习近平：《推动我国生态文明建设迈上新台阶》，《求是》2019 年第 3 期。

③ 《推进美丽中国 建设美丽中国》，人民出版社 2019 年版，第 79 页。

大革命"，科学编制方案，合理选择模式，严把质量关，加快项目进度。树立城乡生活垃圾一体化治理理念，加快垃圾处理设施建设，做实基础设施"硬件"；强化正面引导和反面曝光，将环境整治纳入乡规民约，加强环境习惯"软件"。

黄河是中华民族的母亲河，黄河流域是中华文明的发祥地。当前，黄河水资源供需矛盾日益突出，水体污染加剧，下游主河道萎缩严重，给下游地区经济社会发展造成威胁。习近平总书记明确指出，治理黄河，重在保护，要在治理。黄河流域经甘肃长达900多公里，是黄河流域重要的水源涵养区和补给区，60%的水来自兰州以上的河段，但由于历史和气候等因素，黄河上游水源涵养区域生态环境比较脆弱。同时，甘肃作为国家老工业基地，工业企业绝大多数分布在沿黄流域，对土地资源和水资源造成了不同程度的破坏，加之大多数分支流径流量小，河流自净功能不足，对污染的处理能力有限。因此，甘肃抓好黄河上游流域水土保持和污染防治工作，是一项紧迫而艰巨的任务。毋庸置疑，我们必须要弘扬八步沙"六老汉"三代人勇于探索、不甘落后、唯实创新的精神，以水而定、量水而行，因地制宜、分类施策，上下游、干支流、左右岸统筹谋划，加强同黄河流域各省区的协同配合，创新合作机制、加强衔接沟通，统筹推进黄河流域综合治理、系统治理和源头治理。严格落实省市县乡村五级河湖长制度，打好"清四乱"歼灭战，推进水环境综合治理、山洪沟道治理、城市和农村黑臭水体治理，切实把母亲河保护好。

三、严守生态保护红线和底线

习近平总书记指出："生态红线的观念一定要牢固树立起来。""在生态环境保护问题上，就是要不能越雷池一步，否则就应该受到惩罚。"①"生态保护红线是指在生态空间范围内具有特殊重要生态功能、必须强制性严格保护的区域，是保障和维护国家生态安全的底线和生命线。通常包括具有重要

---

① 《习近平关于社会主义生态文明建设论述摘编》，中央文献出版社2017年版，第99页。

水源涵养、生物多样性维护、水土保持、防风固沙、海岸生态稳定等功能的生态功能重要区域,以及水土流失、土地沙化、石漠化、盐渍化等生态环境敏感脆弱区域。"①

2017年,中办、国办印发《关于划定并严守生态保护红线的若干意见》要求,"2018年年底前,全国完成划定生态保护红线;2020年年底前,全面完成全国生态保护红线划定,勘界定标,基本建立生态保护红线制度,国土生态空间得到优化和有效保护,生态功能保持稳定,国家生态安全格局更加完善。"2018年10月,甘肃省完成了全省生态保护红线划定工作,涵盖了13类269个禁止开发区和其他保护地,总面积9.68万平方公里,占甘肃省国土面积的22.73%,占甘肃省红线面积的79.34%。就甘肃省而言,生态保护红线划定的范围主要为水源涵养、防风固沙、水土保持、生物多样性、禁止开发区等五类生态功能区。水源涵养功能区主要包括祁连山、陇南山地、甘南玛曲等区域;防风固沙功能区主要包括民勤、金塔、瓜州等紧邻或位于巴丹吉林沙漠边缘、腾格里沙漠、库姆塔格沙漠等区域;水土保持功能区主要包括庆阳、平凉、定西、临夏、天水等市一些处于黄土高原沟壑区的县区;生物多样性维护区主要包括榆中兴隆山、肃南祁连山,以及武威、酒泉、甘南的部分县区,地处甘肃省森林连片密布区、湿地分布区;就生态环境敏感区、脆弱区来说,有甘肃省白银市靖远县、庆阳中北部、武威民勤、酒泉金塔等地。

古语讲,"徒善不足以为政,徒法不足以自行"。划定红线是基础,严守和敬畏生态保护红线才是关键。因此,要弘扬八步沙"六老汉"三代人,38年信念不变的执着和坚韧的品质,牢固树立底线思维,转变过去片面追求经济增长、忽视甚至牺牲生态环境的发展观念,建立和完善生态保护补偿机制、考评机制以及严密的监管机制。加强生态保护红线执法监督,定期开展执法督察和专项行动。同时还要严格责任追究。对违反生态保护红线管控要

---

① 刘玉平:《严守生态保护红线筑牢国家生态安全底线》,《中国环境报》2018年9月26日。

求、造成生态破坏的部门、单位和人员，按照有关法律法规和《党政领导干部生态环境损害责任追究办法（试行）》等规定实行责任追究。

四、树牢持续用力久久为功的思想

习近平总书记强调："在生态环境保护建设上，一定要树立大局观、长远观、整体观。"① 在弘扬塞罕坝精神的批示中指出，持之以恒推进生态文明建设，一代接着一代干，驰而不息，久久为功。② 俗话说："病来如山倒，病去如抽丝。"保护生态环境与此极为相似。生态系统是一个复杂的有机整体，其中各子系统、各构成要素之间相互影响、相互制约。不适当的人类活动可能在短时间内破坏生态环境，但修复被破坏的生态环境则需要相当长的时间，解决起来需要有耐心恒心。事实上，从发达国家和发达城市的经验来看，治理生态环境都是既"下猛药"，也"做慢功"。"泰晤士河曾经看不到一条鱼，甚至跌落河中的人也被要求常规防疫接种，英国政府经过 20 多年的艰苦整治，才将它变成洁净的城市水道；日本治理最大的淡水湖琵琶湖，历时近 30 年方见成效；美国洛杉矶从 20 世纪 40 年代开始受光化学烟雾困扰，治理 60 多年，到 20 世纪初才基本打赢这场'蓝天保卫战'。即便如此，洛杉矶地区的臭氧水平依然常年超标，大约有 100 万成年人和 30 万儿童患哮喘病，造成的经济损失达 26 亿美元。"③ 八步沙"六老汉"三代人也是通过 38 年的执着和坚守，凭着"黄沙不退人不退，草木不活人不走"的韧劲，经历一次次沙进人退、人进沙退的反复，终将荒漠变成绿洲。八步沙"六老汉"三代人的先进事迹说明，修复生态环境、建设生态文明不可能一蹴而就，立竿见影，毕其功于一役，注定是一段逆水行舟的过程、一场艰苦漫长的战斗。

对于甘肃而言，尽管当前在生态建设与环境保护取得了不小的成果，但受地理位置和自然条件制约、人口增长和经济规模扩张以及全球气候变化的

---

① 《习近平关于社会主义生态文明建设论述摘编》，中央文献出版社 2017 年版，第 12 页。

② 《对河北塞罕坝林场建设者事迹作出的指示》，《人民日报》2017 年 8 月 29 日。

③ 任仲平：《生态文明的中国觉醒》，《人民日报》2013 年 7 月 22 日。

大环境影响，加之经济发展方式转变滞后，资源开发依赖程度强，生态环境的压力持续增加，在短期内难以改变。根据 2015 年甘肃省人民政府办公厅印发的《甘肃省生态保护与建设规划（2014—2020 年）》显示，"全省生态演变总体上依然呈现'面上向好、局点恶化、博弈相持、尚未扭转'的特点，生态问题'边治理、边发生'、'已治理、又复发'的现象存在，生态恶化的形势尚未得到根本遏制，生态依旧脆弱的特质没有改变。特别是植被破坏、水土流失、土地沙化、草地退化、自然灾害等生态问题，仍然是制约甘肃经济社会可持续发展的主要生态'瓶颈'。"2014 年，甘肃省第五次荒漠化监测结果显示，甘肃荒漠化和沙化面积大、危害重，治理和管护任务艰巨。全省荒漠化和沙化涉及 11 个市（州）38 个县（市、区），有沙化土地 1217.02 万公顷，另外还有 177.55 万公顷有明显沙化趋势的土地介于沙化与非沙化之间，极易变成新的沙化土地。[1] 已经治理的半固定和固定沙丘（地），林草植被尚处于巩固和恢复阶段，且极易遭受破坏，治理和管护的任务还很繁重。郭万刚激动地说"八步沙这个地方自然资源匮乏，我们也只是做了我们应该做的事。总书记的关怀和勉励让我们感到既亲切又温暖。我们一定牢记总书记的嘱托，一代代把治沙事业传下去，让我们的家乡更绿色、更美丽"。[2] 因此，甘肃要实现"山川秀美"，必须要弘扬八步沙"六老汉"接续奋斗、矢志不渝的愚公精神，持续用力、久久为功，做好打"攻坚战"和"持久战"的准备。

第四节　弘扬"八步沙精神"全面加强党的建设

2013 年 2 月，习近平总书记视察甘肃时作出"着力改进干部作风，提高党和政府公信力"的重要指示，要求甘肃全面推进党的思想、组织、作风、

---

① 甘肃省林业厅：《甘肃省第五次荒漠化和沙化监测工作统计》，《甘肃日报》2016 年 6 月 16 日。

② 李慧、宋喜群：《八步沙林场人的新愿望》，《光明日报》2019 年 8 月 27 日。

反腐倡廉和制度建设。2019 年，习近平总书记视察甘肃时又作出"抓好主题教育，推动全面从严治党向纵深发展"的重要指示。历史反复证明，办好中国的事情，关键在党。党的十九大报告指出："中国特色社会主义进入新时代，我们党一定要有新气象新作为。打铁必须自身硬。党要团结带领人民进行伟大斗争、推进伟大事业、实现伟大梦想，必须毫不动摇坚持和完善党的领导，毫不动摇把党建设得更加坚强有力。"①党的十八大以来，习近平总书记高度重视党的建设，反复强调党要管党、从严治党。因此，当前甘肃要贯彻落实好总书记讲话精神，全面加强党的建设，要弘扬八步沙"六老汉"听从召唤、初心不改，忠于使命、信守誓言，"生命不息，治沙不止"的精神，以政治建设为统领，持续净化政治生态，打造高素质干部队伍，持之以恒正风肃纪。

一、以政治建设为统领

党的十九大报告指出："旗帜鲜明讲政治是我们党作为马克思主义政党的根本要求。党的政治建设是党的根本性建设，决定党的建设方向和效果。"②因此，能否搞好党的政治建设，直接决定着我们中国共产党的性质和执政地位。习近平总书记指出，我们党历来注重从政治上建设党。从古田会议上毛泽东同志提出思想建党、政治建军原则，到 1945 年党的七大提出"首先着重在思想上、政治上进行建设，同时也在组织上进行建设"；从新中国成立后毛泽东同志提出"政治工作是一切经济工作的生命线"，到改革开放后邓小平同志强调"到什么时候都得讲政治"都表明注重从政治上建设党是我们党不断发展壮大、从胜利走向胜利的重要保证。③

1981 年，石满老人第一个站出来响应地方党委和政府的号召，积极投

---

① 《决胜全面建成小康社会　夺取新时代中国特色社会主义伟大胜利——在中国共产党第十九次全国代表大会上的报告》，人民出版社 2017 年版，第 61 页。

② 《决胜全面建成小康社会　夺取新时代中国特色社会主义伟大胜利——在中国共产党第十九次全国代表大会上的报告》，人民出版社 2017 年版，第 62 页。

③ 习近平：《增强推进党的政治建设的自觉性和坚定性》，《求是》2019 年第 14 期。

身到国家三北防护林工程建设之中，带头承包八步沙，充分体现出了共产党员的先锋模范引领作用。"贺发林老人守护林场时煤烟中毒，家里人劝他好好休息，可他一天也闲不下来，一门心思要去治沙。他说，我是个党员，说话得算数，身体有了点小毛病就打退堂鼓，那不是一个党员的做法！"①38年，八步沙林场靠的正是以共产党员为骨干的三代人，发扬听从召唤、情系家园，不畏艰难、艰苦奋斗的精神，才创造了绿色的奇迹，为我们树立了榜样。

十八大以来，我们党内发现的管党治党的所有问题，从本质上看都是政治问题，都是"四个意识"不强的问题，都是对党不忠诚不老实的问题。从近年来查处的无论是周永康、薄熙来、郭伯雄、徐才厚、孙政才、令计划等案件，还是周本顺、王三运、鲁炜等案件，都印证了党中央的判断。习近平总书记反复强调："办好中国的事情，关键在党。中国特色社会主义最本质的特征是中国共产党领导，中国特色社会主义制度的最大优势是中国共产党领导。"②进入新时代，甘肃面临的改革发展、脱贫攻坚、保障民生、促进公平正义、改善环境的任务更加艰巨，留下的都是难啃的硬骨头。在这样的条件下加强党的政治建设，要求我们更加自觉地把"两个维护"作为最高政治准则，向以习近平同志为核心的党中央看齐，向党的理论和路线方针政策看齐，向党中央的决策部署看齐，提高政治站位，严守政治纪律，做到党中央提倡的坚决响应、党中央决定的坚决照办、党中央禁止的坚决杜绝，坚决反对搞两面派、做两面人。

二、持续净化政治生态

"蓬生麻中，不扶而直；白沙在涅，与之俱黑。"人在集体中都会受到周围环境、风气的影响，而党员所受到的各种影响中，最大的是来自党内。因此，在党的建设中，净化政治生态十分重要。习近平总书记指出，做好各方

---

① 中共甘肃省委：《八步沙见证一份绿色的承诺》，《求是》2019 年第 16 期。
② 盛若蔚：《办好中国的事情，关键在党》，《人民日报》2017 年 10 月 9 日。

面工作，必须有一个良好政治生态。政治生态污浊，从政环境就恶劣；政治生态清明，从政环境就优良。政治生态和自然生态一样，稍不注意，就很容易受到污染，一旦出现问题，再想恢复就要付出很大代价。① 政治生态反映着一个地方政治生活的总体面貌。党内政治生态好，就能增强党组织凝聚力战斗力，激发党员干部干事创业的精气神；反之，就会矛盾迭出、乱象丛生，使党的事业发展受到损害。

《关于新形势下党内政治生活的若干准则》指出，党内政治生活中的一些突出问题，比如："理想信念不坚定、对党不忠诚、纪律松弛、脱离群众、独断专行、弄虚作假、慵懒无为，个人主义、分散主义、自由主义、好人主义、宗派主义、山头主义、拜金主义不同程度存在，形式主义、官僚主义、享乐主义和奢靡之风问题突出，任人唯亲、跑官要官、买官卖官、拉票贿选现象屡禁不止，滥用权力、贪污受贿、腐化堕落、违法乱纪等现象滋生蔓延。特别是高级干部中极少数人政治野心膨胀、权欲熏心，搞阳奉阴违、结党营私、团团伙伙、拉帮结派、谋取权位等政治阴谋活动。"这些问题严重损害了党内政治生态和党的形象。

王三运、虞海燕、火荣贵等人给甘肃、武威的政治生态带来了严重的污染和破坏，教训深刻。2017 年，中央纪委在通报中说，"王三运身为中央委员，理想信念丧失，严重违反党的纪律，并涉嫌违法犯罪，且在党的十八大后仍不收敛、不收手、性质恶劣、情节严重，严重污染甘肃省政治生态，严重损害党的事业和形象，应予严肃处理。"当前甘肃政治生态已经好转，但"大病初愈"还要继续"康复治疗"，必须要坚决全面彻底肃清王三运、虞海燕等人的流毒和影响，持续用力推动全面从严治党向纵深发展。要大力倡导和弘扬忠诚老实、公道正派、实事求是、清正廉洁等价值观，不断涵养政治定力、纪律定力、道德定力、抵腐定力；各级领导干部特别是高级干部要坚持打铁必须自身硬，自觉尊崇党章，发挥好示范表率作用，当好政治生态"护林员"，进一步构建甘肃风清气正的政治生态，确保党中央决策部署在甘

---

① 《习近平谈政治生态》，《人民日报·海外版》2017 年 3 月 22 日。

肃落地生根。

三、打造高素质干部队伍

政治路线确定之后，干部就是决定的因素，推动高质量发展，关键要靠干部、靠人才。党的十九大报告指出："坚持正确选人用人导向，匡正选人用人风气，突出政治标准，提拔重用牢固树立'四个意识'和'四个自信'、坚决维护党中央权威、全面贯彻执行党的理论和路线方针政策、忠诚干净担当的干部，选优配强各级领导班子。注重培养专业能力、专业精神，增强干部队伍适应新时代中国特色社会主义发展要求的能力。"

忠诚是为政之魂。心中有党、对党忠诚，关键时刻才能靠得住。否则，没有对党的绝对忠诚，就会丢了"魂"，工作就会失去方向，就会经不起大风大浪的考验。干净是立身之本。为政清廉是党的性质的根本体现，是我们党赢得民心的重要法宝。只有清清白白做人、干干净净干事、坦坦荡荡为官，才能不负党的重托、不负人民期盼。担当是成事之要。有多大担当才能干多大事业，尽多大责任才会有多大成就。如果不愿担当、不敢担当、不能担当，各项工作落不到实处、见不到实效，再好的目标、再美的蓝图，也只是镜中花、水中月。

习近平总书记指出："西部地区是个广阔天地，脱贫攻坚是个考验人的战场，为干部特别是青年干部成长提供了重要舞台"。① 对于甘肃而言，打造忠诚干净担当的高素质干部队伍，必须贯彻好"五大体系"。贯彻素质培养体系，抓住干部成长起步阶段和基础要素，突出政治素质，把坚定理想信念作为首要任务，教育引导干部加强党性修养、筑牢信仰之基。贯彻知事识人体系，要重视日常掌握、群众口碑，多方面了解干部，全方位观察干部。贯彻选拔任用体系，加强日常考核，把功夫下在平时，常态化开展领导班子分析研判和谈心谈话，经常性、近距离、有原则地接触干部，全方位、多角度、立体式了解干部，建立优秀年轻干部信息库和干部负面信息清单。贯彻

---

① 《习近平扶贫论述摘编》，中央文献出版社 2018 年版，第 43 页。

从严管理体系，重在抓好日常经常。立足抓早抓小抓预防，针对日常了解的情况和发现的苗头性、倾向性问题，及时提醒、函询，经常性开展谈心谈话，防止"小毛病"演变成"大问题"。贯彻正向激励体系，牢固树立有为者有位的鲜明导向，推进干部能上能下常态化，让广大干部看到只要想干事、能干事、干成事就有机会、有舞台，进一步树立"吃苦者吃香、优秀者优先"的鲜明导向。

四、持之以恒正风肃纪

党的作风是党的形象。现在，与当年八步沙"六老汉"治沙相比，我们的工作环境在变得越来越好，生活水平也在逐渐提高，但任劳任怨、艰苦奋斗的精神绝对不能丢。党的十九大报告指出："我们党来自人民、植根人民、服务人民，一旦脱离群众，就会失去生命力。加强作风建设，必须紧紧围绕保持党同人民群众的血肉联系，增强群众观念和群众感情，不断厚植党执政的群众基础。凡是群众反映强烈的问题都要严肃认真对待，凡是损害群众利益的行为都要坚决纠正。"[①] 最早在党的建设中使用"作风"一词的是恩格斯。他曾在一些讨论党的建设的书信中针对某些社会主义者身上存在的"阿谀奉承"的作风、"华而不实"的风气进行批评。在中国共产党的历史上，最早提出"党风"这一概念的是毛泽东。1942 年 2 月 1 日，他在《整顿党的作风》一文中，又阐明了党风的含义，指出，"反对主观主义以整顿学风，反对宗派主义以整顿党风，反对党八股以整顿文风"，"学风和文风也都是党的作风，都是党风。"[②] 也就是说，党的作风包括党在思想、政治、组织、工作、生活等各个方面的表现，是党的世界观和党性的外在表现。在 1945 年召开的党的七大上，毛泽东对党的作风建设内容作了高度概括，这就是："以马克思列宁主义的理论思想武装起来的中国共产党，在中国人民中产生了新的工作作风，这主要的就是理论和

---

① 《决胜全面建成小康社会　夺取新时代中国特色社会主义伟大胜利——在中国共产党第十九次全国代表大会上的报告》，人民出版社 2017 年版，第 66 页。

② 《毛泽东选集》第三卷，人民出版社 1991 年版，第 812 页。

实践相结合的作风，和人民群众紧密地联系在一起的作风以及自我批评的作风"。①

2018 年 4 月 1 日，央视报道甘肃折达公路（临夏折桥—兰州达川）考勒隧道安全隐患整改不落实，并对甘肃相关部门政风作风方面存在的问题进行了曝光。甘肃省委指出，折达公路问题性质严重，社会影响恶劣，是一起十分典型的不作为不尽责，官僚主义、衙门作风严重的案例。发生折达公路这样严重的问题，反映出省内一些地方、部门和党员干部"四个意识"还不够强，政风、作风方面的顽症痼疾还没有得到彻底根治。2019 年，甘肃省人社厅在高层次人才引进工作中出现的"开倒车"现象，把"放管服"变为"管卡压"。甘肃省纪委监委、省委组织部深入调查核实后发现，省人社厅存在违规出台人才政策文件，以备案之名行审批之实，任性用权导致用人单位苦不堪言等突出问题。可见，"作风建设永远在路上，永远没有休止符，必须抓常、抓细、抓长、持续努力、久久为功。"

对于甘肃而言，防止不正之风复发反弹，必须一手抓治标、一手抓治本，要防微杜渐，学习和弘扬八步沙"六老汉"愚公移山的精神，集中整治形式主义官僚主义。要树立正确政绩观、大幅精简文件会议、规范督查检查考核工作，切实解决形式主义突出问题为基层减负。推进扶贫领域作风问题治理、严肃查处脱贫攻坚腐败问题、健全完善脱贫攻坚督战机制，开展扶贫领域腐败和作风问题专项治理。进一步优化营商环境，深化"放管服"改革。树立注重实干实效的用人导向、发挥考核评价的激励鞭策作用、加强对干部的关心关爱，激励干部担当作为干事创业。当前甘肃正处在滚石上山、爬坡过坎的关键阶段，必须以负重前行、顽强拼搏的意志，学习八步沙"六老汉"三代人治沙造林先进事迹，以勇于探索敢于创新的精神，久久为功，一张蓝图绘到底。

---

① 《毛泽东选集》第三卷，人民出版社 1991 年版，第 1094 页。

第十章
用好"八步沙"品牌的思考及建议

榜样的力量是无穷的，榜样是一个时代的标杆，是鲜活价值观的体现，是有形的精神力量。中国古代就很注重榜样的标杆引领作用，子曰："三人行，必有我师焉。择其善者而从之，其不善者而改之"，"见贤思齐焉，见不贤而内自省也"。唐太宗李世民在《贞观政要》中云："以铜为镜，可以正衣冠；以史为镜，可以知兴替；以人为镜，可以明得失"。发挥好榜样的引领作用，有利于让人民群众树立看齐意识、"三省吾身"。党的十八大以来，习近平总书记多次就发挥榜样的力量作出重要论述，习总书记也曾强调，伟大时代呼唤伟大精神，崇高事业需要榜样引领。一个发展中的民族不能没有榜样，一个有前途的国家不能少了先锋。那些不忘初心牢记使命的榜样，用自己的力量，为实现"两个一百年"奋斗目标、实现中华民族伟大复兴的中国梦贡献智慧和力量。

"荣誉的本质是社会或组织对某些人做出功绩和具有模范道德行为的肯定和褒奖，是为了激励他人学有榜样、行有示范，同时也是让荣誉获得者再接再厉，取得更大的成绩。在本单位、本系统以及更大范围内营造一种积极向上、争先创优的良好氛围，这是荣誉的主要价值所在，也是公信力所在"。① 党树立起来的先进模范，要把他们的力量需转化为积极向上的精神力量，在全社会形成见贤思齐的良好氛围。古浪县八步沙"六老汉"三代人

---

① 范景鹏：《提升荣誉的公信力》，《解放军报》2019 年 11 月 1 日。

治沙造林先进群体就是产生于陇原大地、河西走廊防沙治沙中的英雄群体、时代楷模。他们来自防沙治沙第一线，是平凡群众作出的不平凡事业，是可亲可敬接地气的存在。而发挥榜样的力量，则需要更好的宣传和引导，让其精神在党性教育、社会教育、青少年教育中体现价值。感动的同时，更应该通过学习他们的英雄事迹，树立正确的价值观念，加强自身思想建设，把爱国之情报国之志融入祖国改革发展的伟大事业当中、融入人民创造历史的伟大奋斗中、融入万众一心奋斗新时代的强大力量中。

八步沙"六老汉"三代人治沙造林先进群体在追求人与自然和谐发展的实践中，用汗水和心血谱写了一曲让沙漠披绿生金的时代壮歌，不仅为干旱荒漠区防沙治沙创出了一条成功之路，也为改善西部地区生存环境，创造了宝贵的精神财富。以习近平新时代中国特色社会主义思想为指导，坚持走生态优先、绿色发展之路，全面贯彻落实习近平总书记在考察八步沙林场时的重要指示，大力弘扬"六老汉"困难面前不低头、敢把沙漠变绿洲的奋斗精神，激励人们投身生态文明建设，持续用力，久久为功，为建设美丽中国而奋斗。

第一节　为建设"美丽中国"提供了"八六三"模式镜鉴

荒漠化被称为"地球的癌症"，在世界范围内，沙漠治理都是一个非常大的环境治理难题，是全球生态领域的热点和难点问题。沙漠扩散导致环境恶化，环境恶化再导致人们贫穷，人们贫穷再导致向自然索取无度，索取无度就重新导致环境恶化，自此，沙漠化和荒漠化，就成了个死结，套在了人们的脖子上，不能自拔。

中国是世界上荒漠化最严重的国家之一，第五次监测结果显示，截至2014年，全国荒漠化土地面积261.16万平方公里，占国土面积的27.02%，沙化土地面积172.12万平方公里，占国土面积的17.93%，有明显沙化趋势的土地面积30.03万平方公里，占国土面积的3.12%。实际有效治理的沙化土地面积 20.37 万平方公里，占沙化土地面积的 11.8%。全国具有明显沙化趋势的土地面积为 30.03 万平方公里，占国土总面积的 3.13%。主要分布在内蒙古、新疆、青海、甘肃 4 省（自治区），面积分别为 17.40 万平方公里、4.71 万平方公里、4.13 万平方公里、1.78 万平方公里，其面积占全国具有明显沙化趋势的土地面积的 93.3%。[1] 沙漠化造成生态系统失衡，可耕地面积不断缩小，给中国工农业生产和人民生活带来严重影响。中国西北干旱区沙漠和沙漠化土地，已成为中国乃至亚太地区沙尘暴的主要源地之一，给国家社会经济造成了巨大的损失。

有沙漠化就有治沙的斗争，中国一直积极致力于应对荒漠化挑战，特别是新中国成立后，在党中央的高度重视下，号召和组织人民与沙漠作斗争，保护良田、增产粮食，并在长期治理中积累了丰富的经验，沙漠治理成效显著。特别是改革开放以后，中国综合国力逐步增强，科技实力不断提升，为现今沙漠治理提供了有力的资金和技术支持。走出了一条生态建设与经济发展并重、治沙与治穷共同推进的中国特色荒漠化防治道路。国际人士表示，防治荒漠化进程的"中国方案"已成为全球样板，值得世界借鉴。

第一种模式，榆林模式（半干旱地区模式）。榆林地区地处毛乌素沙地南缘、沙化面积达 2.44 万平方公里，有 6 座县城陷于重重沙漠之中，412 个村庄受风沙的侵袭压埋，100 年间，吞没农田、牧场 200 万亩。[2]

他们针对以风力作用为主的沙质荒漠化土地，建立了以"带、片、网"相结合的防风沙体系，使年沙尘日由 20 世纪 50 年代的 70 多天减少到 21 世纪初的 20 多天。现在可是人进沙退、林茂粮丰的"塞上江南"景象了。这种模式适用于半干旱地区荒漠化治理。

第二种模式，赤峰模式（半湿润地区模式）。赤峰位于内蒙古自治区东部，由于不合理的土地利用，使历史上水草丰美的大草原荒漠化土地达 7 万平方公里，占总土地面积的 77%，251 万公顷草场退化，全市 70% 的人口、

---

[1]　《中国荒漠化和沙化状况公报》，国家林业和草原局政府网，http://www.forestry.gov.cn/2015-12-29。

[2]　经言祥：《我国防治荒漠化的技术与模式》，《中学地理教学参考》2005 年第 7—8 期。

12 个旗（县）的 148 个乡镇受荒漠化危害。

后采取固沙造林育草技术、沙地衬膜水稻栽培技术和"小生物经济圈"整治技术进行治理，全市森林覆盖率从新中国成立初期不足 5%，提高到 21 世纪初的 21.2%，区域性生态环境得到明显改善。适用于半湿润干旱区荒漠化地区推广。

第三种模式，临泽模式（干旱地区模式）。临泽县位于甘肃省河西走廊中部黑河两岸，由于过度樵采、放牧，植被遭严重破坏，沙化严重，原来的绿洲向南退缩了近 500 米。后来，采取以绿洲为中心形成了自边缘到外围的"阻、固、封"相结合的防护体系，使流沙面积从 54.6% 减少到 21 世纪初的 9.4%。适用于干旱地带沙质荒漠化危害的绿洲地区推广。

第四种模式，和田模式（极端干旱地区模式）。和田位于新疆塔克拉玛干沙漠西南边缘，以绿洲为中心建立防护体系，兴修水利，节水灌溉并采取固定流动沙丘的办法，治沙效果明显。被联合国开发计划署授予"全球环境 500 佳"称号。适用于极端干旱区绿洲土地荒漠化防治。①

甘肃是我国重要的生态屏障，在保障国家生态安全中具有重要的地位和作用。八步沙林场"六老汉"三代治沙人在西北干旱荒漠腾格里沙漠南部，利用抗旱造林技术和封育管护措施，经过三十多年的不懈奋斗，把荒漠变为绿洲，在风沙前沿构筑起了一道绿色屏障，守护绿化了家园，减轻了区域风沙危害，在中国治理沙漠中，八步沙模式可以说是条件最艰苦、资金最薄弱、技术最落后、工具最原始、人手最缺乏，他们的实践和经验在西北干旱荒漠区具有普遍的示范意义。总结"八六三"模式就是：党员带头、群策群力、接续奋斗、与时俱进。

一、党员带头是前提

古浪县八步沙"六老汉"三代人治沙造林先进群体被习近平总书记比喻为当代愚公，毛泽东在《愚公移山》中指出："首先要使先锋队觉悟，下定

---

① 经言祥：《我国防治荒漠化的技术与模式》，《中学地理教学参考》2005 年第 7—8 期。

决心，不怕牺牲，排除万难，去争取胜利"。① 共产党员只有增强宗旨意识，在社会各个方面都起到先锋模范作用，将内化于心的理想信念转化于行，体现党的先进性才能使群众感受到理想信念的强大力量，从而带动群众转变思想信念，共产党员才无愧于工人阶级先锋战士的称号。

古浪县是全国荒漠化重点监测县之一，境内北部风沙线长达 132 公里，八步沙地处古浪县境北、腾格里沙漠南缘，20 世纪 80 年代之前，这里曾是当地最大的风沙口，每年向村庄推进 7.5 米，掩埋毁坏农田，逼得很多村民要搬离，风沙逼得人跑，人们因沙而贫、而苦了一辈又一辈。河西走廊当时流传着两句俗语。一句说"要想挣银子，走一趟大靖土门子"，另一句说"八步沙不治，土门子不富"。改革开放后，政府决定试行"政府补贴、个人承包，谁治理、谁拥有"的承包办法，彻底整治这片沙漠。治理寸草不生的沙漠谈何容易！即使政府有补贴，不知多少年后才会有"收益"。改革开放之初的大靖土门子的人都在为了"挣银子"而忙活着，但六老汉却担忧"土门子不富"。不甘心将世代生活的家园拱手相让，老支书石满第一个站了出来："多少年了，都是沙赶着人跑。现在我们要顶着沙进，治沙，我算一个"。紧接着，担任村支书、村主任、生产队长的贺发林、郭朝明、张润元、程海、罗元奎积极响应，像当年愚公立志"毕力平险"一样，他们选择了迎沙而进，以联户承包的形式，组建八步沙集体林场，带头打响了治理荒漠、守护家园的攻坚战。第一代治沙人张润元老汉回忆："县林业局和乡上领导动员我们治沙，越是困难越要有人去带头干。我们六人当时都是各村干部和党员，商量了几次后，就硬着头皮上阵了，也没想啥后果"。② 为了提高造林效益，节省时间，看护方便，卷起铺盖把家搬进沙漠，白天劳作、夜里睡地窝铺，饿了吃炒面，渴了喝冷水，累了就抽根旱烟，春夏植树压沙，秋冬看管养护。听老人们讲，尽管"六老汉"已经卸任村干部了，但林场内外的人见了还是称呼"石书记"、"贺书记"、"张书记"……而不称呼"场长"，足见他

---

① 《毛泽东选集》第三卷，人民出版社 1991 年版，第 1101 页。

② 梁峡林、黎霞：《六老汉三代人缚住"八步沙"荒漠变绿洲》，《兰州晨报》2018 年 5 月 9 日。

们在担任村干部时在群众中树立的良好声望。38 年来,"八六三"坚守初心,经历过家人不解、别人嘲笑、种树失败、资金匮乏等种种困难,经受住了风霜雨雪酷暑寒冬的考验和外面世界的各种诱惑,从来没有忘记"走过的路",没有忘记"走过的过去",没有忘记"为什么出发",始终保持永不懈怠的精神状态和一往无前的奋斗姿态与风沙作持久斗争,以自己的先锋模范作用,影响带动周围的群众,把群众带动起来、凝聚起来、组织起来,打开一片天地,干出一番事业,创造了令人震撼的绿色奇迹。

二、群策群力是根本

毛泽东赋予了"愚公"精神鲜明的人民主体性,"我们一定要坚持下去,一定要不断地工作,我们也会感动上帝的。这个上帝不是别人,就是全中国的人民大众。全国人民大众一齐起来和我们一道挖这两座山,有什么挖不平呢?"① 习近平总书记强调:在革命、建设、改革各个历史时期,我们党都坚持紧紧依靠人民。改革开放三十五年来的历程表明,许多改革都是由基层群众自发推动、自上而下形成的,广大人民群众是推动改革的重要力量。今天,我们全面深化改革,依然要充分发挥人民主体作用。② 建设美丽中国弘扬"愚公"精神同样离不开人民主体性。六老汉既是党员又是普通群众,如果说塞罕坝绿色奇迹是"国家主导型",库布奇绿色奇迹是"科技主导型",右玉绿色奇迹是"政府主导型",相比其他生态工程,"八六三"最显著的特点就是群众性!具有鲜明的"群众主导型"!有困难一起想办法,有工作一起干,自始至终彰显了群众主体性和群众首创性。首先是群众的首创性,起初,六老汉经过多次实验和失败摸索出"一棵树,一把草,压住沙子防风掏"的最经济实用的治沙办法,大大提高了成活率。摸索出"先治窝、后治坡、最后再治沙梁岗"这种科学有效的治沙流程。对流动沙丘采取"草方格沙障+人工造林"措施,治理成效进一步提升。对半固定沙丘采取

① 《毛泽东选集》第三卷,人民出版社 1991 年版,第 1102 页。
② 《习近平关于"不忘初心、牢记使命"论述摘编》,党建读物出版社、中央文献出版社 2019 年版,第 129 页。

"一棵树，一把草"措施。到第二代治沙人创新应用"网格状双眉式"沙障结构，实行造林管护网格化管理，再到第三代治沙人全面尝试"打草方格、细水滴灌、地膜覆盖"等新技术，在天然植被较好的塘地，充分利用自然修复功能，以封沙育林为主、辅以人工促进更新等措施。对封育区全面封禁保护，采取"天然更新＋人工促进"措施，做到了封、造、管并举。逐步总结出了抢墒造林、落水栽植等实用治沙造林技术。在树种方面，选择花棒、梭梭、红柳等抗旱乡土树种，营造防风固沙林。利用墒情好的时机，人工撒播沙蒿、沙米、柠条等籽种，做到了乔、灌、草相结合，提高了沙漠治理成效。在通道绿化上，利用公路作为天然集雨场，结合人工拉水补浇，配置档次较高的风景绿化树种，提高了沙区道路景观效果。近些年，在治沙造林中不但广泛使用工程机械，更是将网络技术应用到林木管护当中，提高了治沙护林效率。科技含量不断改进，管理制度不断完善，经济效益不断提高，生活水平不断提高，社会效益不断扩大，自始至终彰显了群众的首创精神。其次是力量的主体性。从最早的春秋季压沙活多任务重时，"六老汉"各自回家动员家里人"参战"，六户人家 40 多口人齐上阵，年纪最小的只有 10 多岁，劲往一块使，拧成一股绳，相互不离不弃。随着规模的扩大和经济效益的提高，他们有很多的资金来发动群众。以自己的先锋模范作用，影响带动周围的群众，把群众带动起来、凝聚起来、组织起来，把昔日寸草不生黄沙滚滚的八步沙建成一条南北长 10 公里、东西宽 8 公里的绿色屏障。八步沙林场也是古浪县第一家由农民自发组建的集体林场。三十多年来，八步沙林场也经历从小到大，从弱到强，从最初单纯的造林护林发展到一个集造林绿化、防沙治沙、苗木培育、种子采集为一体的专业绿化林场。八步沙林场从组建之初的 6 人，发展到现有正式职工 28 名，其中技术骨干人员 7 名，党员职工 7 名，并于 2000 年成立林场党支部。近年来，陆续有 3 万多人从贫瘠的大山里搬迁至此，带动更多的群众参与治沙造林。2018 年，在古浪县委县政府的鼓励帮助下，八步沙林场将防沙治沙与产业富民、精准扶贫相结合，流转了 2500 多户贫困移民户的 1.25 万亩荒滩地，种植梭梭嫁接肉苁蓉5000 亩，种植枸杞、红枣 7500 亩，帮助贫困移民发展特色产业，一年下来光劳务费就发放了 300 多万元。组织移民区群众压沙造林，仅 2019 年春天两个月，就有近 3000 名贫困群众前来参加治沙造林，总共发了 100 多万元的劳务费，平均每个人 3000 多元，实现搬得出、稳得住、能致富、可持续的预期目标，彰显了群众的主体性。

三、接续奋斗是保障

生态建设是一个系统工程，更是一个长期工程，生态系统破坏容易建设难，一年两年不见效果，需要数十年乃至上百年的时间，数代人的接力奋斗才能完成。自然恢复要有历史耐心，持之以恒，久久为功，不能毕其功于一役。生态建设更是一项投资多、周期长、见效慢、工程大的系统工程。

1981 年六老汉承包八步沙时，面对是一场以时间换空间的不平衡的"持久战"，一方面六位老汉平均年龄 49.6 岁，年过半百，一方面是寸草不生黄沙滚滚 7.5 万亩的沙漠，而承包期是 25 年。颇有当年"以残年余力"、"年且九十"的愚公面对"方七百里，高万仞"的太行、王屋二山的艰巨性。但六老汉不但继承了愚公"毕力平险"的志向，还口头约定，无论多苦多累，每家必须出一个后人，把八步沙治下去。在这场以时间换空间的悬殊赛跑中，四位老汉去世。老人去世后，都没有按照风俗埋在祖坟里，而是埋在了八步沙林场，两位老汉也年老干不动了。面对父辈们的约定，第二代治沙人当年在"治"与"不治"间也曾经徘徊犹豫、艰难抉择，最终将这个庄重誓言融入传世家风。郭老汉的儿子郭万刚、贺老汉的儿子贺中强、石老汉的儿子石银山、罗老汉的儿子罗兴全、程老汉的儿子程生学、张老汉的女婿王志鹏接过老汉们的铁锹。"六兄弟"成了八步沙第二代治沙人，时间又把他们由青年熬成新"六老汉"，2017 年，郭朝明的孙子郭玺加入林场成为八步沙第三代治沙人。三代人用实际行动上演了一出"虽我之死，有子存焉；子又生孙，孙又生子；子又有子，子又有孙；子子孙孙无穷匮也，而山不加增，何苦而不平"的现代愚公家风。

四、与时俱进是关键

回应时代呼唤，反映实践诉求，勇于推进实践基础上的理论创新，是中国共产党从胜利走向胜利的一条根本经验。马克思主义是发展的科学，是发展的真理，具有与时俱进的理论品格，要求我们必须从新的实际出发，用新的观点来认识、继承和发展马克思主义，必须立足实际和时代发展来进行理论创造。与时俱进，就是党的全部理论和工作要体现时代性，把握规律性，富于创造性。把发扬革命传统与创造新鲜经验有机结合起来，在解放思想中统一思想，用发展着的马克思主义指导新的实践，其本质就是要以创新的精神和科学的态度去认识、把握和遵循事物发展的客观规律。

六家三代人能够团结接力治沙造林 38 年不止，关键就在于思想和措施上的与时俱进。历史经验证明，过度大规模工程措施对遏制生态退化的作用往往难以达到预期效果，有时甚至适得其反。曾经在 20 世纪 70 年代，县上投资 20 多万元，发动数百群众在八步沙摆开战场，大战一个春季，栽种很多树。由于管理不善、风吹、沙打、畜啃，树苗死伤严重，没有达到预期的目的。六老汉响应改革开放之风，以联产承包形式组建集体林场，承包治理 7.5 万亩，可谓"破天荒"之举。一分种，九分管，林场与护林站职工层层签订责任书，责任到人，加强管护，将管护区划分到每个护林站，实行造林管护网格化管理，保证了育苗的后续发展，成为全省农民联户承包治沙造林的典型之一。进入 90 年代，面对社会主义市场经济体制的转型，国家生态政策调整，八步沙林场没有了造林补贴，当地群众开始修建砖瓦房后，重要经济来源的花棒也没了销售市场，林场面临工资发不下来、资金断流的境况。八步沙人集思广益，发扬民主，主动适应变化。1998 年，通过银行贷款、自筹资金、劳务投入等方式筹措资金 40 多万元。按照"出工记账、折价入股、按股分红"的办法，在林场选址，新打一眼机井，开发土地 400 亩，种植各类经济作物并培育造林绿化树苗，探索"以农促林、以副养林、以林治沙、农林牧副多业并举"的良性循环发展的新路子，使得林场起死回生。世纪之交，面对西部大开发和国家加强生态建设的历史机遇，八步沙人在

"进"、"散"、"守"之间作出走市场化治沙之路的重大决策，进行企业化转型，将目光瞄准市场，积极去争取项目，走上市场化治沙之路，凭借经验丰富、技术成熟、工程质量到位、管理团结、良好声誉等优势，通过企业竞标承接了很多生态工程，给他们带来不错的经济效益，为林场的长远发展奠定基础。

党的十八大以来，国家和省市县大力推进生态文明建设，重视绿色发展。古浪县防沙治沙工程建设进入了历史上规模最大、数量最多、进度最快、群众参与程度最高的时期。八步沙林场也迎来了大干快干的新机遇，走向了提质增效的新阶段。几年来，八步沙林场充分发挥在治沙造林方面的经验和优势，大力推进防沙治沙产业化，承接各种治沙造林护林工程项目。2018 年，在古浪县大力推进易地扶贫搬迁的脱贫攻坚工程中，八步沙林场进一步发挥优势，按照"公司＋基地＋农户"的模式，建立"按地入股、效益分红、规模化经营、产业化发展"的公司化林业产业经营机制，流转沙化严重的土地，在黄花滩易地扶贫搬迁移民点建立枸杞、红枣等经济林基地，并通过梭梭接种肉苁蓉开发新的产业，积极探索绿色产业发展新途径。经过多年的努力，八步沙林场职工年收入增加到 5 万多元，彻底改变了贫苦落后的面貌，实现了沙漠变绿、治沙人致富的梦想。

第二节　"八步沙"品牌价值的潜力分析

一、重要的政治价值

旗帜鲜明讲政治是马克思主义政党的根本要求，党的政治建设决定党的建设的方向和效果，注重抓党的政治建设是党的十八大以来全面从严治党的成功经验。习近平总书记在党的十九大报告，第一次把党的政治建设纳入党的建设总体布局，强调"以党的政治建设为统领"，"把党的政治建设摆在首位"，凸显党的政治建设的极端重要性，这是马克思主义党建理论的重大创新，意义重大而深远。

（一）发展积极健康党内政治文化

习近平总书记指出："党内政治生活、政治生态、政治文化是相辅相成的，政治文化是政治生活的灵魂，对政治生态具有潜移默化的影响。要注重加强党内政治文化建设，倡导和弘扬忠诚老实、光明坦荡、公道正派、实事求是、艰苦奋斗、清正廉洁等价值观，旗帜鲜明抵制和反对关系学、厚黑学、官场术、'潜规则'等庸俗腐朽的政治文化，不断培厚良好政治生态的土壤"。[①] 发展积极健康的党内政治文化，能够为党的政治建设提供价值导向和内在精神，引导全党同志永葆共产党人的政治本色。弘扬共产党人价值观，是发展积极健康的党内政治文化的核心内容，是人的思想的"总开关"，决定着思想觉悟、思想境界的高下。据郭万刚讲述，自 2018 年 7 月到 2019 年 11 月底，八步沙人共在全国各地宣讲 103 场，其中高校部委 31 场、省内 72 场。他们身上体现出的"勇挑重担、护卫家园的担当精神，不畏艰难、苦干实干的拼搏精神，勇于探索、唯实创新的进取精神，矢志坚守、接续奋斗的愚公精神"，弘扬了新时代共产党人的价值观，挺起了共产党人的精神脊梁。

（二）加强党性教育提升党性修养的重要资源

习近平总书记指出，党性是立身、立业、立言、立德的基石，必须在严格的党内生活锻炼中不断增强。[②] 党性教育是共产党人修身养性的必修课，是共产党人的"心学"，党性教育是党员教育的重要内容之一。我们党历来重视加强党性教育。《2014—2018 年全国党员教育培训工作规划》提出，"把增强党性作为第一任务"，《2018—2022 年全国党员教育培训工作规划》提出"以提高政治素质、增强党性修养为根本"。八步沙"六老汉"三代人治沙造林先进事迹是践行初心使命的生动记录，是"不忘初心、牢记使命"主题教育的鲜活教材。兰州大学、中共甘肃省委党校（甘肃行政学院）、甘肃

---

① 《习近平谈治国理政》第二卷，外文出版社 2017 年版，第 181 页。
② 《习近平关于全面从严治党论述摘编》，中央文献出版社 2016 年版，第 25 页。

社会主义学院、中共武威市委党校等单位把八步沙作为党性教育基地，亲临现场举行揭牌仪式。武威市利用八步沙"六老汉"治沙纪念馆丰富的实物、实景、实例和实事搭建起主题教育大课堂，开展"不忘初心、牢记使命"主题教育活动，进一步增强主题教育的针对性、实效性和感染力。经中共甘肃省委研究决定成立"八步沙干部学院"，严格按照"谁管理谁负责"的要求，坚持"姓党"原则，旗帜鲜明把讲政治贯穿党性教育基地的教学、科研和办学活动，增强"四个意识"，坚定"四个自信"，做到"两个维护"。聚焦主业主课，以教育引导广大党员干部重温革命传统、传承革命精神、坚定理想信念、加强党性修养为根本目的，按照"红色教育＋绿色教育＋脱贫攻坚实践教育"的模式，加大教学资源的开发力度，彰显党性教育基地特色，着力提升办学能力，切实推动党性教育基地高质量办学、高质量运行。

（三）加强政治理论学习

习近平总书记在 2016 年"七一"重要讲话中强调：理论上清醒，政治上才能坚定。党发展壮大的历史反复证明，加强党的思想理论建设、始终保持全党理论清醒关系到党的前途命运，丝毫不能动摇和忽视思想理论建设的极端重要性。理论成熟是党成熟的一个重要标志，党员干部的理论素养是决定政治水平的重要因素。保持理论清醒能为党的事业提供正确的政治方向、坚实的思想基础和强大的精神动力。保持理论清醒是党员干部坚定政治信念和行动自觉的前提和基础。新的历史条件下全党只有始终保持理论清醒，才能保证政治坚定和行动的自觉一致。古浪县八步沙林场"六老汉"三代人是习近平生态文明思想的忠实践行者，2019 年 5 月 14 日下午，中共甘肃省委理论学习中心组举行专题学习会，通过学习获得中宣部"时代楷模"称号的古浪县八步沙"六老汉"三代人治沙造林先进群体的优秀品格和奋斗精神，深入学习和贯彻落实习近平生态文明思想，践行"绿水青山就是金山银山"理念，加强生态环境保护，加大污染防治力度，加快绿色发展崛起，努力建设山川秀美新甘肃。中共武威市委也多次把学习弘扬"时代楷模"八步沙"六老汉"三代人治沙造林精神作为学习贯彻落实习近平生态文明思想、推动全市生态文明建设的重要抓手，加快推进全域生态文明建设。中共古浪县委、

图 21　课题组成员在八步沙开展现场教学（万积平提供）

舟曲县委、临泽县委等理论学习中心组，都把学习八步沙"六老汉"三代人治沙造林先进群体作为"不忘初心、牢记使命"主题教育重要内容，深入学习贯彻落实习近平总书记生态文明思想，践行"绿水青山就是金山银山"发展理念。

（四）开展群众路线教育

群众路线是党的生命线和根本工作路线。党领导革命、建设、改革的历史和现实都充分证明，始终坚持群众路线，制定并执行代表最广大人民群众根本利益的路线方针政策，所以能得到人民群众的拥护和爱戴，是党立于不败之地的根本原因。党群、干群关系问题是关系党和国家兴衰存亡的大问题，坚持和贯彻党的群众路线，是保持党的先进性和纯洁性的内在要求，是永葆党的战斗力和青春活力的重要传家宝。在武威大地，每年春秋两季成千上万的干部走出机关、单位、厂矿、企业、学校、家庭，参与压沙治沙中来，是一项有着广泛而深厚群众基础的生态项目，八步沙"六老汉"三代人这些农村基层普普通通群众在长期防沙治沙的伟大实践中涌现出的先进集体，38 年接力奋斗创造的绿色奇迹彰显了群众智慧和群众力量。在世情国情党情发生深刻变化，党的使命和任务更加艰巨的新形势下，通过学习八步沙"六老汉"三代人治沙造林38年的先进事迹，能够教育和引导广大党员干部牢固树立马克思主义群众观点，尊重人民的主体地位，使之深深植根于思想中、真正落实到行动上。

二、长远的经济价值

（一）绿色经济

"绿色经济"概念自20世纪80年代提出以后，国内外有关组织陆续开展了相关研究。绿色经济与可持续发展一脉相承，在发展模式创新过程中出现的新的经济学概念。绿色经济是以市场为导向，以生态、环境、资源为要素，以产业经济为基础，以科技创新为支撑，以经济、社会、生态协调发展为目标，以维护人类生存环境，科学开发利用资源和协调人与自然关系为主要特征的一种新的经济形态。发展绿色经济是建设生态文明的重要支撑，要求促进生活和消费领域的绿色化，通过积极倡导绿色生活理念，推动形成资源节约、环境友好的绿色生活方式和绿色消费模式。发展绿色经济是我国推进生态文明建设、实现经济社会科学发展的重要基础。如今的八步沙早已走过了最初的压沙植树护林的护卫家园的"防守"阶段，从20世纪90年代开始，"变守为攻"开始了市场化转型，从防沙治沙、植树造林到培育沙产业、发展生态经济，因地制宜、勇于探索，以不服输的闯劲和拼劲，开辟了一条"以农促林、以副养林、农林并举、科学发展"的新路子。通过引进市场机制，完善经营管理，于2009年在林场的基础上成立八步沙绿化责任有限公司，在治理好的沙地里发展沙产业，兼环境治理工程。2018年在当地黄花滩移民区流转了1.25万亩土地，实践中探索出"公司＋基地＋农户"的产业发展模式，带领搬迁移民一起种植肉苁蓉、枸杞和红枣，他们将治沙与产业培育、精准扶贫相结合，建立多方位、多渠道利益联结机制，实现在治沙中致富、在致富中治沙。

（二）创意产业

世界旅游组织的有关调查发现，越是中高端的旅游者，对于自然、人文和多样化文化体验的要求就越是强烈。从过去单一的"游山玩水"、"放松身心"到现在"陶冶情操、增加阅历、寻求梦想、体验生活"的复合需求，越来越追求个性化、多样化、精神化、品质化、体验化，越来越多的购买文化艺术，购买精神享受，审美体验，甚至花钱购买一种气氛，购买一句话，一个符号。"文化创意产业现在已经成为知识经济时代下的新兴产业。它是作为推崇创新和个人创造力、强调文化艺术对经济的支撑作用的一种产业的标志，已成为各国经济发展的中坚力量。"① 旅游业在发展的过程中，出现了景区开发雷同、文化内涵不高的现象。要想使景区具有长足的发展和强大的生命力，独创性和文化性是很重要的。文化创意产业注重独创和文化的特点符合了开发者的要求，且具有融入旅游产业的多项特点，尤其是文化创意产业的展示性使得它能成为旅游产品供旅游者参与。八步沙不仅是一个地理方位，随着知名的提升，资源不限于生态自然景观，还集思想、理念、知识、信息、文化等要素于一体，蕴含其中的新事物、新文化、新思想、新技术、新生活方式等奇特的创意，是激发旅游者兴趣的东西，也是他们注重的、愿意体验的东西，最终能够衍生成为旅游资源，这是开展创意产业的重要增长点。高度重视"八步沙"品牌在吸引资源、吸引游客、提升影响力方面的巨大作用，扩大文化创意旅游品牌在文化资本中的比例和作用，特别是努力争取它们获得广大游客的好感和认同，发挥无形资产对有形资产、高端服务业对实体经济的巨大提升作用。文化创意与农村和农业各类产品的深入结合，犹如金属制品中加入了微量元素，可以大大丰富农业产品、农事景观、环保包装、乡土文化等创意和设计，提升农产品附加值，提高城乡的现代化水平。

（三）研学旅行

古人云"读万卷书，行万里路"，当前的研学旅行正是继承和发展了我国传统游学的教育理念和人文精神，并结合国际上"研究性学习"的先进理

---

① 赵华、于静：《新常态下乡村旅游与文化创意产业融合发展研究》，《经济问题》2015年第4期。

念、方法、模式发展成为素质教育的一种新内容和新方式。2013 年 2 月 2 日，国务院办公厅印发《国民旅游休闲纲要（2013—2020 年）》，纲要中提出"逐步推行中小学生研学旅行"的设想。2014 年 8 月 21 日《关于促进旅游业改革发展的若干意见》中首次明确了"研学旅行"要纳入中小学生日常教育范畴。按照教育为本、安全第一的原则，建立小学阶段以乡土乡情研学为主、初中阶段以县情市情研学为主、高中阶段以省情国情研学为主的研学旅行体系。利用八步沙林场丰富的生态文明教育资源建成中小学生态教育社会实践基地，定期开展综合实践活动，就近就便接待中小学生参观实践。提升青少年核心价值观建设的时效性，在教育实践过程中让学员、学生受到感染、熏陶，从而更深切地体会和领悟"八步沙精神"的内涵，增强自身的使命感和责任感。2019 年 8 月 26 日，由国家林业和草原局、共青团中央主办的"童眼观生态"走进古浪八步沙全国青少年生态文明教育体验活动在古浪县八步沙治沙造林纪念馆举行。向全国青少年发出学习"六老汉"不畏艰难、敢为人先、久久为功的拼搏精神倡议书，并为八步沙林场授牌。随后，前往治沙现场开展了治沙造林体验活动。

三、广泛的教育价值

表 10-1　2019 年 4—11 月到八步沙林场参观学习人数统计

序号	日期	省内/外	批次	人次
1	2019 年 4 月	省内	168	8650
		省外	29	1320
2	2019 年 5 月	省内	185	11200
		省外	34	1650
3	2019 年 6 月	省内	378	19650
		省外	38	3170
4	2019 年 7 月	省内	330	9430
		省外	35	1920

序号	日期	省内／外	批次	人次
5	2019 年 8 月	省内	385	21230
		省外	56	2350
6	2019 年 9 月	省内	365	19560
		省外	86	4560
7	2019 年 10 月	省内	345	17890
		省外	75	3860
8	2019 年 11 月	省内	98	4930
		省外	19	690
合计			2626	132060

数据来源：八步沙林场。

（一）社会教育

社会教育（society education），指与学校教育、家庭教育并行的影响个人身心发展的社会教育活动。将建设生态文明的国家战略落到实处，思想观念的转变是第一步，也是最关键的一步。只有全民首先树立起生态文明的价值观、道德观、思想观，建设生态文明才有可能落到实处。而要增强全民环保意识、生态意识，在社会上营造爱护生态环境的良好风气，就需要不断加大生态文明宣传教育力度，将"生态文明"思想的火种播在千家万户。八步沙林场因为具有典型的案例模式以及支持"两山"实践创新较为成熟的基础条件，2019 年 11 月 9 日，被国家生态环境部命名为"绿水青山就是金山银山"实践创新基地（以下简称"两山"基地），这是甘肃省第一家"两山"基地，是践行"两山"理念的实践平台，旨在创新探索"两山"转化的制度实践和行动实践，总结推广典型经验模式。从 20 世纪 90 年代的生态示范区到如今的生态文明建设示范区；从 91 个国家生态文明建设示范市县到 29 个"绿水青山就是金山银山"实践创新基地，由生态环境部精心设计的生态文明建设示范区以及"两山"基地已经成为地方改善生态环境质量、推动绿色发展转型以及落实生态文明体制改革任务的标杆。对八步沙林场深入贯彻落实习近平生态文明思想，进一步践行"绿水青山就是金山银山"理念、促进"两山"成效转化、推广防沙治沙经验和示范引领全国生态文明建设具有重大的里程碑意义。以树立生态文明新风尚、践行生态理念为主题，推进生态文明村镇创建。人人担负建设生态文明的责任，建设美丽中国、实现人与自然和谐共处的美好目标才能真正变为现实。

（二）家风教育

党的十八大以来，习近平总书记多次强调家庭、家教、家风建设的重要性，将党员干部的家风建设提到前所未有的高度。在 2015 年春节团拜会作出了"注重家庭、注重家教、注重家风"的重要指示，关于家庭、家教、家风的建设与研究迎来了一个崭新的春天。家庭是社会的细胞，是人类社会最基本的组织形式。家庭教育是人类一切教育的起点，"家庭教育功能关系着家庭成员是否能够而且愿意善尽其身为家庭一分子的职责，致力于使家庭各种功能均得以充分发挥。"[①] 与塞罕坝、库布奇、右玉等绿色典型相比，八步沙最为明显的是他的群众性和"虽我之死，有子存焉；子又生孙，孙又生子；子又有子，子又有孙；子子孙孙无穷匮也"的家族性。散发其中浓郁的家风味道和蕴含其中的家风教育，是当前倡导良好家风教育生动的题材。"家风是以家庭为载体在家庭生产生活活动中形成的文化。家风伴随着家庭的产生而产生，也伴随着家庭的发展而发展。因此，我们考察家风的历史形成和变迁，首先必须从家庭的产生开始。"[②] "六老汉"的家风就形成于治沙造林的接力奋斗的事业中，生产生活活动是决定家风的本质因素。

"家庭教育、学校教育与社会教育三大教育系统共同承担着对个体的教育任务，在不同程度上影响着个体的成长和发展。这三大教育各有其特点和侧重，相互协作，相互促进。在思想政治教育领域，家庭教育至关重要。好

---

① 高淑贵：《家庭社会学》，（台北）黎明文化事业公司 1991 年版，第 25 页。
② 刘海芳：《家风的思想政治教育功能研究》，博士学位论文，中国矿业大学（北京），2018 年。

的家风能巩固社会、学校思想政治教育的成果。"① 家风教育中的因事教育、情境教育、具体教育、示范教育往往是学校无法实现的。品德的教育、价值观的教育往往通过家庭的教育、家风的教化，才能把教育的要求深入到每一个个体身上。一切品质的形成和习惯的养成都离不开家庭教育。思想政治教育的成果需要通过家庭这个环节的养成教育来加强巩固，通过家庭将其成果落实、落细。"社会与学校思想政治教育的教育成果需要通过具有日常性、感染性、感化性、长期性的家风思想政治教育来巩固，以保证其教育效果的连续性。通过对社会、学校、家庭思想政治教育环节的良好衔接和内容的融合统一，对于提升思想政治教育的效果是十分有益的"。②

（三）劳模精神教育

劳动在马克思主义中是一个理论枢纽，是联系哲学、政治经济学和科学社会主义三个组成部分的中介，也是马克思主义实践观、群众观、阶级观、发展观、矛盾观的基础，甚至在一定意义上可以说，劳动是马克思"两个伟大发现"的基石。劳动是共产党人保持政治本色的重要途径，是共产党人保持政治肌体健康的重要手段，也是共产党人发扬优良作风、自觉抵御"四风"的重要保障。只有在深入理解、正确把握劳动中才能真正理解和把握马克思主义理论是"人民实现自身解放的思想体系"。习近平总书记一直尊重劳动、关心劳动者。党的十八大以来，他在多个场合、多次提及劳动和劳动者，强调，全面建成小康社会，进而建成富强民主文明和谐的社会主义现代化国家，根本上靠劳动、靠劳动者创造。因此，无论时代条件如何变化，我们始终都要崇尚劳动、尊重劳动者，始终重视发挥工人阶级和广大劳动群众的主力军作用。③ 高度赞扬劳动模范身上体现的"爱岗敬业、争创一流，艰苦奋

---

① 刘海芳:《家风的思想政治教育功能研究》，博士学位论文，中国矿业大学（北京），2018 年。

② 刘海芳:《家风的思想政治教育功能研究》，博士学位论文，中国矿业大学（北京），2018 年。

③ 《在庆祝"五一"国际劳动节暨表彰全国劳动模范和先进工作者大会上的讲话》，人民出版社 2015 年版，第 2—3 页。

斗、勇于创新，淡泊名利、甘于奉献"的劳模精神，生动诠释了社会主义核心价值观，是我们的宝贵精神财富和强大精神力量。① 他表示，要在全社会大力弘扬劳模精神、劳动精神，大力宣传劳动模范和其他典型的先进事迹，引导广大人民群众树立辛勤劳动、诚实劳动、创造性劳动的理念，让劳动光荣、创造伟大成为铿锵的时代强音，让劳动最光荣、劳动最崇高、劳动最伟大、劳动最美

图 22 课题组成员参加压沙劳动体验

丽蔚然成风。② 新时代劳模精神因其从个别发现一般，从现象发现本质，从偶然发现规律，因而超越时空、超越地域、超越民族，在蓬勃发展的中国特色社会主义新时代，自然成为弘扬社会主义核心价值观的精神向导。全面建成小康社会，进而建成富强民主文明和谐的社会主义现代化强国，根本上靠劳动、靠劳动者创造，亿万劳动群众是主体力量。八步沙"六老汉"三代人治沙造林创造的绿色奇迹就是三代人接力劳动创造的，他们是民族的精英、时代的楷模。学习他们身上闪耀的信仰光彩和实干苦干的劲头，能够穿越眼

---

① 《在庆祝"五一"国际劳动节暨表彰全国劳动模范和先进工作者大会上的讲话》，人民出版社 2015 年版，第 4 页。

② 《在庆祝"五一"国际劳动节暨表彰全国劳动模范和先进工作者大会上的讲话》，人民出版社 2015 年版，第 4—5 页。

前的迷雾，相信并为美好的未来而奋斗。教育引导全社会都要向八步沙"六老汉"三代人治沙造林的劳模精神、劳动精神学习，大力宣传他们的先进事迹。涵养崇尚劳动的社会氛围，为保障劳动者权益创造更好制度环境，想想这些平凡人何以把不可能变为可能，心底就有相信，劳动最光荣、劳动最崇高、劳动最伟大、劳动最美丽的社会风气就会蔚然成风。就能激发亿万人民用辛勤汇聚实现中华民族伟大复兴中国梦的磅礴力量。

第三节　"八步沙"品牌价值的实现途径

一、坚持党的领导加强党的建设

党的十九大报告指出，"中国特色社会主义最本质的特征是中国共产党领导，中国特色社会主义制度的最大优势是中国共产党领导，党是最高政治领导力量"。[①] 办好中国的事情，关键在党。党的基层组织是党在社会基层组织中的战斗堡垒，是党的领导延伸到基层的重要载体。提升基层党组织的政治领导力，就是要发挥党的政治优势，把党的全面领导落实到各类社会基层组织。

八步沙林场党支部于 2019 年 6 月被中共武威市委评为武威市先进基层党组织，还被甘肃省林业和草原局建为甘肃省林业和草原系统党员教育基地、武威市委建为武威市党性教育基地等。"提升荣誉的公信力还需要维护荣誉的价值，努力使之产生后续效应"，"只有把荣誉获得者所形成的效应充分地利用起来，展示和发挥好其价值作用，才能发挥其引领社会和带动他人的作用，使对荣誉的崇尚真正成为人们奋发向上的驱动力"。[②] 八步沙创造绿色奇迹离不开党的领导，在未来的发展中也必然加强党的建设和党的

---

① 《决胜全面建成小康社会　夺取新时代中国特色社会主义伟大胜利——在中国共产党第十九次全国代表大会上的报告》，人民出版社 2017 年版，第 19—20 页。

② 范景鹏：《提升荣誉的公信力》，《解放军报》2019 年 11 月 1 日。

领导。

（一）提升群众凝聚力

八步沙"六老汉"三代人本就是从普通群众中涌现出的先进集体，压沙造林在武威大地是一项有着广泛而深厚群众基础的生态项目。提升八步沙林场党支部的群众凝聚力，就是要进一步发挥八步沙林场党支部的组织优势、组织力量、组织功能，做好组织群众、宣传群众、凝聚群众、服务群众工作，最大限度、最有效地把周围群众组织起来，"只有融入群众，才能拉近距离，掌握实际，增进感情，赢得信任，才能组织群众、宣传群众、凝聚群众、服务群众，才能不断增强党的政治领导力、思想引领力、群众组织力、社会号召力，确保我们党永葆旺盛生命力和强大战斗力"。① 才能把党的正确主张变为群众的自觉行动，教育和引领群众听党话、跟党走。

（二）提升社会号召力

要充分发挥好八步沙林场党支部的政治优势，广泛宣传学习八步沙这个站得住、推得开、叫得响的全国生态文明建设重大典型，做好抓基层打基础工作，在思想上、组织上、作风上强起来增强凝聚力战斗力。推广八步沙林场在沙地造林改善生态环境的成功经验，推动八步沙精神和绿色发展理念深入人心，把各不相同的社会群体、阶层和力量围绕着习近平生态文明思想的价值理念、政治目标和社会愿景团结起来并付诸行动，发挥对全国生态文明建设的示范带动作用，以伟大工程提供事业发展的坚强保证，实现对社会影响的范围，以先锋队的旗帜团结人民群众，以干部的过硬本领带动人民群众，以良好的作风形象感染人民群众，用伟大事业点燃建设美丽中国的激情。

（三）提升发展推动力

当前，古浪县决胜全面建成小康社会最艰巨、最繁重的任务就是打赢脱贫攻坚战。深入推进抓党建促脱贫攻坚，提升八步沙林场党支部在带领群众脱贫致富中的推动能力。坚持改革发展推进到哪里，八步沙林场党支部就跟

---

① 范景鹏：《共产党人好比种子》，《光明日报》2019 年 8 月 19 日。

进到哪里，把八步沙林场党支部的组织资源转化为推动发展资源、组织优势转化为推动发展优势、组织活力转化为推动发展活力。要教育引导党员强化改革创新意识，克服因循守旧的思想障碍，突破利益固化的藩篱，争做改革的执行者、先行者、引领者，在周围土门、黄花滩等几个乡镇决胜全面建成小康社会中做砥柱，调动一切积极因素，形成改革合力，在全面深化改革中当先锋。

（四）提升自我革新力

没有血缘、亲戚关系的六家三代人紧密合作接力奋斗 38 年，遇到困难依靠群策群力克服和解决，事业越做越大，本身就具备自我净化、自我完善、自我革新、自我提高的优良传统和能力。要总结其中的好经验、好做法，融入到支部党建中。坚持把政治标准放在首位，努力建设一支信念坚定、素质优良、规模适度、结构合理、纪律严明、作用突出的党员队伍。以不断增强党内政治生活的政治性、时代性、原则性、战斗性为标准，把严肃党的组织生活作为查找和解决问题的重要途径，作为锻炼党性、提高思想觉悟的"熔炉"。不断创新八步沙林场党支部的组织活动方式，以行之有效的方式方法更好地融入中心工作、融入党员需求、融入群众关切。推动八步沙林场党支部和党员自我净化、自我完善、自我革新、自我提高。以正视问题的自觉、以刀刃向内的勇气、以改革创新的精神，着力解决自身建设中存在的突出问题。同时，以八步沙林场党支部"四个自我"的优良传统和有效经验带动整顿软弱涣散党组织，持续做、反复抓，一个阵地一个阵地巩固。

二、推动形成绿色发展格局

（一）科学布局发展空间

八步沙属于生态恢复和保护为主的功能区，坚持生态优先，强化生态环境保护，科学布局生产空间、生活空间和生态空间。习近平总书记指出，要加快建立健全以产业生态化和生态产业化为主体的生态经济体系。① 以八步

---

① 习近平：《推动我国生态文明建设迈上新台阶》，《求是》2019 年第 3 期。

沙主体功能区规划为统领，以统筹生产、生活、生态空间布局为主线，以完善空间规划体系、强化生态环境管控为抓手，更加自觉地推动绿色发展、循环发展、低碳发展，促进一二三产业融合发展，尽可能减少对自然的干扰和损害，推动形成生产空间集约高效、生活空间宜居适度、生态空间山清水秀、人与自然和谐的发展格局，让生态优势变成经济优势。大力发展绿色生态健康养殖，深入推进农业绿化、优质化、特色化、品牌化，推动农业由增产导向转向提质导向，实施产业兴村强县行动。

（二）构建生态产业体系

推进可持续发展，发展林下经济。加强与省林草局衔接，积极争取林下经济项目，以现有土鸡养殖基地和已注册的八步沙"溜达鸡"品牌为基础，扩大林下经济基地建设规模，丰富养殖品种，不断增加林场经济收入，实现"产业发展生态化，生态建设产业化"目标。发展沙产业。做大做强以梭梭接种肉苁蓉为主的沙化地改造和沙产业基地建设，八步沙公司参股的古浪县漠缘林业产业发展有限责任公司的梭梭接种肉苁蓉等沙产业培育开发。梭梭接种肉苁蓉基地由目前的1万亩发展到5万亩，同时配套建设产品加工基地，拓展产品销售市场，延伸产业链条，带动沙区群众积极发展沙产业，助力黄花滩移民区建设和产业培育。

（三）推进林场改革

构建新型经营管理模式。打破八步沙林场原有家庭联户式承包经营的管理模式，结合农村"三变"改革，建立政府引导、企业主导、社会参与的机制，壮大八步沙林场（八步沙公司）发展实力。推进八步沙林场和八步沙公司改革，将政府后续为八步沙林场投资建设的办公场所、护林站等基础设施，折资入股八步沙公司，发展混合所有制经济。公司设立"治沙捐助基金"专户，接受社会各界捐助，基金全部用于防沙治沙、沙产业发展和基础设施建设。建立现代企业管理制度。八步沙林场和八步沙公司实行"两个机构一套班子"，林场承担公益林管理职责，公司负责承接实施项目，发展沙产业。指导八步沙公司健全法人治理架构，建立健全董事会、监事会等机构，完善相关制度。授权公司注册"八步沙"商标和农产品地理标志，逐步打响"八步沙"品牌。

（四）加强自身建设

加强硬件建设。拆除场部现有彩钢结构临时办公房屋，在原址修建办公楼，配套办公设施。增设护林站点。在黄草湾土鸡养殖基地等必要的管护点增设护林站。落实"五通"（通水、通电、通路、通网络、通电视）等配套设施。改善通行条件。改造十二道沟治沙道路、S308 线至土鸡养殖基地道路，新建十二道沟东侧沙区穿沙公路，形成纵横相连的林区路网，提高通行能力。同时完成道路两侧绿化美化。建设主题公园。在不破坏现有林草植被的基础上，建设占地面积 30 亩的八步沙"六老汉"雕塑主题公园，保留八步沙原有治沙警示亭、瞭望塔，新增八步沙"六老汉"雕塑，场部到主题公园通道、公园游步道均架设木栈道，同步配套供水管网，对区域内退化林分别通过栽植景观树木进行提升改造。

加强软件建设。充分利用八步沙形成的社会影响力，发挥政府主导作用，壮大林场人才队伍，培养八步沙林场新一代治沙人。鼓励"六老汉"后代投身治沙事业，号召全社会积极参与治沙，构建政府带头、企业主体、志愿者服务、全社会参与的新一代治沙模式。在八步沙经营管护区建立爱心公益林义务植树基地，配套供水管网解决苗木灌溉用水，利用新型媒体力量，做好社会化捐助造林活动的运营，动员社会各界开展防沙治沙。加强林场人才队伍建设，引导高校毕业生到基层企业就业，引进林草相关专业高校毕业生到林场就业。指导八步沙林场开展在岗职工技能培训，按规定标准给予培训补贴。八步沙林场专业技术人员职称评定纳入县林草专业技术职称评聘范围。

三、把"八步沙精神"融入发展各方面和全过程

把"八步沙精神"中体现出的生态文明理念融入至关系到经济、政治、文化、社会全方面发展的范畴。习近平总书记强调，在整个发展过程中，我

们都要坚持节约优先、保护优先、自然恢复为主的方针。^① 生态文明建设的方向和准则更加明确，是尊重自然、顺应自然、保护自然的生态文明理念的进一步落实。在现代化建设中牢固树立生态文明理念，就是要确立新的资源观和财富观，将生态环境作为重要资源和财富，摒弃把保护生态环境与发展生产对立起来的传统观念，把发展与生态保护紧密联系起来，坚持在保护中发展、在发展中保护，自觉统筹人与自然的和谐发展，最终转化为生态文明建设的自觉行动。

将生态文明建设的目标要求融入现代化建设，习近平总书记给出明确答案"最重要的是要完善经济社会发展考核评价体系，把资源消耗、环境损害、生态效益等体现生态文明建设状况的指标纳入经济社会发展评价体系，建立体现生态文明要求的目标体系、考核办法、奖惩机制，使之成为推进生态文明建设的重要导向和约束"。^② 在生态文明建设目标纳入国民经济和社会发展规划的同时，也要融入相关专项规划，这是将生态文明建设目标要求融入现代化建设最有效、最快捷的途径。

将生态文明建设的任务融入现代化建设。建设生态文明要按照"系统工程的思路"，重点抓好"优化国土空间开发格局"、"全面促进资源节约"、"加大自然生态系统和环境保护力度"四项任务的落实，并明确具体任务与行动。把生态文明建设的重点任务落到实处，将其融入经济建设、政治建设、文化建设和社会建设的相应领域，在这四大建设系统内部采取相应行动。

融入政治建设。以"八步沙精神"推动各级党委和政府绿色执政能力，超越各种利益主体之上的政治领导力，在政策创新等方面实现本质上的突破，真正实现生态环境外部成本内部化。将生态文明建设放在更加突出位置，打破简单把发展与保护对立起来的思维束缚，使命感、责任感、紧迫感、自觉性、主动性显著增强，行动更加扎实有力。

融入经济发展。协同推进经济高质量发展和生态环境高水平保护。摒弃

---

①　习近平：《推动我国生态文明建设迈上新台阶》，《求是》2019 年第 3 期。

②　中共中央文献研究室编：《习近平关于社会主义生态文明建设论述摘编》，中央文献出版社 2017 年版，第 99 页。

"人类中心主义"的工业文明价值观念，使经济增长与生态环境退化脱钩。坚持绿水青山就是金山银山，坚持山水林田湖草是生命共同体。

融入文化建设。崇尚生态文明的"最大公约数"，通过对八步沙"六老汉"三代人治沙造林先进群体的学习，使中华民族悠久历史中蕴含的生态文明思想、智慧和文化得以传承和升华。使得生态文明对提高国民素养的影响日益显现，引导和激励更多单位和个人主动参与生态文明建设，全社会关系环保、参与环保、贡献环保的行动更加自觉。

融入社会建设。一切为了人民，一切依靠人民。生态文明是人民群众共同参与、共同建设、共同享受的事业。坚持良好生态环境是最普惠的民生福祉，坚持建设美丽中国全民行动。"六老汉"三代人接力奋斗 38 年实现了"人进沙退"的绿色奇迹，让人民群众树立了信心、看到了希望，为构建和谐社会、全面建成小康社会奠定了较好的基础。

四、以知促行带动全民行动

"知"与"行"在中国既是一个十分重要的哲学命题，也是百姓生活之中经常出现的人生话题。反对空谈、崇尚实干，是中华民族的优良传统。努力做到知行合一、以知促行、以行求知、有机结合，是以习近平同志为核心的党中央治国理政的鲜明特点，也是习近平总书记始终强调的重点和关键所在。对这个问题，习近平总书记联系"认识"和"实践"的关系，强调"知"与"行"是相辅相成的，他还强调只有把道理真正弄懂了，行动才能自觉持久；只有行动上落实了，对道理的领悟才能更深入。习近平总书记论述知行问题时，反复强调要把学到的本领运用到实际工作中去，指出，学到的东西，不能停留在书本上，不能只装在脑袋里，而应该落实到行动上。做到知行合一、以知促行、以行求知。① 这样就可以以新的思想认识推动实践，又以新的实践深化思想认识。他一再号召大家要力行，做实干家，他还说，我

---

① 《在北京大学师生座谈会上的讲话》，《人民日报》2018 年 5 月 3 日。

在长期工作中最深切的体会就是：社会主义是干出来的。①

党的十九大报告指出，着力解决突出环境问题要坚持全民共治、源头防治。"全民"不仅指每个公民个体，而且包括政府、企事业单位、社会组织、社区村庄、新闻媒体等各级各类机构、团体。全民参与是改革开放以来我国生态文明建设取得的宝贵经验，全社会共同建设美丽中国的全民行动观是习近平生态文明思想的核心组成部分。美丽中国呼唤全民行动，这是一种环境治理的智慧，也是一种生活方式的转型，生态环境问题归根结底是发展方式和生活方式问题，更意味着一种生态文明建设的主人翁意识。构建全民参与环境保护的社会行动体系是推进国家治理体系和治理能力现代化的重大举措，动员全社会力量推进生态文明建设，是一项具有广泛性、长期性、艰巨性、复杂性的工程，要做深、做细、做实相关工作。建设生态文明，实现经济、社会、环境的共赢，关键在于人的主动性。"全民先知"是第一步，思想、理论、精神的大众化，是其发挥作用的必然途径。通过弘扬"八步沙精神"，充分发挥其在塑造人中的积极作用，激发群众有序参与的力量，引导、教育、熏陶形成健康向上的社会风气和全民参与生态文明建设的社会氛围，只有广大人民群众积极参与生态事务，提升公众生态意识，提高民众对生态问题重要性的认识，树立正确的生态文明观，才能让生态文明的理念具体落实到每个单位、每个家庭、每个公民，最终实现人与自然和谐的生态文明社会，才能最终体现为全社会愿意为生态文明采取的实际行动，形成美丽中国全民行动的格局。

五、整合当地资源形成整体优势

（一）整合当地人文资源

古浪县的土门、黄花滩、永丰滩等乡镇有着优越的自然人文禀赋资源，地处腾格里沙漠南缘，野生植物品种繁多，有沙葱、水蓬、刺蓬、灰条、地椒等牧草，黄芪、甘草等丰富的中药材资源。土门、泗水等范围内有"宴氏

---

① 《在北京大学师生座谈会上的讲话》，《人民日报》2018年5月3日。

老字号"、"胡氏老字号"、"红秃头"等几十家手工挂面品牌，享誉周边县区。土门所产羊羔肉肉质细嫩，无膻味、纤维少、无污染、味道鲜美，名扬省内外。沙漠土鸡因为天然放养无污染、绿色营养，爆炒土鸡味道醇美悠长，香味鲜有可比，是遍布古浪城乡的风味美食。香瓜在土门、泗水、永丰滩、黄花滩、大靖等地栽培历史悠久，因为种植区地处沙漠南缘，日照时间长，昼夜温差大，所产香瓜个大汁多，爽脆香甜。建立八步沙林场文化旅游融合发展的咨询机制，组建林场文旅融合专家顾问组，为重点项目论证和重大问题决策提供咨询和指导。加大有关部门科技项目支持力度，大力开展技术攻关和科研成果转化，提高沙产业效益。强化统筹协调，高标准编制八步沙可持续发展规划，统筹处理好生态建设和产业发展的关系。按照"政府主导、企业投资、市场运作"的运行机制，整合八步沙林场、马路滩林场、研发中心、大漠绿洲影视基地、金水源丝路民俗驿站等各方资源，统一规划建设各项旅游项目，构建大景区旅游格局。

（二）整合生态观光＋乡村旅游

随着城镇化水平的不断提高和人们对生活质量要求的提升，生态旅游是未来发展的趋势，"乡村旅游"最早亦称农业旅游，乡村旅游被定义为以农业资源为基础的旅游项目的统称，把农业、农村及农事活动相结合起来发展的特殊生态旅游形式。八步沙地处腾格里沙漠南缘的土门镇，高速公路出口，干武铁路、省道308线横穿腹地，乡村道路四通八达，交通便利。以防沙治沙为重点，深化林场体制机制改革，强化政策扶持引导，借助八步沙知名度，打造全国重要的生态文明建设基地和全省重要的党员教育基地、休闲观光胜地、沙漠旅游景区，积极开展乡村旅游，实现良好的生态效益、经济效益和社会效益。"随着乡村旅游的不断升温，甘肃省武威市古浪县的特色旅游逐渐'火'了起来。2019年1—8月，古浪县共接待游客62.1万人次，同比增长34.94%，实现综合旅游收入4.12亿元，同比增长35.08%。"[①]2019

---

① 《甘肃省武威市古浪县：多举措推动特色旅游发展》，2019年9月27日，人民网—甘肃频道，见 http://gs.people.com.cn/n2/2019/0927/c183348-33396187.html。

年中秋假期，武威市共接待游客 47.26 万人次，同比增长 30.59%，实现旅游收入 29236.31 万元，同比增长 34.86%。近几个月来，前往古浪县八步沙林场"六老汉"治沙纪念馆和治沙现场参观学习的市民及游客络绎不绝。都市人们在八步沙既可以领略到绿色的田园风光，感受到浓郁的乡土气息，还可以使他们暂时远离忙碌喧闹的城市生活，在回归大自然中找到难得的乡村恬静，同时也可以在八步沙参加一些生产活动，如压沙造林、收获瓜果和蔬菜等，从中体会劳动和收获的喜悦。

（三）统筹乡村振兴和绿色新型城镇化

党的十九大作出实施乡村振兴战略的重大决策部署，这是决胜全面建成小康社会、全面建设社会主义现代化国家的重大历史任务，也是新时代"三农"工作的总抓手。新乡贤是带动乡村振兴的引擎，"在乡村熟人社会中，新乡贤无论是在乡村民俗的提升上，还是在文明乡风的传播上，都有着其他载体无可比拟的巨大优势。因此，在培育文明新乡风的实践中，新乡贤建设是一项基础性工程"。①"新乡贤是一个具有榜样性的社会群体，他们是社会主义核心价值观在社会层面上的实践者，是联结个人与国家的纽带。在各级党组织和村民自治组织的主导下，新乡贤将成为乡村现代化建设进程中的引领力量，将在传统文化的底色与现代文化的主色的交融中，描绘出真正属于自己的时代特色"。②"六老汉"及其后人身上的精神品质、经济实力、群众声望、社会影响等因素，能够创造良好条件和环境，激活主体、要素和市场，最大限度地发动农民、组织农民、培训农民，增强农业农村自我发展的动力，带动产业兴旺、促进生态宜居、引领乡风文明、加强治理有效、使得生活富裕，积极主动投身发展特色富民产业，调动全社会力量投身乡村振兴。

城镇化是经济活动聚集和人口聚集而导致人们的生产方式和生活方式发生变化的过程，城镇化是现代化的必由之路。生态文明建设融入新型城镇化

---

① 范景鹏：《破除旧习俗更要培育新乡风》，《光明日报》2018 年 6 月 30 日。

② 范景鹏：《破除旧习俗更要培育新乡风》，《光明日报》2018 年 6 月 30 日。

建设也是生态文明建设的重要内容,2014 年 3 月，中共中央、国务院印发《国家新型城镇化规划(2014—2020 年)》，明确指出要努力走出一条"以人为本、四化同步、优化布局、生态文明、文化传承的中国特色新型城镇化道路"。《国家新型城镇化规划（2014—2020 年)》要求"把生态文明理念全面融入城镇化进程，着力推进绿色发展、循环发展、低碳发展"。我国正处于城镇化建设的关键时期，要达到小康社会水平，中国的城镇化率要达到 70%左右，据 2018 年古浪县政府工作报告可知，古浪县的城镇化率为 29.47%，距离全面建成小康社会还有很大的提升空间。2016 年，八步沙保护下的土门、大靖两个乡镇入选中国重点镇增补调整名单，八步沙林场凭借自身的优势将会在提升人口规模、区位优势、经济发展潜力、服务功能、规划管理水平、科技创新能力等方面注入以绿色为主要特征的升级版发展，提供经济的绿色繁荣积蓄能量和提供更可持续动力，实现提高质量为核心的内涵式发展。

参 考 文 献

一、著作

1. 政治文献类

《马克思恩格斯选集》第 1 卷，人民出版社 1995 年版。

《马克思恩格斯选集》第 1 卷，人民出版社 2012 年版。

《马克思恩格斯文集》第 1 卷，人民出版社 2009 年版。

《马克思恩格斯文集》第 2 卷，人民出版社 2009 年版。

《马克思恩格斯文集》第 3 卷，人民出版社 2009 年版。

《马克思恩格斯全集》第 27 卷，人民出版社 1972 年版。

《马克思恩格斯全集》第 30 卷，人民出版社 1995 年版。

《马克思恩格斯全集》第 42 卷，人民出版社 1972 年版。

《马克思恩格斯全集》第 42 卷，人民出版社 1979 年版。

《马克思恩格斯全集》第 42 卷，人民出版社 2009 年版。

《列宁选集》第 2 卷，人民出版社 1995 年版。

《列宁全集》第 15 卷，人民出版社 1990 年版。

马克思、恩格斯：《共产党宣言》，人民出版社 2014 年版。

恩格斯：《自然辩证法》，人民出版社 1971 年版。

《孙文选集》中册，广东人民出版社 2006 年版。

《毛泽东选集》第 1、2、3、4 卷，人民出版社 1991 年版。

《毛泽东文集》第 7、8 卷，人民出版社 1999 年版。

《邓小平文选》第 3 卷，人民出版社 1993 年版。

《邓小平关于建设有中国特色社会主义的论述专题摘编》，中央文献出版社 1992

年版。

《江泽民文选》第3卷，人民出版社2006年版。

《胡锦涛文选》第3卷，人民出版社2016年版。

2. 学术著作类

《尚书》，中华书局2009年版。

《周易》，商务印书馆2009年版。

《礼记》，商务印书馆2017年版。

《孟子》，商务印书馆2017年版。

《论语》，商务印书馆2018年版。

《列子》，商务印书馆2015年版。

《史记》卷47、140，中华书局2007年版。

《汉书》卷28、94，中华书局1962年版。

（汉）贾谊：《新书》，凤凰出版社2011年版。

《水经注》卷40，中华书局2006年版。

（唐）慧立彦悰：《大慈恩寺三藏法师传》，中华书局1983年版。

《资治通鉴》卷216，中华书局2011年版。

（清）孙希旦：《十三经清人注疏·礼记集解》，中华书局1989年版。

《中国地方志集成·甘肃府县志辑38》，凤凰出版社、上海书店、巴蜀书社2008年版。

［苏］克恰诺夫、李范文、罗矛昆：《圣立义海研究》，宁夏人民出版社1995年版。

《中国西北文献丛书》第1辑，载《西北稀见方志文献》第48卷，兰州古籍书店1990年版。

（清）穆彰阿、潘锡恩等纂修：《清一统志·凉州府一》，上海古籍出版社2008年版。

《中国西部开发文献》卷17，全国图书馆文献缩微复制2004年。

李学辉、杨先：《筑梦八步沙》，敦煌文艺出版社2019年版。

李并成：《河西走廊历史地理》，甘肃人民出版社1995年版。

武威市地方史志编纂委员会编纂：《武威地区志》，方志出版社2016年版。

《古浪地理调查表》，成书于清宣统元年（1909年），现藏于甘肃省图书馆。

甘肃省文物考古研究所、吉林大学北方考古研究室编著：《民乐东灰山考古——四坝文化墓地的揭示与研究》，科学出版社1998年版。

鲁迅：《且介亭杂文》，人民文学出版社 1973 年版。

甘肃省地方史志编纂委员会：《甘肃省志》第 3 卷，中央党史出版社 2008 年版。

刘福仁等：《现代农村经济辞典》，辽宁人民出版社 1990 年版。

孙道进：《马克思主义环境哲学研究》，人民出版社 2008 年版。

范鹏：《话陇点精——甘肃精神甘肃人》，甘肃人民出版社 2019 年版。

贾晨光、魏俊舱主编：《庄浪史话》，甘肃文化出版社 2007 年版。

《甘肃省志·社会科学志》，甘肃人民出版社 2007 年版。

《古浪县志》，甘肃文化出版社 1996 年版。

徐刚：《八步沙之梦》，载《风沙漫笔》，安徽教育出版社 2005 年版。

李军等：《推进美丽中国建设美丽中国》，人民出版社 2019 年版。

高淑贵：《家庭社会学》，（台北）黎明文化事业公司 1991 年版。

李颖：《细节的力量——新中国的伟大实践》，上海人民出版社、学林出版社 2019 年版。

徐刚：《风沙漫笔》，安徽教育出版社 2005 年版。

王毅：《共产党人的伟大精神》，人民日报出版社 2016 年版。

萧前等主编：《历史唯物主义原理》，北京师范大学出版社 2012 年版。

［美］约翰·S.布鲁贝克：《高等教育哲学》，王承绪等译，浙江教育出版社 2001 年版。

［德］黑格尔：《历史哲学》，王造时译，上海书店出版社 2006 年版。

二、习近平新时代中国特色社会主义思想

《弘扬"红船精神"，走在时代前列》，《光明日报》2005 年 6 月 21 日。

《在参观〈复兴之路〉展览时的讲话》，《人民日报》2012 年 11 月 30 日。

《在第十二届全国人民代表大会第一次会议上的讲话》，《人民日报》2013 年 3 月 18 日。

《在同各界优秀青年代表座谈时的讲话》，《人民日报》2013 年 5 月 5 日。

《在河北调研指导党的群众路线教育实践活动时的讲话》，《人民日报》2013 年 7 月 11、12 日。

《在哈萨克斯坦纳扎尔巴耶夫大学演讲时的答问》，《人民日报》2013 年 9 月 8 日。

《批评和自我批评，动了真格！——习近平总书记参加河北省委常委班子专题民主生活会纪实》，《人民日报·海外版》2013 年 9 月 27 日。

《人民群众是共产党的安身立命之本——学习习近平总书记系列重要讲话体会》，2013 年 12 月 10 日，人民网，见 http://theory.people.com.cn/n/2013/1210/c40531-23799787.html。

《习近平在巴黎联合国教科文组织会议上的讲话》，《人民日报》2014 年 3 月 27 日。

《习近平谈治国理政》，外文出版社 2014 年版。

《在庆祝"五一"国际劳动节暨表彰全国劳动模范和先进工作者大会上的讲话》，人民出版社 2015 年版。

《在文艺工作座谈会上的讲话》，人民出版社 2015 年版。

《在纪念胡耀邦同志诞辰 100 周年座谈会上的讲话》，《人民日报》2015 年 11 月 21 日。

《习近平在视察解放军报时的讲话》，《人民日报》2015 年 12 月 25 日。

《在中央政治局"三严三实"专题民主生活会上的讲话》，《人民日报》2015 年 12 月 28、29 日。

《习近平总书记系列重要讲话读本》，学习出版社、人民出版社 2016 年版。

《在知识分子、劳动模范、青年代表座谈会上的讲话》，人民出版社 2016 年版。

《在纪念红军长征胜利 80 周年大会上的讲话》，人民出版社 2016 年版。

《习近平在党的新闻舆论工作座谈会上发表重要讲话》，《人民日报》2016 年 2 月 19 日。

《在全国政协新年茶话会上的讲话》，《人民日报》2016 年 12 月 31 日。

《在党的十八届六中全会第二次全体会议上的讲话（节选)》，《求是》2017 年第 1 期。

《习近平关于社会主义生态文明建设论述摘编》，中央文献出版社 2017 年版。

《中国共产党第十九次全国代表大会文件汇编》，人民出版社 2017 年版。

《习近平谈政治生态》，《人民日报·海外版》2017 年 3 月 22 日。

《培养热爱自然珍爱生命的生态意识　把造林绿化事业一代接着一代干下去》，《人民日报》2017 年 3 月 30 日。

人民日报推出微视频《习近平瞩望绿水青山》，2017 年 6 月 5 日。

《改革争先击水中流——习近平总书记在福建的探索与实践》，《福建日报》2017 年 7 月 17 日。

《充分认识习近平总书记"7·26"重要讲话的重大意义》，《求是》2017 年第 16 期。

《共同开创金砖合作第二个"金色十年"——在金砖国家工商论坛开幕式上的讲话》，《人民日报》2017 年 9 月 4 日。

《"爱拼才会赢"的精神(习近平讲故事)》,《人民日报·海外版》2017年9月7日。

《审时度势、精心谋划、超前布局、力争主动实施国家大数据战略加快建设数字中国》,《人民日报》2017年12月10日。

《在学习贯彻党的十九大精神研讨班开班式上的讲话》,《人民日报》2018年1月5日。

《在党的十九届一中全会上的讲话》,《求是》2018年第1期。

《十八大以来重要文献选编》,中央文献出版社2018年版。

《论坚持全面深化改革》,中央文献出版社2018年版。

《在十三届全国人大一次会议闭幕会上的讲话》,《人民日报》2018年3月20日。

《在北京大学师生座谈会上的讲话》,《人民日报》2018年5月2日。

《习近平总书记在全国生态环境保护大会讲话》,《人民日报》2018年5月20日。

《习近平出席在全国宣传思想工作会议上的重要讲话》,《人民日报》2018年8月22日。

《在庆祝改革开放40周年大会上的讲话》,《求是》2018年第24期。

《推动我国生态文明建设迈上新台阶》,《求是》2019年第3期。

《在"不忘初心牢记使命"主题教育工作会议上的讲话》,人民出版社2019年版。

《习近平扶贫论述摘编》,中央文献出版社2019年版。

《习近平新时代中国特色社会主义思想学习纲要》,学习出版社、人民出版社2019年版。

《习近平看望政协文艺界社科界委员并参加组会侧记》,《人民日报》2019年3月6日。

《习近平谈媒体融合发展金句:用主流价值导向驾驭"算法"》,2019年3月16日,人民网—中国共产党新闻网。

《习近平在"不忘初心、牢记使命"主题教育工作会议上的讲话》,《求是》2019年第13期。

《习近平总书记在看望参加全国政协十三届二次会议的文化艺术界、社会科学界委员时的讲话》,《人民日报》2019年6月12日。

《增强推进党的政治建设的自觉性和坚定性》,《求是》2019年第14期。

《在第十九届中央政治局第十五次集体学习时的讲话》,《人民日报》2019年6月26日。

《习近平在内蒙古考察并指导开展"不忘初心、牢记使命"主题教育时的讲话》,《人民日报》2019年7月17日。

《习近平谈生态保护:这是国家战略定位》,《新华社"新华视点"微博》2019

年 8 月 21 日。

《习近平在甘肃考察时强调——坚定信心开拓创新真抓实干　团结一心开创富民兴陇新局面》，《人民日报》2019 年 8 月 23 日。

《习近平关于"不忘初心、牢记使命"论述摘编》，党建读物出版社、中央文献出版社 2019 年版。

三、新闻报道

梅生虎、尚可元：《染绿八步沙的人》，《武威报》1988 年 3 月 16 日。

刘剑荣：《六老汉的头白了　八步沙的树绿了》，《甘肃日报》1990 年 9 月 13 日。

评论员文章：《感人至深的愚公精神》，《甘肃日报》1990 年 9 月 13 日。

《光荣榜》，《中国林业报》1991 年 8 月 6 日。

徐刚：《古浪八步沙》，《中国林业报》1995 年 2 月 16 日。

梅青：《中国人的韧劲》，《中国绿色时报》1997 年 11 月 20 日。

谭飞、李江：《6 老汉 18 年大漠植树 900 万株》，《人民日报》1999 年 1 月 7 日。

马维坤、姚笛：《"八步沙"精神感召沙区人》，人民网 2002 年 3 月 19 日，见 http://www.people.com.cn/GB/huanbao/56/20020319/690620.html。

李文媛：《给农村以资金给城市以市场——与中央党校徐祥临教授谈农民增收》，《经济日报》2002 年 7 月 9 日。

赵国珍：《从八步沙到黑岗沙——记武威绿化奖章获得者古浪县八步沙林场场长郭万刚》，《武威日报》2004 年 3 月 12 日。

《八步沙的两代治沙人》，《中国绿色时报》2006 年 6 月 23 日。

王宇兴：《沙窝里续忠魂》，《甘肃日报》2008 年 4 月 16 日。

段明海、秦炜：《用生命和青春染绿八步沙——八步沙两代愚公矢志不渝治沙纪实》，《武威日报》2009 年 9 月 9 日。

周斌：《纪事·观察：庄浪：梯田人的故事》，《甘肃日报》2009 年 11 月 9 日。

《人民利益：土地政策之根本》，《法制日报》2011 年 6 月 20 日。

《紧紧围绕坚持和发展中国特色社会主义学习宣传贯彻党的十八大精神》，《人民日报》2012 年 11 月 19 日。

甘孝礼：《会宁"三苦两乐"教育精神的时代内涵》，《甘肃日报》2013 年 4 月 19 日。

任仲平：《生态文明的中国觉醒》，《人民日报》2013 年 7 月 22 日。

高尚全、陆琪：《邓小平与社会主义市场经济》，《人民日报》2014 年 11 月 30 日。

马爱彬：《绿色丰碑——记全国治沙英雄石述柱》，《武威日报》2016 年 12 月 29 日。

邹伟、孙铁翔：《新长征路上每个中国人都是主角》，《新民晚报》2016 年 12 月 31 日。

宋喜群：《两代人的治沙路》，《光明日报》2017 年 2 月 21 日。

何立忠：《17 年的执着坚守——记全国防沙治沙标兵、武威凉州区长城乡新庄村农民张生成》，《武威日报》2017 年 2 月 22 日。

马克利、邱暄美：《甘肃省践行习近平总书记"八个着力"重要指示精神纪实》，《甘肃日报》2017 年 10 月 12 日。

梁峡林、黎霞：《六老汉三代人缚住"八步沙"荒漠变绿洲》，《兰州晨报》2018 年 5 月 9 日。

张子恒：《致敬八步沙》，《甘肃日报》2018 年 5 月 15 日。

《一个有希望的民族不能没有英雄》，《人民日报·海外版》2018 年 6 月 27 日。

洪文泉：《王银吉：在 8000 亩沙地写下治沙故事》，《中国绿色时报》2018 年 7 月 3 日。

刘玉平：《严守生态保护红线筑牢国家生态安全底线》，《中国环境报》2018 年 9 月 26 日。

《深入学习贯彻习近平新时代中国特色社会主义思想建设美丽中国》，《新湘评论》2018 年第 20 期。

朱婕：《林铎接见"六老汉"三代人治沙造林先进集体代表》，《甘肃日报》2018 年 12 月 29 日。

喻思南：《三北防护林体系建设四十年综合评价报告发布》，《人民日报》2018 年 12 月 25 日。

宋喜群：《让农村娃能接受最好教育》，《光明日报》2018 年 12 月 26 日。

张烁、王迪、王锦涛：《打赢打好脱贫攻坚的硬仗》，《人民日报》2019 年 3 月 8 日。

《谱写人类反贫困历史新篇章——习近平总书记参加甘肃代表团审议重要讲话鼓舞士气》，《人民日报》2019 年 3 月 9 日。

张尚梅：《古浪县八步沙林场"六老汉"治沙系列故事之六新墩岭的春天》，《武威日报》2019 年 3 月 25 日。

董洪亮、孔祥武、付文：《六老汉三代人苦干 38 年：每家必须出一个后人，把沙治下去》，《人民日报》2019 年 3 月 29 日。

付文：《沙海中挺立不屈的脊梁》，《人民日报》2019 年 3 月 29 日。

宋喜群、王雯静：《用愚公精神创造生命奇迹——甘肃古浪六老汉播绿八步沙的故事》，《光明日报》2019年3月29日。

李学辉：《沙漠五记》，《人民日报·海外版》2019年4月20日。

张尚梅：《荒漠里写下绿色诗行》，《武威日报》2019年5月6日。

高凯：《沙漠赤子》，《人民日报》2019年5月17日。

王钰：《八步沙，不止是八步沙》，《中国绿色时报》2019年5月30日。

仲呈祥：《时代画像为时代立传为时代明德》，《光明日报》2019年6月12日。

《开创富民新陇新局面——习近平总书记甘肃考察纪实》，《人民日报》2019年8月24日。

评论员文章：《抢抓难得机遇推进高质量发展　学习贯彻习近平总书记视察甘肃重要讲话和指示精神（二）》，《甘肃日报》2019年8月26日。

李慧、宋喜群：《八步沙林场人的新愿望》，《光明日报》2019年8月27日。

吕霞：《武威：生态优先构筑绿色高地》，《甘肃经济日报》2019年9月4日。

伏润之：《"八步沙"成"十一"长假新热点》，《甘肃日报》2019年10月9日。

吕倩：《初心在这里延续》，《学习时报》2019年11月8日。

四、理论文章

1. 报纸理论文章

《论中国共产党的伟大精神——写在中国共产党成立90周年之际》，《人民日报》2011年6月16日。

章海军：《担当：共产党人的品格》，《解放军报》2011年6月30日。

刘云山：《敢于担当是中国共产党人的鲜明品格》，《学习时报》2014年3月10日。

盛若蔚：《办好中国的事情，关键在党》，《人民日报》2017年10月9日。

范景鹏：《破除旧习俗更要培育新乡风》，《光明日报》2018年6月30日。

范景鹏：《砥砺初心使命克服精神懈怠危险》，《光明日报》2018年11月12日。

吕逸涛：《重视文脉传承探索对文化的新意表达》，《光明日报》2019年3月7日。

范景鹏：《共产党人好比种子》，《光明日报》2019年8月19日。

范景鹏：《自觉同人民想在一起、干在一起》，《光明日报》2019年9月24日。

范景鹏：《提升荣誉的公信力》，《解放军报》2019年11月1日。

2. 期刊理论文章

陈玉琪等：《古浪县二阴山区实现停止生态破坏的剖析》，《甘肃农大学报》1984

年第 3 期。

孙德源、刘明章:《改革开放结硕果铁山精神谱新篇——酒钢矿山 20 年发展回顾》,《甘肃冶金》1999 年第 4 期。

经言祥:《我国防治荒漠化的技术与模式》,《中学地理教学参考》2005 年第 7—8 期。

陈双梅:《第五届全省宣传部长论坛暨理论研讨会综述》,《党的建设》2007 年第 3 期。

刘学娟:《对先秦同义词"勤""劳"的辨析》,《文教资料》2011 年第 35 期。

刘治立:《论南梁精神》,《西安干部学院学报》2012 年第 2 期。

曾晨、符晓冬:《生态公民及其法律信仰的培育》,《法律与伦理》2019 年第 1 期。

蔡雅:《正能量对社会发展的影响作用》,《国际公关》2019 年第 3 期。

曹永国:《学术研究之古典意蕴:自我照看的崇高追求》,《高等教育研究》2019 年第 40 期。

房佳瑶、贺祥林:《习近平"注重三家"论述刍议》,《决策与信息》2019 年 7 月。

中共甘肃省委:《八步沙见证一份绿色的承诺》,《求是》2019 年第 16 期。

王霖:《甘肃文化与旅游融合发展报告》,《新西部》2019 年第 19 期。

3. 学位理论文章

熊标:《苏区精神论》,博士学位论文,南昌大学马克思主义学院,2014 年。

李晓耕:《甘肃精神的时代价值研究》,硕士学位论文,西北民族大学马克思主义学院,2015 年。

刘兴成:《河西走廊地区民族变迁与生态演变》,硕士学位论文,陕西师范大学,2008 年。

王蓉:《古浪县生态移民影响及问题研究》,硕士学位论文,西北师范大学,2016 年。

王康宁:《老子"德"论及德育镜鉴》,博士学位论文,山东师范大学,2016 年。

刘海芳:《家风的思想政治教育功能研究》,博士学位论文,中国矿业大学(北京),2018 年。

五、政府文件及内部资料

中共甘肃省委关于批转《中部地区"三年停止破坏"问题调查研究计划》的通知(省委发〔1984〕10 号)(1984 年 1 月 18 日)。

《甘肃中部地区三年停止植被破坏资料汇编》，甘肃人民出版社 1984 年版。

《甘肃省第十一次党代表大会报告》（2007 年 4 月 23 日）。

《六老汉筑碑八步沙》，内部资料，2011 年。

《甘肃省第五次（2014 年 3 月—2015 年 10 月）荒漠化和沙化监测工作统计》。

《生活更美好：解读"十三五"规划纲要草案全文》（2016 年 3 月 6 日）。

《紧密团结在以习近平同志为核心的党中央周围为加快建设幸福美好新甘肃而努力奋斗——在中国共产党甘肃省第十三次代表大会上的报告》（2017 年 6 月 2 日）。

《中共中央国务院关于全面加强生态环境保护坚决打好污染防治攻坚战的意见》（2018 年 6 月 16 日）。

《武威市 2018 年政府工作报告》。

《古浪县 2018 年政府工作报告》。

《中共甘肃省委关于深入开展向"时代楷模"——古浪县八步沙林场"六老汉"三代人治沙造林先进群体学习活动的决定》（2019 年 4 月 17 日）。

《中国共产党第十九届中央委员会第四次全体会议公报》（2019 年 10 月 31 日）。

郭万刚演讲稿《为了那个绿色的承诺》。

贺中强演讲稿《就是拼了命，也要把沙治住》。

后　记

　　2019年4月17日上午，我在单位聆听了"时代楷模"——古浪县八步沙林场"六老汉"三代人治沙造林先进群体事迹报告宣讲会，对其三代人接力奋斗38年实现沙漠变绿洲的生态奇迹钦佩不已。当中共甘肃省委宣传部委托我做其精神课题研究时，顿感"本领恐慌"，因为之前仅仅是感性认识，离"研究"水平还相差甚远。为了保证质量，在组建团队时本着"不求名气但接地气"的标准，找的都是第一线从事八步沙精神教学、研究、宣传的市县党校同人，例如武威市委党校的万积平、吕倩老师一直从事八步沙现场教学，多次获得全省党校系统教学比赛奖，古浪县委党校校委委员禹沛海现为副校长长期在中共古浪县委宣传部工作，担任过讲师组副组长、报道组组长，省、市、县三级党校合作，立体作战发挥整体优势。相比较他们，我是最不接地气的一个，第一时间是恶补资料，在一个多月的时间内读了约30万字的资料，和一直从事八步沙林场现场教学的万积平老师电话沟通几十次，对思路、结构、提纲反复讨论。对八步沙有了一定的了解后，我才于8月14日第一次到现场调研，见到了第一代治沙人张润元老汉和郭万刚、石银山、郭玺等八步沙人。16日在我返回兰州的那一天，《求是》杂志发表中共甘肃省委署名的《八步沙见证一份绿色的承诺》文章，一周后，习近平总书记视察八步沙林场，发表了重要讲话，我更感觉工作的紧迫性，不但当成是组织交给的任务，更是从"用学术讲政治"的政治高度来看待、对待做完、做好这个课题，是落实"两个维护"的具体行动。

　　但8—9月，课题组成员都忙于筹备9月21日召开的"习近平生态文明思想实践与八步沙'六老汉'三代人治沙造林精神"的学术研讨会，大量的行政、组织协调、联络联系等工作占用了大量精力和时间，一直到23日会议结束才有了一些时间。十一过后，我几乎没有在家中过完一个完整的周末，来回奔走于兰州武威之间，既是"督战"，也是发挥集体优势，集思广益，攻坚克难，统筹推进工作。每次都是采取答辩的方式进行，把手稿统一打印好，人手一份，每人轮流汇报自己的工作，其他人就其发言发表意见，短则半天，长则一天，每次开得很扎实。我们把课题分为完成、完善、完美三阶段，其中完成阶段分别在10月18日、11月2日、10日、15日召开过主题为汇报、推进、攻坚、扫尾的4次会议。完善阶段分别在11月23日和30日召开过初级层次和高级层次2次会议，又然后于12月7日举行完美阶段会，宣告书稿基本完成。

　　最为感动的是课题组成员虽然都很年轻，平均年龄36岁，但都不忘初心，态度端正积极，都很珍惜此次难得的学术机会，作为一次难得的学术训练，大家都有自己的工作和家庭中的各种事情，都是拨冗加班加点，地方党校资料缺乏，查阅资料困难，疫情期间调研也极其不方便，我们沟通衔接也极其不便。但大家都齐心协力，克服心理急躁、浮躁、烦躁情绪，以最大的诚意和努力投入其中完成，再次表示感谢、感激和感动！

　　本书提纲由范景鹏确定，写作任务分工是：禹沛海负责第一章、第八章撰写，万积平负责第二章、第三章、第九章后两节撰写，吕倩负责第五章、第六章、第九章前两节撰写，范景鹏负责第四章、第七章、第十章撰写，最后由范景鹏统稿。

　　在课题的完成过程中，中共甘肃省委宣传部、中共甘肃省委党校（甘肃行政学院）、中共武威市委宣传部、中共武威市委党校、中共古浪县委宣传部等各级部门和领导都以高度的政治站位和政治自觉，把此课题的完成作为高质量阐释落实习近平总书记视察甘肃重要讲话和指示精神的政治自觉和行动自觉，给予了各方面的大力支持和提供的"绿色通道"，北京大学才子（60级政治系）、原中共武威地委书记、书法家王国文老先生欣然为本书题写书名，在此一并表示感谢！在此过程中也和八步沙人结下了深厚的情谊，在八步沙同吃同住同劳动的日子确实感觉很温暖、温馨，八步沙人最大的特点就是"实"——待人诚实、做事务实、生活朴实，但精神高尚，成绩巨大，从他们身上我感受到了什么叫群众智慧和群众力量，本书的完成本身也是一次深刻的学习和教育。1 月 20 日（阴历腊月二十六）凌晨，六老汉之一的程海逝世，享年 84 岁，课题组成员敬献花圈表示沉痛哀悼。

尽管经过省市县三级党校一线研究、教学、宣传人员联合作战，尽管经过一轮又一轮的研讨，总感觉还是时间仓促，加之水平有限，书中的疏漏之处在所难免，希望广大读者提出批评意见，以便我们进一步修改完善！欣闻中共甘肃省委组织部批准成立八步沙干部学院，这是践行习近平生态文明思想的重大举措和实际行动，是"绿水青山就是金山银山"理念的生动实践，是八步沙"六老汉"困难面前不低头、敢把沙漠变绿洲的当代愚公精神的永续传承。目前正在积极筹备和准备之中，相信它的成立将成为省内乃至全国一流的践行习近平生态文明思想示范教育基地，形成生态文明建设干部教育培训示范基地和特色品牌，欢迎各位来参观学习培训。

范景鹏

2019 年 12 月 15 日初稿

2020 年 5 月 25 日二稿

责任编辑：曹　春
封面设计：汪　莹
责任校对：陈艳华

图书在版编目（CIP）数据

困难面前不低头　敢把沙漠变绿洲：八步沙精神／范景鹏　等　著 . —北京：
　人民出版社，2020.11
ISBN 978－7－01－022532－6

I. ①困… 　Ⅱ. ①范… 　Ⅲ. ①社会公德教育－中国 　Ⅳ. ① D648.3

中国版本图书馆 CIP 数据核字（2020）第 203550 号

困难面前不低头　敢把沙漠变绿洲
KUNNAN MIANQIAN BU DITOU GANBA SHAMO BIAN LÜZHOU
——八步沙精神

范景鹏　等　著

人民出版社 出版发行
（100706　北京市东城区隆福寺街 99 号）

北京盛通印刷股份有限公司印刷　新华书店经销

2020 年 11 月第 1 版　2020 年 11 月北京第 1 次印刷
开本：710 毫米 × 1000 毫米 1/16　印张：18.25
字数：270 千字

ISBN 978－7－01－022532－6　定价：78.00 元

邮购地址 100706　北京市东城区隆福寺街 99 号
人民东方图书销售中心　电话（010）65250042　65289539